大学授業で対話はどこまで可能か

● 「21世紀の教養教育」を求めて

鬼塚哲郎・川出健一・中西勝彦 編著

山田創平・白瀧礼奈・入野美香・南 太貴・小森弥生・
松尾智晶・三次亜紀子・中沢正江 著

ナカニシヤ出版

はじめに

　対話を主眼に置いた大学授業，それも「低単位学生向けキャリア教育科目」というと，どのような授業を想像されるだろうか。「低単位学生」とは私たちが働いている京都産業大学での呼び方で，大学によっては「過少単位学生」「僅少単位学生」と呼ばれているところもある。いずれにしても「大学の授業に身が入らず，単位修得が危機的な状態にある学生」とひとまず定義しておこう。私たちの授業は，こうした状態にある学生を対象に，今から18年前の2005年に立ち上げたキャリア教育科目である。

　私たちは低単位であること自体を問題視しているのではない。私たちが問題と感じているのは，何らかの理由で自分の学部の学びに充分な関心を抱くことが困難なため大学の教室に居場所を見つけられず，「このまま大学生活を続けていいとは思えない。でもどうしたら今の，授業から足が遠のいている状態から抜け出せるのだろう？」と忸怩たる思いを抱えつつ日々を過ごしている人たちに，大学が何も提供できていないということのほうだ。「それは自立的に大学や学部を選ばず大学に来てしまった彼らの自己責任でしょう」と多くの大学人は言うかもしれないが，私たちはそうした自己責任論にはくみしない。自己決定しにくい状況をつくりあげているのは，大学受験という制度を軸に回っている高校教育と大学教育の在り方そのものだからだ。

　「どうしたら授業から足が遠のいている状態から抜け出せるのだろう？」と考えている学生たちに，どうしたら自己決定や自立への道を示すことができるのだろうか。この問いになんとか答えようとしたのがこの「キャリア・Re-デザイン」という科目である。この授業の実践を通して，私たちは学生と向き合いホンネで対話できる授業とは何かについて議論を通じて徹底的に探究することになった。同じような課題を抱えている人たちのヒントになれば幸いである。

　本書の構成について手短に述べておきたい。第Ⅰ部はこの科目の授業実践報告ともいうべき部分である。主にコロナ前の，2017年度から2019年度にかけての授業運営を報告する。第1章は科目の概要と受講生像，およびこの科目独自のファシリテーションのあり方について述べる。第2章から第7章までは，各授業回の現場

からの報告である。私たちが何を考え，どのようなスタンスで授業に臨んでいるか，これに受講生がどう応じてくるかがつぶさに語られる。各章の最後に，各授業回終了後の振り返り会の様子を，録音をもとに再現したものを掲げる。ちなみに，2023年の現在も授業運営の基本方針は変わっていない。

第Ⅱ部では，科目の理念と歴史を取り上げる。理念としては，評価方法（第8章），ファシリテーターとして運営にあたることの意味（第9章），授業の質保証のあり方（第10章）がくわしく述べられる。第11章では科目の歴史を，第12章では個人の物語を，それぞれたどることで科目の全体像が浮き彫りになることを目指す。

第Ⅰ部，第Ⅱ部とは別に，これまでこの授業に運営スタッフ（ファシリテーター）として参加した経験をもつ8名の方に，この授業について感じ，考えていることを自由に執筆してもらった。コラムとして本書の随所にちりばめてある。個人の視点が色濃く反映されたエッセイとしてお読みいただきたい。

さいごに，授業で採用されているさまざまなプログラムに関する私たちのスタンスについてふれておきたい。目次を見れば，学生とホンネで対話できるプログラムとは何かに目がいくかもしれない。しかし私たちがこの書物で明らかにしたいのは，各プログラムのコンテンツそのものというより，授業コンテンツを生み出す過程，つまり各プログラムにファシリテーションをどう組み込み，学生にどう提示し，彼らの反応をもとにどうつくり変え，その結果どのような成果が得られたか，という点につきる。各プログラムをどう実践したかを詳述することで，私たちの経験を読者のみなさんと共有できれば，そしてそれがキャリア教育や教養教育をめぐる対話に資するものとなれば幸いである。

編著者一同

目　次

第Ⅰ部　「キャリア・Re-デザイン」の流れ

本書で用いる用語

　本書を読み進めていただくにあたり，最初にいくつかの言葉を定義しておきたい。私たちが大切にしている考え方を読者のみなさんとあらかじめ共有するためである。最初にご一読いただくことをお勧めするが，最後に本書の総括として目を通していただくのもよいかもしれない。なお，ここで紹介する言葉の定義は，あくまで本書で用いる用語の定義とお考えいただきたい。

低単位学生

☞「はじめに」でも紹介した通り，「低単位学生」とは，「大学の授業に身が入らず，単位修得が危機的な状態にある学生」のことをいう。「大学の授業への不適応が生じている学生」といってもよいかもしない。

　不適応の要因は，専門教育に対する個人のモチベーションが不足している，家計を助けるために長時間働かなければならない，クラブ・サークル活動に熱中している，長時間の通学に疲労を感じている，などさまざまである。

　大学を一つの船に例えるなら，私たちは同じ船に乗った乗組員たちが風邪を引いたときにちょっと声をかけるとか，元気がなさそうな乗客に「調子はどうか」と声をかけられる距離に常にいたいと考えている。そして，それを学生数14,000人という規模の中で制度化できないか，声をかけ合う場を科目としてつくれないか，と考えていた。こういった観点から，私たちは「低単位学生たちに向けた科目」という名称の科目をつくり，「自分のことを低単位だととらえている学生たち」に呼びかけることにした。一つの共同体内の互助的な関係が正常に機能し得る，ある種の授業外授業のような場をつくりたいと思ってのことだ。学生の自己責任と突き放すわけでもなく，更生補導を行うわけでもない。ただ，困っている人に対して「大丈夫？」と声をかける場を科目として設けた。それが「キャリア・Re-デザイン」という科目である。

対話

☞対話は，本書の，そしてこの授業のキモである。本書で扱う対話とは「問いとそれに続くやりとりを通じて，他者と出会い，そのことを通じて自分の価値観を相対化すること」と言える。ここで私たちが依拠しているのは，エドガー・シャイン（Schein 1993）の提唱する対話の定義，すなわち「自己と他者の信念が衝突し，感情が露わになり，（そうしたものを乗り越えて）共通の基盤が構築される場」である。シャインは続けて「このような対話が成立したとき，参加者はそれまで自分をとらえて離さなかった価値観に疑問符をつけ，より高い視野に立った価値観を獲得し，他者と共有する基盤を見出すことで，より成長した自己を見出す」としている。「信念が衝突し，感情が露わに」なるまでは議論（discussion）と同じであるが，そこから議論を積み上げるのではなく，共通の基盤に降りていくのが対話（dialogue）なのである。

　たとえば，本書のコラム5（☞ 103–105頁）に登場する三次亜紀子さんのように転職を経験した方が社会人ゲストとして受講生からインタビューを受ける場面を想定してみる。三次さんが「わたしは〇〇という理由で転職しました」と語ったとき，受講生の一人が「転職にはデメリットがたくさんあると思いますが，どう思われますか」と質問する。もし三次さんが「確かにデメリットもありますが，△△というメリットもあります」と応ずれば，二人のやりとりは転職のメリット・デメリットをめぐる議論になっていくだろう。だが，もし三次さんが「あなたのその考えはどこから来たのですか」と返せば，受講生は自問しつつ「えーと，転職した母親がいつも言ってたんです」，「どんなことをおっしゃっていたのですか，差し支えなければ」，「私が生まれたので，在宅でできる仕事にきり換えたけれど，収入が3割減ってしまったと言っていました」……という具合に，転職を経験した人の背景にあるもの，という共通の基盤が築かれていくことになる。そして，このようなかたちで共通の基盤が築かれたとき，対話の当事者のあいだには，自分と他者の背景にあるリアルな世界が立ち上がる。このリアルな世界にふれた手ざわりが人を成長に導き，ひいては他者を敬う気持ちを醸成していくことになる。

　本書では，対話をさらに「自己内対話」と「自己‐他者対話」に切り分けている。前者は，自分の中に起こる対話のことで，内省や自問自答と同義である。後者は，自己と他者の間で起こる対話のことであるが，単なる会話とは一線を画する。会話に留まるのではなく，自分の価値観やありようの相対化が起こる，もしくはそれを目指すやりとりが「自己‐他者対話」となる。

　ここで重要なのは，三次さんと受講生との対話にみられるように，自己‐他者対話は必ず自己内対話を誘発する，ということである。自己‐他者対話が深まれば，必ず自己内対話も深まっていく。自己内対話を充実させるには，自己‐他者対話が欠かせないのである。

場

☞この授業の要である対話を促すために，私たちは「場」を大切にしている。それは人の言動は場によって変わると考えているからだ。つまり，対話の出来不出来は個人の性質に由来するのではなく，その人が置かれた場に影響されていると考えているわけだ。そして対話の経験があればあるほど，次の対話が起こりやすくなり，対話が深まる可能性も高まる。この授業で自己および他者と向き合う経験をした学生は，その後の人生においてもそうした機会を自らつくることができるだろうと考えている。

　つまり，私たちの大切にしている場とは，「対話が生まれ，深まっていくにつれて，互いの属性や立場が覆い隠され，人間の尊厳に光が当たり，自己が立ちあがる時空間」のことである。

　一方で，属性や立場が顕在化するような時空間は，私たちのつくろうとしている「場」ではない。もちろん，大学というシステムの中で，授業という形式を，教室という場所で行っている限り，学部，年次，性別などの属性や学生，教員といった立場を完全に覆い隠すことはできない。しかし，所与の条件の中でさまざまな工夫を用いることによって，できるだけ属性や立場を覆い隠した時空間をつくることが，この授業のファシリテーターの仕事となる。

教室規範　大学規範　学生文化

☞続いて，これら似たような三つの言葉について説明したい。これら三つの概念は，私たちがこの授業を通して解体を目指しているものである。解体とは，これらの概念を受講生自身が相対化することを指す。もちろん，解体自体がこの授業の目的ではない。対話の場が生起するための下地として，これらの概念の解体が重要であると考えているのである。以下，各概念についてくわしくみていく。

　まず，**教室規範**とは，教室内で「○○すべき」とされている事柄のことである。場所に根ざした規範といえる。たとえば，教室では教師（教員）の話を椅子に座って真面目に聞く，あるいは聞いている態度を示すべきとか，私語をするべきではないとか，寝るべきではないとか，そういった類のものである。この教室規範は，学生が大学に入学するずっと以前から，長い時間をかけて学習してきた規範であり，学校教育の成果でもある。しかし私たちは，教室規範を「対話を阻害しうるもの」と考えているので，できるだけ受講生が相対化できるような場をつくっている。それは教室規範があることで，立場が浮き彫りになり，自己意識が立ち上がりにくくなると考えるからである。

　続いて**大学規範**とは，大学や授業では「○○すべき」，あるいは大学生は「○○すべき」，「○○であるべき」とされている規範のことをいう。教室規範と違い，こちらは大学というシステムに根ざした規範といえる。たとえば，授業は必ず出席すべき，大学生は3年生の後半になったら就職活動をすべき，などがこれに当たる。大学規範は教室規範と異なり，大学入学後に獲得された観念的な規範である。この規範もまた，対話を阻害するものであると私たちは考えている。それは，学生が「大学生はかくあるべし」という固定観念になじもうとするあまり，授業で過剰に大学生という立場を演じてしまうと考えられるためである。したがって，大学規範も解体の対象となり相対化が目指されることになる。

　また，これら二つの規範は，受講生が学生という立場を演じてしまうのとは別の作用ももたらす。それは，規範にしたがえていない自身の自己評価を過度に下げてしまう作用である。たとえば，低単位学生を考えたとき，彼らは「学生はちゃんと単位を取って4年で大学を卒業すべき」という規範を体現できていないことになる。しかし，当然のことながら，単位が取れていない者は人格が未成熟なわけではないし，単位が取れている学生と比べて人間的に劣っているわけでもない。彼らはさまざまな理由で単位が不足してはいるものの，それは彼らの人格や人間としての善し悪しとは無関係である。しかし，受講生の多くは授業の中で「低単位の自分はダメな人間だ」と異口同音に語る。このような自己を卑下する語りは，謙虚さを差し引いても，彼らをしばっている規範が大きく影響していると考えられる。この授業では，単位が取れていない学生に対し，「単位をしっかり取ろう」というメッセージを発するのではなく，自らをしばっている規範を問い直してみる視点の獲得を促すことになる。すなわち，規範にしたがっていない人は人間的に劣っているとする規範が私のなかに存在する，という視点を各受講生が獲得することを目的にしているのである。

　しかし，そうは言いつつも，これら二つの規範を解体するのは簡単なことではない。なぜなら，これらの規範は学生だけでなく，教員やファシリテーターも内面化しているからである。教室規範は，学生を「教室ではこう振る舞うべきだ」としばるだけで

なく，教員やファシリテーターを「学生は教室でこうあるべきだ」としばってしまうのである。これは大学規範も同様である。この授業のように人間の尊厳に光を当てつつ対話の促進を目指す場では，受講生のみならず教員やファシリテーターも規範の相対化を目指すことになる。

　最後に，**学生文化**について取り上げる。この授業では「学生同士が暗黙のうちに共有している覇権的言説のこと」を「学生文化」と呼んでいる。これは，とくに集団の中で顕著にみられる。たとえば，見た目や「キャラ」で人の特性を判断しそれを序列化するスクールカースト的な考え方や，場の空気を乱さないことを最優先に考えながら行動し合うノリがそれに当たる。学生文化もまた対話を阻害するものであり，解体の対象となる。しかし，学生文化は集団で授業を行っている限りついて回るものであり，その解体は一筋縄ではいかない。だが，個人面談などで学生個人と接すると，この学生文化を相対化するような語りを多く聞くことができる。このことから，多くの学生は学生文化に違和や不満を感じつつも，それに迎合せざるを得ない環境に身を置いている，とも考えられる。学生たちがこの授業のなかで数々の自己－他者対話を経て他者の価値観に触れ，自らの価値観を相対化する視点を獲得したとき，彼らが内面化してきた「学生文化」が解体し始める。

21 世紀の教養教育

☞最後に，本書のサブタイトルとして掲げた「21 世紀の教養教育」について説明する。この言葉自体は，日本学術会議（2010）の提言に使用されている。同提言では「21世紀に期待される教養は，現代世界が経験している諸変化の特性を理解し，突きつけられている問題や課題について考え探究し，それらの問題や課題の解明・解決に取り組んでいくことのできる知性・智恵・実践的能力である」と定めており，そのための大学教育のあり方が八つの提言としてまとめられている。基本的に私たちもこの考えに賛同している。しかし，もちろんこれらの提言内容をすべて網羅するような教育を一つの科目で実践するのは難しいため，ここでは私たちがこの授業で重視している点に絞って記述する。

　まず，この授業は一般教育の枠組みの中で行っている教養教育である（一般教育と教養教育の違いは先の提言を参照されたい）。科目名の「キャリア・Re- デザイン」という名称から，「キャリア教育」を連想する読者が多いかもしれない。もちろん，学生のキャリア・職業的な自立を促すという意味での「キャリア教育」的な側面はあるものの，そこに限定しているわけではない。あくまで私たちは教養教育を意図して授業を実践している。

　では，ここでいう教養教育とはどのようなものか。それを一言で表すなら，「限定的な価値観にしばられず，相対化して大きな視点から物事をみる謙虚な態度を養う教育」といえる。教養教育と聞いて，歴史や哲学，文学や芸術などのコンテンツを学ぶことを想像する読者もいるかもしれない。また，一般教育科目として扱われる人文科学，社会科学，自然科学，外国語，保健体育で提供される基礎的な知識を想像する方もいるかもしれない。もちろん，これらの知識を学ぶことは教養教育の一部ではあるが，しかしすべてではない。教養教育で学ばれるコンテンツは 2500 年あまりの知の蓄積の総体であり，普遍的な価値観の探究を通して，先に述べた「相対化し

て大きな視点から物事をみる謙虚な態度」が養われる。しかし，知識の獲得が大きな視点や謙虚な態度を担保する唯一のものではないと私たちは考えている。では，どのようなかたちでそれらを担保しようとしているのか。「謙虚な態度」はどのようにして育まれうるのか。

　ここではこの授業および本書の根底にある考え方を端的に説明したい。私たちが「謙虚な態度」と呼ぶもののなかには「人間の尊厳に対する敬意」が含まれる。私たちはこの「人間の尊厳に対する敬意」を授業運営の根底に据えている。そのために意識しているのは「他者性の獲得」である。他者性の獲得とは，「今ここで目の前にいる人がリアルな一人の人間である」という手応えであり，その手応えこそが「人間の尊厳に対する敬意」につながると信じている。そして他者性の獲得のために，私たちは「対話」を重視しているのである。自分にも相手にも尊厳があることを実感し，敬意を払うことでフラットな関係性になれる。すなわち，限定的な価値観にしばられず高い視点から人間関係を見直すことができるのである。

　最後に，本書で「21世紀の教養教育」としているのは，先の提言と同様に，現代社会が直面しているさまざまな課題と対峙するために必要な教育だと考えていることに加え，昨今の大学が置かれている状況や，現代の学生の特徴に合わせて教育プログラムをデザインする必要性を強く感じているためである。日本学術会議の提言とは違い，私たちは現代の教養教育にモノ申したいわけではない。21世紀の初頭に始めた小さな取組みを，本書にひっそりとしたためようとしているのである。本書の言葉のなかから，21世紀の教養教育のヒントをすくい出していただけるなら，これほどうれしいことはない。

【引用・参考文献】

日本学術会議（2010）「提言　21世紀の教養と教養教育」〈https://www.scj.go.jp/ja/info/kohyo/pdf/kohyo-21-tsoukai-4.pdf（最終確認日：2022年10月7日）〉

Schein, E. H. (1993) On dialogue, culture, and organizational learning. *Organizational Dynamics*, 22(2): 40–51.

第Ⅰ部

「キャリア・Re-デザイン」の流れ

01 科目の概要と受講生像

鬼塚哲郎・山田創平

1 本科目の沿革と基本理念

鬼塚哲郎

1-1 沿　革

　この科目の発端は2004年，京都産業大学（以下，本学）の教職員用食堂での立ち話から始まった。当時本学キャリア教育の事務方のトップだったN氏が私を呼び止め，こうきり出した――「最近，留年率が高止まりして困っています。キャリア教育で科目を立ち上げ，留年しそうな学生をエンパワメントしたいと考えているのですが，先生，やっていただけませんか」。私はあと先考えずに「あ，やります」と答えていた……。

　私が即答したのには，それなりの背景がある。本学は1998年からインターンシップ科目を開講して本格的にキャリア教育に取り組みはじめ，2003年には初年次生を対象とした参加型の「キャリア・デザイン基礎」が立ち上がる。2004年には当時の看板科目ともいうべき4年間一貫の科目「オン／オフ・キャンパスフュージョン」が立ち上がり，現代GPと呼ばれる文部科学省の競争的資金を獲得して，産学連携を基盤としながらも，ゼミ授業に近い参加型キャリア形成支援教育を強力に推し進めている時期であった。それまで，教養外国語を教えることになんとなく物足りなさを感じていた私は，いつのまにかこの強力な流れのなかに引き込まれていく。

　2003年，前述の「キャリア・デザイン基礎」を担当する。当時は参加型のキャリア科目を運営するノウハウも乏しく，手探りの授業運営であったけれど，それなりの手応えも感じてはいた。しかし，学期が終わったとき私の胸をよぎったのは，次のような思いであった――「「キャリア・デザイン基礎」にやってくる学生たちは，もともと大学での勉学に高いモチベーションを抱いている人たちだ。彼らは，私たちが支援しなくとも，自分たちでやっていける。こうした科目を本当に必要としているのは，もっと違ったタイプの，むしろ大学へのモチベーションが低下している学生たちではないだろうか」。こうした思いを，職員として科目を担当したT氏に打ち明けると，T氏もまったく同じ思いを抱いていた……。

　そうした文脈があって，冒頭の食堂での立ち話につながるわけである。ノウハウも特段のビジョンも持ち合わせてはいなかったけれど，「モチベーションで悩んでいる学生がいるのであれば，ぜひとも支援したい」という思いだけで「あ，やります」と答えた私は，キャリア教育担当の職員さんたちに支えてもらいながら開講に向けて準備を進めていった。やったことは三つ。低単位学生にインタビューして，彼らのニーズを探ること，低単位・低意欲の学生を支援する気概とノウハウをもつ外部組織を見つけること，そして開講に至る手続きを円滑に進めるための根回し，この三つである。ざっと 1 年間の準備を経て，2005 年秋学期に開講にこぎつけた。科目立ち上げをめぐる詳細な報告は第 11 章をご覧いただきたい。

1-2　履修の仕組み

　この科目は，他のいくつかのキャリア形成支援の科目と同じく，一般的な科目とは異なる履修の仕組みをもっている。学生は一般に，学期が始まる直前に前の学期の成績をもらい，自身の単位状況を知ることとなる。そのうち，低単位と定義された学生は所属学部の教員もしくは職員に呼び出され，面談を受ける。この面談のなかでこの科目への履修が勧められる。したがってこの科目の初回授業は学期が始まって2, 3 週のちに設定され，必然的に履修制限単位の外に置かれる。学生の身になって考えると，単位不足を解消するために履修制限ぎりぎりまで履修登録を済ませたあとにもうワンチャンス与えられるオイシイ科目ということになる。受講生のなかには，このルートではなく，単純にシラバスを読んで「あ，これは自分のための科目だ」と思って来る者もいれば，「低単位ではないけれど，なんか面白そう」と思って来る者もいる。あと口コミ組も結構いる。「なんか面白そう」と思って来る少数派を別にすると「とにかく単位が欲しい。授業の中身に関心はない。適当に参加して単位をもらえればそれでいい」と考えてやって来る学生が多数を占める科目なのである。

　「単位」という，外発的なモチベーションしか持ち合わせていない受講生をどうやってこちらの土俵に引っ張り込むか，これが私たちに課せられた問いである。

1-3　基本理念

　この授業に基本理念というようなものがあるとすれば，今述べた「「単位」という，外発的なモチベーションしか持ち合わせていない受講生をどうやってこちらの土俵に引っ張り込むか」を不断に自分たちに向けて問うてきた，ということに尽きる。この問いをさらにいくつかの問いに分解し，それらの一つひとつに私たちなり

に答えていくことで，この授業の基本理念らしきものを明確にしていきたい。

（1）私たちの土俵はなにか

　今の私たちの言葉で表すと，「相互尊重，相互承認の場」となる。相互承認の場が教室内で立ち上がるには，受講生，授業運営者を問わずすべての参加者のあいだに自尊感情と他尊感情が育まれていることが条件となる。では，自尊感情，他尊感情はどうやって育まれるのだろうか。私たちはこう考えた——授業の参加者個人がこれまで経験したことを，また人生観なり仕事観なりを，まわりの人たちに表明する機会が与えられており，かつその表明を受けとめる環境が構築されている場合，他者を，そして自己を尊重する感情が育まれるのではないか——。

（2）お互いがお互いを認め合う環境はどのようにして構築されるか

　くわしくは第2章以下を参照していただきたいが，初回の授業では4名のグループで自己・他者への意識づくりをしたあと，自己開示の機会が与えられる。2回目以降は受講生15〜20名程度のクラスを編成し，そこに教員・社会人・学生からなる3名程度の運営チームが授業運営にあたる。運営チームの支援のもとで参加者全員のあいだにラポール（親和的関係）が築かれていく。そのやり方は第3章を参照して欲しいが，ラポールがいったん築かれると，自尊感情，他尊感情が育まれるのは難しいことではない。

（3）相互承認の場が築かれると，何が起きるのか

　相互承認の場が構築されることで，その場にいる者の対話が深まっていく。他者との対話（自己‐他者対話），自己との対話（自己内対話）がより深いところでなされていく。具体的にいうと，他者の価値観にふれて，それまで自分ではアタリマエと思っていたこと（「学生文化」や「大学規範」といった言葉で表される，個人が内面化している価値観）が問い直される。それまで自分でもあまり意識していなかった価値観さえ問い直されるようなことが起きる。そこまで行けば，「自分にとって一番大切なのは単位を取ること」とか「単位が取れていない自分は駄目なやつだ」とかいった価値観が更新されていくのは時間の問題である。「自分にとってアタリマエとは何か」というような問いかけがはじまり，一人ひとりが自分なりの答えを出していく状態になる。これは通常，自立と呼ばれる状態である。つまり，この授業は対話の環境を整えることで受講生の自立を支援する授業だといえる。

（4）相互承認の場を築くには何が必要か

　対話が深まり，相互承認の場が成立するためにもっとも重要なことは，授業を運営する側がファシリテーターとして参加することである。教員も例外ではない。受講生を評価するという立場から逃れるわけにはいかないが，通常の講義の授業のように，この科目で教員が「教える」立場にいると受講生同士の対話は深まらない。受講生は「教え，評価する」教員の意向を先取りしながら行動するから，自分と向き合うことが難しくなる。

　ファシリテーターとして授業に参加するとは，教授パラダイムではなく学習パラダイムに身を置き，受講生間の対話を促進する役割に徹することである。この科目の授業コンテンツは対話そのもののなかに見出される。対話が深まれば，その分授業の質も向上する。

表 1-1　科目の流れとねらい

	プログラム	ねらい
1日目（2コマ）	○オリエンテーション ○アートコミュニケーション ○自分史を語る	○自己意識・他者意識の醸成 ○初対面の相手に自己開示は可能だと気づく
2日目（2コマ）	○アイスブレイキング ○ニックネームづけ	○ラポールの形成
3日目（合宿5コマ） 4日目	○物語創作ワーク ○夜店プログラム	○自分の仕事観・人生観の表明 ○他者尊厳感情・自己尊厳感情の育みと相互承認の場の構築 ○クラス横断的な対話
5日目（2コマ）	○社会人との対話	○社会人との対話 ○新たな価値観にふれることでの自己内対話の深まり
6日目（2コマ）	○5日目までの振り返り ○7日目の準備	○自己内対話，自己−他者対話の深まり ○自己内対話のさらなる深まり
7日目（2コマ）	○5分間スピーチ ○参加者からの応答	○自分を取り巻く状況の言語化
個人面談	○受講生個人と教員との面談 　（一人あたり20〜50分）	○受講生個人と身近な大人である教員との自己−他者対話の深まり
学期末試験	○授業経験の言語化 ○授業終了後の変化の言語化	○自己内対話を書き言葉で表わす

1-4 授業の基本的なデザイン

　前項で出てきたさまざまなキーワード——自己，他者，尊厳感情，相互承認の場，自己‐他者対話，自己内対話等々——がプログラムのなかにどう埋め込まれているかを表1-1に示す。この授業の特徴は，隔週水曜日3，4限2コマ連続と合宿によって構成されている点である。

2 低単位・低意欲と呼ばれる学生とは

山田創平

2-1 この授業を履修登録している学生像

　「キャリア・Re-デザイン」はセメスターの最初に授業登録をする際，いわゆる登録上限単位数を超えて登録することができる科目である。そのような科目は当然の流れとして「卒業や進級に必要な単位数が足りない」学生の受け皿になる。ここで重要な点は，「キャリア・Re-デザイン」の受講生の受講動機が，シラバスに書かれた授業内容にあるというよりも，多くの場合，履修手続き上のメリットにあるという点であろう。

　そのうえでこの授業は，「授業内容は何でもいいから，とにかく単位が必要だ」という学生が，登録上限単位数を超えて登録してくる可能性を見すえつつ，いわばそれを学生に対してインセンティブとして示しながら，実際に授業に参加した結果として，図らずも自らの過去や将来を深く考える機会となってしまったと思えるようにデザインされている。ここでいう「自らの過去や将来を考える」という実践には，こう考えて，こう結論すればいいという答えが存在していない。考えた結果はすべての学生において異なるはずである。学生は授業を通して，自分という存在について，前提なしに，原理的に考えることとなるが，そのために教員やスタッフができることは，そのような熟考や省察が可能な環境を整えるということに尽きる。

　そのような環境整備を行うにあたり，まずはどのような学生がこの授業の受講生となっているのかを知る必要がある。本節で紹介する内容は，テキスト分析を通して明らかになった「キャリア・Re-デザイン」の受講生像である。もちろんここでいう「受講生像」は，学生という複雑な人格をもった一人ひとりの人間の，ほんの一側面でしかありえない。しかしほんの一側面ではあれ，授業をデザインするうえでは重要な情報となるはずである。

2-2 「大学への関わりを阻害する要因」に関する質的分析 [1]

　ここでは，「キャリア・Re-デザイン」の受講生像を知るために行った，テキスト

分析の概要を紹介する。前述したように，この科目の受講生は何らかの理由で低単位の状況にある場合が多い。本調査では，学生が低単位という状況に至ったその理由を，学生に対するインタビュー調査データをもとに明らかにしようと試みた。ここでは「低単位」という状況の一側面を，「大学への関与が阻害されている状況」ととらえ，調査を行った。ここでは何らかの理由で「大学に行けない」「授業に出られない」「授業に出ても授業内容にコミットできない」という状況を「大学への関与が阻害されている」ととらえている。それらはいうまでもなく低単位という状況を引き起こす一つの要素であるので（すべてではないが），本研究では「関与を阻害する要因」を知ることで，学生が低単位になる理由の一端を知ろうと試みた。

　調査対象者は 2006 年〜 2010 年に「キャリア・Re-デザインⅠ」を受講した学生である。この科目では，従来，全受講生に対し「大学での学び」や「キャリア形成」に関する学生のニーズを把握するため，担当教員が個人面談を実施している。面談はライフヒストリーや学生生活に関するテーマを中心に，半構造化面接法によって実施されている。分析対象としたのは，分析担当者（山田）が面談を行い，かつ詳細な面談記録が存在する 38 名の内，面談記録の研究利用に同意した 38 名である。

　分析では当該テキストデータを切片化し，キーワードを抽出することで，受講生のキャリア形成支援に関するニーズを概念化した。概念化・言語化にあたってはグラウンディッド・セオリー・アプローチ，木下（2007）による「M-GTA（修正版グラウンディッド・セオリー・アプローチ）」を用いた。またミシェル・フーコーらにより提起された，いわゆる言説分析の方法論も参照している（Burr 1995）。言説分析の方法論はテキスト分析にあたって，より周縁的で，マイナーな解釈の可能性をひらくものである。低単位学生はマイノリティであるので，この方法論によって明らかになる点もあるだろうと考えた。「単位」や「卒業」によって身体的，精神的規制を受ける学士課程学生は，そもそも学内において大学教育や大学当局，大学教員に対する率直な見解を容易に語りうる状況にはない。言説分析は，「語り」に現れる文脈の相違や対立，婉曲表現や繰り返される言い回しといった言語現象を再解釈することで，語りの中に別の文脈を読み取るものであり，いわば権力の検閲を受け，社会化された「表面的な」語りの背後にある「マイノリティの語り」「周縁的語り」

---

1) 本節の内容は，日本キャリアデザイン学会（2011 年，日本大学）第 4 部会において，本書の執筆者である山田と中西が「学士課程学生のキャリア形成を阻害する要因に関する定性的研究」との演題名にて発表した内容をリライトしたものである。

を表出させるものである。このような視点をもつことで，インタビューの最中においては，より核心的な語りを引き出すことができ，インタビューテキストの分析過程においては，より周縁的でこれまで隠蔽され見えなかった新しいテキストの解釈が可能になると期待された。

　分析の結果，受講生の語りから「大学への関与を阻害する要因」として「不信感」「他律感」「不安感」「疲労感」の四つの概念を抽出することができた。典型的な語りとして以下のようなものがあった。

不信感
「大人は信用できない。大学の教員も，就職活動で出会う大人も建前と嘘ばっかりでうんざりする」
「社会人になるって，とにかく我慢して生きていくっていうこと。自分たちは大人につかい捨てられるだけ。バイトしていてもそれは感じる。就職しても同じだと思う」
「授業を履修していて，半分の学生が単位を落としたとしたら，一番悪いのはそれを教えてた教員だと思う。でも金を払わされるのは学生。悪いのは学生ってことになる。大学は何の責任も取らない」
「先輩とか（部活の）顧問とかの前で正座してお酒つがなきゃいけないとかって，そもそも理由がわからない。不条理なことが多すぎる」
「こんな社会にした大人たちが許せない」

他律感
「京産は第一志望じゃなかった。親に言われたから入った」
「経済学とか，全然興味ない」
「大学行って就職して，結婚してみたいな道ってもう決まってるじゃないですか」
「やりたい勉強が全然やれない。先生に言われたことをやるだけ」
「入れる学部に入ったって感じ。大学も高校の教員も親も，学部はどこでもいいと言っていた」

不安感
「自分にはすごく才能があると思う。でも何もできないかもしれないと思うこ

ともある。結局何もできずに終わるとか，そんなことになるかもしれないと思うと不安で眠れない」
「社会人として働いてゆく自信がない。きっと傷つくと思う」
「相談できる人が誰もいない。恋人はいるけど，本当の自分は見せられない。恋人や親はむしろプレッシャーになっている」
「親の期待に応えられない」

疲労感
「家から出られなくなるときがよくある」
「友達関係とか，バイトとか，何もかもうまくいかなくて，疲れた」
「授業に出て，部活をやって，バイトもして，お金をためて，資格を取ってとか，頑張ってやれたのは最初の内だけ」

　受講生は理想的な大学生像やそれに連なる理想的な社会人像を抱いて入学する。分析結果からは，人間関係の構築が理想と乖離する中で大学や友人に背を向けるようになり（不信感），その原因を親や社会に求め（他律感），結果的に現状や将来に不安が募り，やがて疲労し「大学での学び」への関わりが希薄になってゆく学士課程学生の心理的なプロセスを読み取ることができた。
　学生は「理想的な大学生」を内面化しつつ大学に入学する。それは勉学においても，プライベートにおいても，いわゆる就活においても，あらゆることをいきいきと，前向きにこなしてゆく，そういう大学生像である。それは，この社会が構造的，文化的にもつ同調圧力とあいまって，逃れがたいプレッシャーとなる。そのようなプレッシャーのなかで，学生は先に述べたような心理的プロセスをたどることとなる。なお調査の過程では，これらの心理的プロセスの周辺に，さらに具体的な諸現象が存在した。それは体育会系の学生がケガをしたことで大学での居場所を失ったケースや，ギャンブル（ほとんどの場合はパチンコ，スロット）に生活のほとんどの時間を費やすようになって大学への関与が薄れたというケース，また予期しなかった事故や病気，学費支弁者の病気や死去によって大学への関与が薄れたケースなどがあった。これらは本来，何らかのかたちで教員や先輩学生，理想的には学内の相談機関などにつながるべきケースだと思われるが，調査の中で学生は例外なく孤立していた。学生はその個別具体的な要因による挫折や苦悩を，調査結果のような「語り」で語る。上述したような挫折や苦悩は，誰の人生においても，いつでも起こり

うるものであろう。だが，その事実を誰にも言えず，誰にも相談できない状況がある。それは大学が「失敗を許さない場」になっているということである。これらの語りから見えてくるのは，学生の，大学や大人社会に対する強い異議申し立てである。このような学生像をふまえ，この科目では学生と授業運営者の信頼関係構築を重視しつつ，支援的な教育環境を実現すべく，授業をデザインしている。

3 本科目のファシリテーションのあり方

鬼塚哲郎

3-1 沿　革

　2005 年の開講から 15 年以上が経ち，この科目におけるファシリテーションの意味はゆっくりと，しかし着実に変化してきた。振り返ってみると，本科目ファシリテーションの展開は以下の三つの時期[2] に分けられる。

---

①第 1 期　2005 年 – 2008 年　G 社により提供された授業プログラムを所与のものととらえ，プログラムの核心部分をなすグループワークの活性化に腐心した時期。

②第 2 期　2009 年 – 2014 年　ファシリテーションそのものへの関心が高まり，勉強会や公開の研究会が頻繁に催された時期。各クラス運営チームの自由裁量が高められ，クラスごとの特徴あるプログラム運営手法が登場してくる。授業運営における関心事は依然としてグループワークの活性化であった。

③第 3 期　2015 年 – 現在　ファシリテーターの仕事をより俯瞰的にとらえなおした時期。授業開始から定期試験までの全工程を，自己 – 他者対話と自己内対話とが建設的な相互作用を通して展開するプロセスとしてとらえ，このプロセスを生きる受講生を側面から支援することがファシリテーターの仕事であるという認識にたどり着いた。

　上記①～③を詳述するまえに，筆者とファシリテーションの関わりを手短に述べておきたい。

---

2) 本書第 11 章では本科目の沿革について，ファシリテーションのあり方の変遷以外の要素もふまえて詳述している。執筆者である中西は三つの時期をそれぞれ「ファシリテーション開拓の時代」「グループダイナミクスを促すファシリテーションの時代」「個人の自立を促すファシリテーションの時代」と表現している。

3-2 筆者はファシリテーションとどう関わってきたか

筆者は 90 年代，二つの領域（エイズ予防と震災被害者支援）で活動する NGO に参加していた。そこでは，意思決定の場や研究会などでファシリテーションがアタリマエのように用いられていたからなじみはあったし，ワークショップの運営を任されたこともあった。しかし当時の私には，ファシリテーションを大学の授業に活かそうという発想はなかった。共通外国語（スペイン語）を教えること，教授することが仕事だと考えていたし，そこにファシリテーションを活用するという発想は入り込む余地がなかったのである。

変化が訪れたのは，1 節で述べたように，先行するキャリア教育科目「キャリア・デザイン基礎」を担当したときのことだ。科目の目的は，受講生が自分のキャリア形成に意識を向け，自主的に行動できるよう支援するところにあり，それまで語学の教員として培ってきたノウハウはまったくといっていいほど役に立たなかった。一例をあげると，スペイン語の動詞変化の意味を理解し習熟することと，身近な大人のキャリアを観察しその成果をレポートにまとめることとは，受講生にとっても教員にとってもまったく異質の活動である。受講生にとって前者は，すでに動詞変化に習熟している教員を親方のように慕いつつ親方の境地に一歩一歩近づいていく行為であるが，後者は他者のキャリア形成の物語を聴き取り，さらにその物語を自分なりに解釈するという作業となる。教員にとって，前者は自ら習得したコンテンツ（この場合はスペイン語の動詞変化）を受講生に少しずつ譲り渡していく行為であるが，後者においては，他者のキャリア形成の物語を書き，解釈し，授業内の他者と共有することの意味を受講生に納得してもらったうえで，一連の流れを可能にする場を整えることが仕事となる。

要するに，キャリア教育の授業においては，受講生が学ぶ授業コンテンツは受講生自身が産出し，発信し，共有するコンテンツにほかならない。教員の仕事は，何かを教えることではなく，受講生が建設的にコンテンツを産出し，発信し，共有する場を整えることであり，これはとりもなおさずファシリテーターとして活動することを意味している。

しかし，キャリア教育系の科目において教員はファシリテーターとして活動すべきだということが頭では理解できたとしても，現実の授業をどう運営するかというノウハウが天から降りてくるわけではない。実際，「キャリア・デザイン基礎」の運営は手探りの，試行錯誤の連続であった。2005 年に「キャリア・Re-デザイン」の開講が決まった時点でもノウハウの蓄積は十分とはいえなかった。そこで私たちは，

キャリア教育に携わる民間の会社と協働することを選択し，しかるべき人から推薦していただいたのがG社のKさんである。

　Kさんが提示した授業計画は，まさしく私たちの期待に応えるものであった。そこでは，授業を運営する側がファシリテーターとして受講生と対峙することが明記されていたし，何より，私たちには未知の魅力的なノウハウが盛り込まれていた。このとき提示された授業プログラムの流れ——導入部でのアートコミュニケーション・ワークと自分史を語るワーク，受講生同士の親和的関係を一気に深める合宿授業，社会人インタビュー，最終回授業での5分間スピーチなど——はその後も大きな変更を加えることなく運用されている。私たちにとって幸運だったのは，開講初年度の授業において，20名に満たない受講生のうちの3名がファシリテーターに名乗りを上げ，以後卒業するまで学生ファシリテーターとして活動してくれたことである。

　こうしてこの科目は構想の段階からファシリテーターが運営する授業として計画され，実際に運用され，開講後半年を待たずに学生ファシリテーターを生み出すという幸運に見舞われた。このような成功体験を通して私たちはファシリテーションの威力をまざまざと認識し，ファシリテーション・センターの構想を立ち上げ，2008年度に文部科学省の学生支援GP（「新たな社会的ニーズに対応した学生支援プログラム」）を獲得して「F工房」を創設，以後ファシリテーションの学内普及に邁進することになる。

3-3　第1期　グループワークの質向上に腐心した時期

　話を本題に戻そう。幸先よいスタートをきった「キャリア・Re-デザイン」であったが，当時の私たちの関心は「この授業の中核となるグループワークにおいてグループ・ダイナミクスをどう引き出すか」「そのためにファシリテーターはどう関わるべきか」という点に向けられていた。水曜日の午後，2コマ連続の授業が終わると，授業運営に関わった教員・職員・学生ファシリテーター，G社の講師らが集まり，80分程度の振り返り会をもつ。そこでの議論はもっぱら，各クラスの運営者が受講生のグループワークをどうデザインし，そこにどう関わり，どのような成果をもたらしたか，に集中した。

　議論を重ねるなかで，この授業に関わるすべてのファシリテーターが依拠すべきガイドラインとして「観察とフィードバックのファシリテーション」という標語が生まれたのもこの時期だ。標語の意味するところは「グループワークがいったん始まれば，ファシリテーターはよほどのことがない限り，「見守ってますよ」という

雰囲気を醸し出しつつ観察に徹する。ワークが終わると，なるべく具体的なフィードバックを当該グループに返すことが望ましい」というものである。そうすることで，受講生がワーク中の自身の行動をグループで振り返るきっかけを提供しようとした。この時点では，ワークを行う主体もグループならフィードバックを返す対象もグループであると認識されていたわけである。

3-4　第2期　ファシリテーションの学習を深めた時期

前述のように，2009年度にF工房が立ち上がり，ファシリテーションの学内拠点がスタートした。これに伴い，専門職的ファシリテーターが2名雇用され学内のさまざまな教育プログラムへの支援が開始されたし，ファシリテーションをめぐる勉強会，研究会が頻繁に催された。こうした流れのなかで私たちはK. レヴィンの場の理論，J. ギブの4つの懸念モデル，E. シャインとW. アイザックスの対話理論，三隅二不二のPM理論，津村俊充のグループプロセス理論などを学習し，ファシリテーションの理論的側面の理解を深めていった。

その結果，振り返り会の議論がより学問的な言葉でなされるようになった。これによって授業でのファシリテーションの質が飛躍的に高くなったとはいえないが，少なくとも学外に向けて発信しやすくなった。低単位学生に対象を絞ったキャリア教育科目はこの時点でもほぼ皆無であったから，学会や教育フォーラムなどで発表する機会も少しずつ増えていった。

担当教員の一人であった山田創平さん（現京都精華大学教授）によるこの科目の受講生像の研究がまとめられたのもこの時期である（詳細は前節）。この研究は振り返り会の議論のあり方に決定的な影響を及ぼす。山田によれば，この科目の受講生は入学後知らずしらずのうちに彼らが内面化した大学規範文化に則って自分が理想の大学生像を体現していないことを過剰に低く評価する傾向があり，そのことがさらに彼らを授業の場から遠ざける。したがって私たちファシリテーターが支援すべきなのは，大学規範文化を相対化する視点を受講生が獲得することである。

3-5　第3期　受講生の授業体験を対話の深化のプロセスとみなす時期

2013年から2016年にかけて，さまざまな理由で担当教員の入れ替えがあり，その結果，キャリア教育，心理学，教育工学の専門家が参入してきた。いずれも歯に衣着せぬ論客であったため，振り返り会の議論は一気に活性化され，予定の時刻（18時）を過ぎても議論が続くこともしばしばであった。議論を重ねるうちにみえてき

たことが二つある。一つは，それまでのグループワークのあり方に焦点を当てた議論から，授業全体を受講生個人が経験する一つのプロセスととらえ，プロセスに組み込まれたプログラムを受講生個人の視点に立って，より俯瞰的に授業全体を見渡せるようになったこと。もう一つは，受講生が授業で経験するすべてのことは自己内対話および自己 - 他者対話に還元できるから，授業運営の目標を「グループ・ダイナミクスを引き出すこと」に置くのではなく，「受講生個人個人の自己内対話をより深く精緻なものにしていくこと」に置くという合意が形成されていったことである。言い換えると，授業プログラムの多くは建設的な自己 - 他者対話をめざすものであるけれども，それらはそこで完結するのではなく，受講生の建設的な自己内対話を誘発するためにそこにある，という視点が獲得されたことになる。建設的な自己内対話こそが受講生個人の成長につながるという認識が生まれたわけである。

　こうした新たな認識がもたらしたものは多岐にわたる。まず，定期試験に自己内対話の総仕上げという意味づけがなされた。次に，アートコミュニケーションから5分間スピーチに至る個々のプログラムが新たな視点で検討され，各プログラムにおいて実践される自己 - 他者対話が建設的な自己内対話につながっていくためにファシリテーターはどう行動すべきか，という論点が導入された。

　一例をあげると，5日目の「社会人との対話」を6日目の授業で振り返る際，これまではグループで何を経験し何を学んだか，という視点で振り返っていたのを，「個人として社会人とどう対話し，対話から何を学んだか」を振り返る。「自分は何を学んだか」という問いは必然的に自己内対話を引き起こす。自己内対話が具体的な表現を伴ってなされたとき，受講生はこれまで社会人に対して抱いていた固定観念から解き放たれ，自立に向けて一歩踏み出すと考えられる。

　これまで見てきたように，自己 - 他者対話と自己内対話の接続に注目し，自己 - 他者対話の経験を建設的な自己内対話につなげるにはどうしたらよいかと問うこと，これが目下のところの本科目ファシリテーターの課題である。

【引用・参考文献】

木下康仁（2007）『ライブ講義M-GTA——実践的質的研究法 修正版 グラウンデッド・セオリー・アプローチのすべて』弘文堂

Burr, V.（1995）*An Introduction to Social Constructionism*, Routledge. =（1997）田中一彦訳『社会的構築主義への招待——言説分析とは何か』川島書店

コラム1 「私」を大切にする私

白瀧礼奈

　この本では授業の具体的な手続きに関する記述が多いが，私にとってそれらはほとんど重要ではない。私にとって重要だったのはそこにいる「人」そのものであって，授業の形式や手続きではなかったということだ。私はこの授業にはじめ受講生として参加し，その後，休学を経て数年経ったのち，学生・社会人ファシリテーターとして参加した。そして，大学卒業後は専門学校に入学し，現在は看護師として働いている。ここでは授業を通して「人」と出会うなかで生じた私自身の変化を描きたい。

　大学に入ってからの私はずっと，誰が正しいのか，何が間違いなのか，どこに向かえばいいのか，いつも迷っていた。何をしても結局は思い通りにならないこの人生に，迷い，そして自分が迷っていたことそれ自体に気づいていなかった。自分が見ている世界は一体どのような世界なのか，それは本当に存在しているのか。そしてとくに自分の感情についてはその存在自体にまったく確信がもてないでいた。当時なぜ私はそのようにしか存在し得なかったのか。おそらくそこには，順風満帆だと思って疑わなかったそれまでの家庭や学校生活が関わっていると感じる。私はいわゆる「一般的」な家庭で，「普通」に育った。私はいつも，明るく元気で，我慢強いことを褒められていた。小学校からさまざまな習い事を続け，高校の部活動では全国優勝するほどの強豪チームに所属していた。そこでは個人が個人として扱われず，集団の規範が優先された。当時はその状況に適応し，やりがいがあると感じていたが，今思えばそこは，私にとって，抑圧され支配されるなかで，主体性を奪われる場であったように思う。そして，大学に入り「自由」だといわれたとき，私は自分の「存在」を失った。私は大学での「居場所」がなく，大学には必死の思いで足を運ぶのだが，教室に座っていられず，単位はまったく取れなかった。だが大学2年の春に受講したキャリア・Re-デザインだけは出席ができ，単位が取れたのである。しかし私は受講した内容も，キャリア・Re-デザインにファシリテーターとして関わるようになったきっかけもまったく記憶していない。おそらくそれらは重要ではないのだろう。そんな私がなぜこの授業に関わり続けることができたのだろうか，そしてこの場所が居場所だと感じることができたのだろうか。その理由は，ここで出会った「人」にあるのだと思う。

　キャリア・Re-デザインでは一回の授業に対して，何時間もミーティングと振り返りを行う。この授業が温め，大切にしてきたその話し合いの場で，私は二人の人物と邂逅し，変化を促されることとなる。この授業の教員であった入野美香さんと山田創平さんである。私は，ミーティングや振り返りでの

彼らの発言やふるまいに接するなかで，私自身の感情や世界に対するリアルな感触，自分が確かに存在しているという感覚，つまり生きている感覚をもつことができた。この二人との「出会い」を振り返ってみたい。

　入野さんは私が受講生のときの教員である。私には当時の受講生としての記憶がほとんどないのだが，狭い部屋で面談をしたときの様子は覚えている。私がこのとき何を感じ，何を話したのかは思い出せないが，私はこのとき，久しぶりに泣いた。そして入野さんがティッシュをもってきてくれた。それから，数年が経ち，ファシリテーターとして久しぶりに入野さんにお会いしたとき，入野さんは私の顔を見てうれしそうな顔をしてくれた。「生きていてくれた！」と言わんばかりに。そして「もう，一人で歩いて帰ったりしてない？」と聞いてくれた。私自身が覚えていない「私にとって重要なこと」を，入野さんは覚えていてくれたのである。またあるとき，私は授業内でファシリテーターとしてグループワークを仕切り，対話を促す役割にあった。しかしなかなかうまくいかなかった。私は男性の受講生に囲まれ，彼らは私に次々と恋愛や性的な事柄など，プライベートな質問を投げかけてきた。そのことを振り返りで話したあと，入野さんは私を呼び止め，厳しい表情で「礼奈，こういうときは怒りなさい！」と言った。このとき，私は私自身がじつは怒っているのだということに気づかされた。ずっと私自身のなかには存在していなかった「怒り」という感情を恢復したように感じた。自分の感覚に気づき，それを人に伝えようとする力が，本来は「反射」のようなもので，生きていくうえで欠かせないものである。しかし，それまで生きているという実感がなかった私にとっては，世界が一変するような体験となった。その自身の「感情」に気づくという体験は，たとえばヘレン・ケラーがサリバン先生から「WATER」を教わったときに似ているように思う。それは，体験と言葉が重なるその瞬間にしか学び取れない。私はそれ以降，それまで経験してきたことや，それまで取りこぼしてきた自分の感覚を次々に思い出していった。それは恐ろしいことでもあった。しかし入野さんは，私が受講生だったときもファシリテーターとして関わっているときも，いつも私の話を真剣に聞いてくれた。そしていつも見守っていてくれた。そのような入野さんの存在そのものが，私を励まし，私が私自身と向き合う勇気を与えてくれた。私は，入野さんとの関わりのなかで，はじめて個人として尊厳をもち生きる存在になり得たのである。

　山田さんとの「出会い」もまたキャリア・Re-デザインの振り返りであった。山田さんは遅れて教室に入ってきて，おもむろに鯖寿司を食べ始めた。その様子に誰も何の違和感も抱かない。キャリア・Re-デザインの振り返りはそ

んな不思議で「自由」な空間だった。山田さんは興味のない話はいつも聞き流している様子であったが，振り返りのなかで私がとくに「この話は大事だ！」と思うとき，決まって山田さんもその話に興味を示し，うなずいていた。キャリア・Re-デザインの振り返りは脱線にもまた特徴があった。鬼塚さんの世界観や入野さんの専門性が体感できることがとても心地よく，ずっと聞いていたいという思いもあったが，山田さんのそれらの話を一通り引き受けたうえで，まとめてしまう言語能力にもあこがれた。またこの頃，山田さんが講師をつとめた授業スタッフ向けの研修会に参加した。このときの哲学史の話が忘れられない。私は気づくと時間を忘れ，講義の内容に没頭した。大学が本来，根源的に問い，思考する場であるということを知ったのである。私が「没頭」できなかったそれまでの大学生活や授業は，古代ギリシャ以来の本来の大学や人文諸学とはかけ離れたものであり，本当は私はもっと自由に，本能的に，「考え」「学び」たかったのだということに気づいた。現在の社会や大学は形骸化しており，近年の大学はさらに新自由主義的な競争原理の渦中にあるということも知った。その後，山田さんからは「近代」「資本主義」「ジェンダー」など，さまざまな社会構造の話も聞いた。私は苦しい人生を自ら望んで（しかし無自覚に）歩んでいたのかもしれない。山田さんの語りに接するなかで，私は私自身のこれまでの人生や経験をはじめてはっきりと言語化することができたように感じた。この経験は私自身のその後の「思想」をつくる基礎になっていく。

　私はそれまで言葉など大切ではないと思っていた。しかしこのとき，私は，言葉を大切にすることの重要性を知ったのである。なぜなら，私が私自身の言葉を大切にすることは，私自身を大切にすることと同じだということに気づいたからである。入野さんは私が私自身，大切にできないその感覚や感情をそのままに汲み取り，包んでくれた。山田さんは山田さん自身，自らの言葉で表現することで，自分を大切にすることを体現してくれた。こうした人たちのなかで私は少しずつ言葉を獲得し，私自身を大切にする力を身につけていった。キャリア・Re-デザインという授業コンテンツにももちろん何らかの「よさ」はあるのだろう。だが私が魅了されたのは，授業のコンテンツそれ自体ではなく，そのコンテンツや目の前の現象，自分や他者を丁寧に扱う一人ひとりの「人たち」であった。その人たちと何度も何度も関わるなかで，私は「生まれ直し」たような気がしている。

02

1日目
授業ガイダンス

入野美香・鬼塚哲郎・川出健一

		【ねらい】 ○オリエンテーションと二つのワークを通して，授業のあらましと授業スタイルを理解する ○単位のみに意識が向いていた学生が今後の授業展開に関心を寄せるようになる
プログラム	①	オリエンテーション（30分） 【ねらい】 ○教室に集まった低単位傾向の学生たちが，この科目が自分たちに向けて開講されていることを確認したうえで，今後授業がどう展開するかについて期待を抱くようになる。 ○授業に参加する際，どのような配慮が必要かを理解する。 ○授業運営者はどのような人たちかを理解する。 【あらまし】 上記のねらいにそって主担当教員が講義風に語り，最後に授業運営者全員が登壇して自己紹介する。
	②	アートコミュニケーション（60分） 【ねらい】 ○四人のグループで協働しつつ絵を描くことを通じて，学生たちが言語に頼らずに自己と他者との境界に意識を向ける。 【あらまし】 全員を四人のグループに分ける。グループで選んだテーマにしたがって各自が基本となる絵をクレヨンで画用紙に描き，意図を言葉で伝えながら隣りの人に画用紙を渡す。もらった人は自分のクレヨンで加筆する。このサイクルを4回繰り返すことで，各自の前には他の三人によって加筆された絵が戻ってくる。四人で合評を行う。
	③	自分史を語る（60分） 【ねらい】初対面の人たちにも自己開示することは十分可能であることを受講生が実感する。 【あらまし】②と同じグループで行う。学生ファシリテーターによるモデルが提示されたのち，各自がワークシートに自分史を記入し，グループ内で一人ずつ，ワークシートを見せながら自分史を語る。
	④	受講願いの記入と提出（30分） 【ねらい】①〜③の体験を思い出しながら受講へのモチベーションを言語化することで，相互承認への第一歩とする。 【あらまし】受講願いの用紙を提出して授業終了。

1 1日目のあらまし

鬼塚哲郎

　学期がはじまって2〜3週間経った水曜日の午後，第1回目の授業が始まる。打ち合わせの会場から教室に向かう私たちの胸中は「今学期はいったいどれくらいの学生が来てくれるのだろう？」という不安でいっぱいとなる。

　ベルが鳴るとオリエンテーションが始まる。授業開始の時点で，授業への受講生たちのモチベーションは限りなく低い。「単位が取れる程度に参加しておこう」というのが多くの者の構えであることは，学期末試験の記述にもうかがえる。「単位」という外発的動機づけのみでやって来た学生たちから内発的な動機づけをどう引き出すかが私たちの課題となる。

　統括教員が講義のかたちをとりながら，まず学生たちに問いかける。「この授業は低単位の状態にある学生たちに特別にデザインされたものですが，自分のことを低単位の状態にあると思う方は手をあげてください」。大多数の学生の手がおずおずと上がる。教員はすかさず「安心しました」と返す。学生のあいだに安堵の溜息らしきものが広がる。教員は続けて，この授業が低単位の学生に向けてデザインされたものであること，授業の目的は○○能力を育成するというようなところにはなく，受講生の自立を支援するところにあることを伝える。

　次に，受講生は授業でいったいどのような活動をするのか，という観点から，個人ワーク，ペアワーク，グループワークをさまざまに組み合わせたプログラムに参加しつつ，いま自分が置かれている状況について考えを深めていくことが求められること，そしてプログラムへの参加は主に「対話」というかたちをとることを説明する。そして私たち授業運営者はもっぱらファシリテーターとして関わることを伝える。ファシリテーターの支援を受けながら「他者との対話」「自己との対話」を深めていくこと，これこそが授業の軸となるものだ，というメッセージである。

　オリエンテーションの最後は人権についてのミニ講義。ここでのメッセージは「授業のなかであなたの他者となりうる人たちは人種・民族・国籍・社会階級・宗教・ジェンダー・セクシュアリティ・障害などにおいてさまざまな背景をもっている（章末資料参照）。だからこそ，他者との対話は面白いし，そこから人は多くを学び，成長する」というものである。講義が終わると，教員を含むファシリテーター全員が登壇し，すばやく自己紹介をしてオリエンテーションが終わる。学生・卒業生・職員・社会人・教員……さまざまなアイデンティティや職業が15名くらいの登壇者から表明されるのだが，全員が受講生と同じ目線で（指導的にならずに）適

度な距離を保ちながら（馴れ馴れしくせずに）語るから，ここで教室の雰囲気が一気に変わり，教室のあちらこちらでざわめきが起こる。「授業のあらましはなんとなくわかったが，実際の授業はどう展開するのだろう？」と思ってもらえたら，オリエンテーションの役割は果たせたことになる。オリエンテーションで用いるパワーポイント教材を章末に掲載しておく（☞ 35–39 頁）。

　オリエンテーションが終わると，アートコミュニケーションが始まる。このプログラムを採用している理由は，受講生がスーと入っていけるからであったがくわしい内容は次節を参照いただきたい。とはいえ，受講生のなかには「まさか大学 4 年生になって図画から始まる授業を受けるなんて思ってもみなかった」とか「まるで更生施設にいるようだった」とか，学期末試験に書いてくる受講生もいる（以降の引用もとくに断りがない場合は学期末試験からである）。受講生がなるべく言語によらないやり方で「自己」と「他者」に意識を向けるこのプログラムに，私たち全員が手ごたえを感じているのはまぎれもない事実である。その手ごたえを科学的に解明するのは今後の課題となる。

　次の自分史を語るワークショップは，文字通り自己開示のとっかかりである。アートコミュニケーションで非言語によるコミュニケーションが十分に行われたからだろうか，多くの受講生が「ほぼ初対面の人たちなのに，思いのほか包み隠さずこれまでの人生を語ることができた」と述懐している。ここですでに，受講生に大きな変化が訪れていることがうかがえる。こうした変化は，次のような語りからも推察できる。曰く「この授業を取ろうとしている人たちはきっと自分と同じくだらしない大学生活を送っているに違いないと思っていたが，実際話を聞いてみると予想を裏切られ，多くの人が懸命に生きてきたことがわかった」。曰く「まわりの人たちと比べて大学生活をだらだらと過ごして来た自分が恥ずかしくなった」。こうした語りには，自尊感情が低く抑えられていることがうかがえると同時に，他者の語りを通して自己を振り返る端緒が開かれつつあることも見て取れる。

　二つのワークが終わると，教室内の雰囲気は一変する。グループ内で十分に意見交換ができたことから生まれる充足感が場を充たし，なごやかな雰囲気に包まれる。SNS のアカウントを交換している者もちらほら見える。「あの日は疲れきって，家に帰ったらすぐ寝た」というような述懐からは，ここで生まれた対話が大きなインパクトをもたらしたことがうかがえる。

　上記三つのプログラムが終了したあと，「これが私たちの 1 回目の授業です。このような授業を受けようと思う方は受講願いを提出してください」と投げかける。

ほぼ全員が提出するが，ここで退出する学生が若干名いることもある。その理由として，グループワークが苦手であることや，アートコミュニケーションで不快な思いをしたことなどが考えられる。

2 アートコミュニケーション

入野美香

　アートコミュニケーションは，受講生にとって，自らが行動して経験する最初のプログラムである。そして，通常の言語表現が中心となる大学の授業とは異なり，非言語的コミュニケーションに重点を置いたものである。それは，普段経験しているコミュニケーションとは，方法だけでなく質的な観点からみても違う要素を含む。したがって，受講生にとっては日常の場とは勝手の違う，非日常的な体験でもある。

　このような授業を運営するにあたり大切にしていることが三つある。一つは，全プロセスを非日常の場である舞台になぞらえるなら，主題「コミュニケーション」が，序幕から終幕へと展開する過程を理解しイメージしておくということ。二つめは，絵を描かないで参加することを容認するということ。そして，三つめは，たとえ一色のクレヨンで描くものであろうと，その絵は描き手を表していることを，授業運営者らが体験を通して知っていることである。ここでは，それらのなかから一つめと二つめについて，実際の進め方を示しながら述べることにする。

2-1　準備　「グループを作る」

　学籍番号順に並び，総人数を4で割った数を順に割り当て，同じ数字の四人を一つのグループとする。これで，学年と学部の偏りが少ないグループができる。性別は問わない。このグループを，原則として2日目以降のクラス編成の基本単位とする。グループで席に着き，簡単な自己紹介を行う。「アートコミュニケーション」という非日常の物語は，この基本単位の各グループで生まれ，その教室にいるファシリテーターとすべての受講生を巻き込み展開する。

2-2　序幕　「ツールを手に入れる」

　一場　　運営担当者（以下担当者）が，実施の概要（☞19頁）を説明する。受講生は，これから何が始まるのか，何をするのかを知る。しかし，この段階では，まだ受講生に絵を描くという実感もなく，初対面同士のグループメンバー間には緊張感が漂い距離があるように見える。

　二場　　受講生が，非言語的コミュニケーションの「場」となる白紙の画用紙を前に，その「ツール」となるクレヨンを一本，自ら選んで手にする場面である。

　まず，ファシリテーターがいっせいに各自に画用紙を一枚ずつ配る。続いて，24色のクレヨンを，色の重なりを避けるため，各グループに一箱提示する。受講生は，そこから自分の好きな一つの色を選ぶ。そこには，差し出されたクレヨンの箱を覗き込み，真剣にクレヨンを選ぶ受講生の姿がある。

　「ツール」であるクレヨンは，クレパスに比べると硬めで，比較的穏やかな強弱の表現になることや，互いの色が混ざり合いにくいなどの特性がある。これは，「場」——一枚の画用紙——での交流を，ある程度コントロールできる素材であることを意味する。そして，一色だけで描くということも，限界のなかでの表現という安全弁としてはたらくと考えられる。

　「場」である画用紙は，B4 サイズで厚みのあるものを用いる。サイズは，描き手が容易に「場」全体を視野に入れることができると同時に，四人が描けるスペースのあることが必要だと考えている。また，いかなる描き方をしても，容易には破損したりしわになったりしない厚みも，「場」としての重要な要素である。

2-3　第二幕　「テーマを決める」

　テーマ決定は，新生グループの最初の共同作業であり，グループメンバー間に動きが見え始める。

　担当者が板書した複数のテーマ［山，海，田舎，街，公園，遊園地］のなかから，受講生は自分たちのグループの絵のテーマを一つ選択する。提示するテーマは，「大学」や「友達」といったような，受講生の現実の生活と密接に関係するものは避け，自分自身との距離を取ることも可能なものを意識して選んでいる。

　このとき，自分が選んだクレヨンの色との適合性，イメージが浮かぶのはどれか，他のメンバーの好みはどうか等々，受講生それぞれの思いが立ち現われ教室はざわめく。担当者は，受講生が絵を描くことを実感し，臨場感の高まりを見せるこの時点で，大切にしていることの二つめに挙げた，絵を描かない自由に言及する。

　それは，本来絵を描くということは，その人自身の創造性に直結しており，強要するものではないからである。また，多くの大人が，絵を描くことにかなりの抵抗を覚えるという事実もある。さらに，このプログラムの場合，自分の描く絵に他者の手が加わることになり，それに対する不安や不快感のあることは容易に想像できる。したがって，参加の仕方に幅があることを伝えることは重要であると考えている。

　このことはまた,「アートコミュニケーション」が仮想の知的ゲームではなく,その人自身に関わる生の体験であるということを,言外に伝えることにもなると考えている。

2-4　第三幕　「描く」

　一場　　グループで決めたテーマにそって,自分自身が描きたいものを自分のクレヨンで自分の画用紙に描く。

　進行と時間管理は舞台の枠組みとして必要なものと捉えており,あらかじめ受講生に全体の流れを説明したうえで,担当者が指示を出す。予定の時間が経過すると,教卓にセットしたタイマーの控え目な音が鳴る。担当者は,まだ描いている人がいる場合,「時間ですが,手が動いている人がいるのでもう少し待ちましょう」と告げる。これは,教室全体が一つの場であることを示すと同時に,描くことに没頭し手を止められない受講生にとって,気持ちに区切りをつける契機になると考えている。

　この第三幕において,ファシリテーターは,その場を共有する人としての重要な役割を担う。全員が教室にそれぞれ居場所を見つけ,頻繁には動き回らない。その場所は,グループの雰囲気や空気を感じることができ,かつ,監視や,批評家の視線などの圧力を受講生に想起させない物理的距離にあることが大切だと考えている。

　二場　　ここから,絵は,担当者の合図で次々とグループメンバーに手渡され,各自の「ツール」でモチーフが描き加えられて展開していく。

　この場面は,二つの異なるコミュニケーションによって成り立っている。まず,描き手の意図は,言葉で絵を受け取る相手に伝えられる。すなわち,言語的なコミュニケーションが主となる。

　続いて,受け取った側は他者が描いた絵と向き合い,自分が手にする「ツール」でその「場」に入って行く。ここでは,言語を介して得た作者の意図と「場」からの視覚的情報,それらによって動き出す感情,思考,感覚や閃きと「私」との間で,非言語的なコミュニケーションが活性化される。

　その詳細についてここに述べるスペースはないが,四つの色のクレヨンが示す軌跡やモチーフ,またテーマの展開は,「場」において「四人」の間に多様な関わりが生じ,言葉を介さない交流のあったことを物語っている。絵を描くことで非言語的コミュニケーションが活性化されることについては,すでに多くの描画に関する研究が示すところでもある。

　三場　　描いた本人の手を離れてグループメンバー三人の手が加わった絵は,い

よいよ描き手のもとへ戻ってくる。

　三人の他者のイメージが描き加えられた絵は，通常，元の絵とはかなり違っている。それに対して，元の描き手は多様な思いを抱くことになる。

　ここで，戻ってきた絵に本人が加筆する時間を取る。それは，描き手にとって，絵の変化に対する補償的意味をもつこともあれば，鮮明になったテーマに鼓舞されての加筆である場合もあると推測している。いずれにしても，この段階で，本人が必要に応じて描き足すということは，「自分の絵」を取り戻すのに重要な過程なのだと思われる。

2-5　終幕　「仕舞う」

　通常の生活とは異なる経験によって活性化された心理状態を鎮め，現実の世界・教室に戻る段階である。

　完成した絵を，グループ全員で共有して感想を述べあう。ときには，担当者が，いくつかのグループにマイクを向けることもある。他者に伝えることを意識しながら語るのを聞くと，まさにこの経験を共有するプロセスは，現実への帰還を促しているという印象を受ける。そして，最終の仕上げとして，自分の絵にタイトルをつける。それを画用紙の裏に，自分の選んだクレヨンで書き，さらに，グループ番号，グループのテーマ，名前，日付を書く。これら，タイトルをつける視点をもつことで絵との距離をとり，現実の存在を象徴する名前と日付を書くという行為を，非日常の舞台の幕を閉じる儀式として位置づけている。

　以上，アートコミュニケーションを実施するにあたって大切にしていることの一つめと二つめについて述べた。三つめについては，課題として常に考えていることを挙げておこうと思う。

　絵には，人の内的な世界が現れることはよく知られていることであり，心理臨床の場において広く用いられている。このアートコミュニケーションで描かれた絵についても，それは例外ではない。数年間にわたる受講生の絵を分析した結果，そこには描き手本人の心理的な状態が現れており，絵に表された他者との関わりの特徴は，それ以降の授業における他者との現実の関係にも見出されることがわかっている。すなわち，描かれた絵は，描き手の内的な世界を表し，描き手自身なのである。

　それだけに，十分安全に実施されているのかという課題は常に存在し，検討が続いている。また，アートコミュニケーションという経験を，受講生にいかにフィー

ドバックし得るかということについても課題は残っており，さらに考える必要がある。

　もしこのプログラムを試みたいと考える読者には，まずは授業運営者自らが何度か実際に経験し，グループおよび自分自身の振り返りを通して，絵を描くということ自体への理解を深めることを提案したい。

3 自分史を語る

川出健一

　「自分史を語る」は，自分のこれまでの歴史を振り返って言語化し，「アートコミュニケーション」を実施したグループメンバーとお互いに開示し合うプログラムである。相互理解を通して互いの信頼関係が深まり，初対面にもかかわらず思いのほか自分のことを語ることができ，他者の語りを受けとめることができれば，あたたかく充実した雰囲気に包まれる。

　前段の「アートコミュニケーション」での交流もあって，運営担当者が予想する以上の自己開示が展開される。このような自己開示は，ほとんどの受講生にとっては初めての経験であるから，受講生が初対面の他者にほどよい自己開示ができるよう，運営者は細心の注意を払いつつ場を整える。運営者が留意すべき点は，受講生一人ひとりが，他の誰とも交換不可能なそれぞれの人生を生きてきた唯一無二の存在であること，これにつきる。以下，時系列にそって，運営の様子を紹介する。

3-1 準　　備

　全員に，ワークシートとワークシートの記入例の紙を配布する。A4横使いのワークシートには，横方向には左側から右側に向かって，幼少から小学校，中学校，高等学校，大学までが縦の点線で区切られ，さらに上下を二分するように横罫が引かれている。上段にはポジティブな出来事を，下段にはネガティブな出来事を記入するように設計されている。ここに過去から現在にいたるその時々の浮き沈みをライフラインとして書き出す。さらにライン上に●印をつけてそのときの出来事や心情を書き出す（図2-1参照）。

3-2 ワーク概要説明

　ワークシートの配布完了を確認後，「今から自分史を語るワークをはじめます。これまでの自分を振り返ってワークシートに記入し，四人のメンバーで共有する

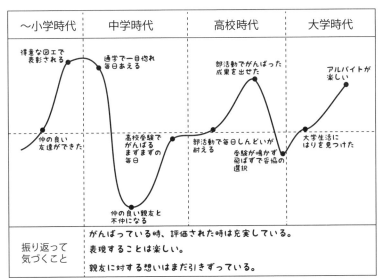

図2-1　自分史ワークシート（記入例）

ワークです」と説明を始める。ニュートラルに，ただし大切なことを伝えようとするときの丁寧なやさしい話し方をする。「みなさんは20年ほどの人生をこれまで生きてきたと思います。誰とも異なる，違う場所，環境に産まれて，それぞれ異なる経験を重ねてきました。他の人とは取り替えの利かない貴重な時間を過ごしてきています。それをこれから振り返り，ワークシートに書き出す作業をします」と説明し，続けて，作業の後にグループメンバー間で発表し共有することを伝える。

3-3　学生ファシリテーターによる記入例紹介

《ワーク概要説明》の後，「学生ファシリテーターの○○さんに記入例を説明してもらいましょう。では○○さんお願いします」と学生ファシリテーターに場を引継ぐ。受講生に近い存在である学生ファシリテーターは，①失敗経験，悔しかったことや辛かったことなどネガティブなこともつつみ隠さず語ること，②上手い下手は意識せずに，できるだけ自己開示を心がけ，出来事とそのときの気持ちもくわしく語ることが期待される。受講生には「こんなことを，ここまで語っていいのかぁ」という安心感が伝わるところにねらいがある。

　記入例の発表後，簡単な質疑応答を行う。進行役がもう少し掘り下げたいと感じた点を質問する。発表者である学生ファシリテーターの人柄，価値観，ある出来事

に対して何を感じ，どう思ったか，今はどう思っているかなどについて，如実に感じられるところまで掘り下げる。ただし，評価的なコメントはしない。

　最後に，受講生のなかには，他者に言えない出来事，まだいえない心の傷を抱えている人がいるかもしれないことを忘れずに伝える。後でグループメンバーと共有するから，伝えてもよい範囲でとつけ加え，「それでは15分間時間を取ります。じっくり自分と向き合いながら，これまでの経験を振り返ってみましょう」と個人ワークに入る。こうした配慮が，このワークを安全に遂行するポイントとなる。

3-4　個人ワーク

　15分を目処にワークの時間を取る。この間，受講生の取り組み状況を静かに見守る。15分経った時点で「まだ時間が欲しい方はいますか」と確認し，数名でも挙手があった場合には，3〜5分程度時間を延長する。延長の際には，「まだ，書ききれていない方がいるので＊分延長します。書けたと思っている方も，これまでの経験全体を見渡して，どんなときに，自分は元気が出るのか，頑張れるのか書いてみよう。ネガティブなことも，今回あらためて振り返ってみてどんな経験だったのか考えてみましょう」と促す。所定の時間が来たら，終了を告げ，「書ききれなかった方は，発表のときに口頭で補足してください」とつけ加え，個人ワークを終了する。

3-5　グループワーク

　「書き上げたシートを相手に見せながら，自分史を他のメンバーに語るワークに移ります。一人5分程度で，合計20分が目安です。発表者の説明内容に疑問があれば聞いてみましょう。相手のことを知ろうと意識して取り組んでください」と説明する。続けて「普段，日常会話では人に語らない自分のことを他人にくわしく語ることを自己開示といいます。自己開示をするにあたって，留意点を補足します。発表は，他人に説明できる範囲を自分で決めたうえでやってください。質問されて応えにくければ，「ごめんね。そこはまだちょっと応えにくいから話せないや」と断ってもかまいません。質問者も無理強いしないようにしてあげて下さい」と説明してワークに入る。

　時間がきたら終了の合図に合わせて「最後に5分間，お互いワークを終えての感想や気づきを話し合いましょう」とアナウンスする。この5分間に，ワークについての気づきが共有されるだけでなく，初対面にもかかわらず互いに打ち解けられたという安堵の気持ちがやりとりされる。

3-6　受講生からの感想・気づきの言葉を拾う

　進行役のファシリテーターが場の印象を一言述べたあと，「このグループで誰か代表で感想を全体発表してくれませんか」と全体での発表を促し，教室全体での感想を共有する。残り時間に応じて2，3名程度の声を拾う。

3-7　取り組みのまとめと守秘義務の説明

　受講生の取組みをねぎらいながらまとめに入る。この授業は，対話を通じてお互いに相手の経験や考えについて掘り下げ，そのことを通じて自分を素直に見つめ直す授業であり，そのためにはお互いの自己開示が必ず伴うことを伝える。皆が安心して自己開示できるために守って欲しい約束として，この場で聞いた話はここに置いて教室を出て欲しいと，守秘義務についてふれてまとめを終わる。

　最後に，その日一日一緒にワークに取り組んだ仲間へのお礼の一言を促し，場が落ち着いたところで，その日のプログラムの終了を宣言する。

　取組み全体を通して，プログラムの進行役以外のファシリテーターは見守りの姿勢で関わる。各グループから少し離れた席に座り，受講生の様子を見守るという意識で関わるのである。周囲の取り組みを妨害するような行動が見られない限り，グループワークをよく観察し，授業後の振り返りで共有する。

4　初回授業の振り返り会

鬼塚哲郎

　本節では，授業終了後に毎回開かれる振り返り会を再現する。振り返り会は16時30分に授業が終了した後，事前打ち合わせを開いた教室に戻り，16時40分から18時までのおよそ80分間にわたり行われる。強制ではないが，授業運営に関わったほぼ全員が参加する。ここでは2017年秋学期の1日目の授業の振り返りの様子をお伝えしたい。

　登場する人物は以下の通りである。

教員	職員ファシリテーター	社会人ファシリテーター	学生ファシリテーター
おにつか いりの かわで なかざわ まつお	すずき	こもり うけば みなみ なかにし	トキティブ ガク

　今回の振り返り会の主なトピックは，1) おにつかが行ったミニ講義，2) アートコミュニケーションの二つ。「自分史を語る」の振り返りは時間が十分に取れなかったので，ここでは割愛する。

4-1　ミニ講義の振り返り

おにつか　ミニ講義でアイデンティティの話をしたとき，うまく説明できてないな，他の話とうまくつながってないな，と思いながら話していた。

なかにし　今日の話は下手でしたね（笑）。しどろもどろ感がでていて。

なかざわ　それがよかった。

なかにし　あ，そう？

まつお　眠たいんかな，と（爆笑）。でもパワーポイント（☞ 35 頁）はとてもよくなっていた。

いりの　デザインがオシャレすぎて，そっちに目が行ってしまった。

おにつか　思わぬ反応にビックリしてますが……

なかざわ　なかにしさんがしどろもどろだったという，アイデンティティの話ですが，おにつかさんの説明だと，アイデンティティは「まとまり意識」のことであって（☞ 37 頁），目の前にいる他者が自分とは違うまとまり意識をいくつももっている可能性があるから，グループワークなどで他者と対話を進める際には，そのことに留意していきましょうね，という受講生へのメッセージなわけですよね。そのときの話しぶりは，結構難しい話をしてるわけだから，スルスルいかないぶん，受講生が考える時間がもてたんだと思う。たとえば「他者とは他人とは違う意味だ」とか言われると「え，どういうこと？」ってなる。

おにつか　しどろもどろになったおかげで……（笑）

トキティブ　ぼくは学生の様子を見ていたんですけど，目の前にいる他者の背景にはいろんなものがあるという話になったとき，受講生は「おっ」という反応だった。学生個人がそのとき何を思ったのかはわからないですが，「あ，こういう授業なんや」という「おっ」ではないかと思ったんです。学生は他の授業とよく比べるんで「ああ，こんなカンジの授業があるんや」という感覚なんだと。

なかざわ　タブーにふれてる感じがあるってこと？

おにつか　障害者とか LGBT（☞ 38 頁）とか，普通の授業ではあまり聞かれない言葉が出てくるから？

トキティブ　もうタブーではないと思う。そんなに重い話でもない，学生にとっては。

ガク　ぼくは教室の後ろから見ていたんですが，スマホいじってる学生はあまりいなくて，みんなけっこうまじめに聴いていた。トキィティブが言ったように，ふだん聞きなれない話だったからというのもある。シラバスを読んで，授業の趣旨をある程度理解している受講生にとっては，おにつか先生の話はとてもよく響いたのではないか。

おにつか　あ，そうなんや。自分では果たして意味のあることを受講生に言えているのか自信がなかったので，今日はたくさん励ましの言葉をいただいた感がありますねぇ。

なかにし　ちょっとみなさん褒めすぎでは？　たとえばLGBTの話のところ（☞38頁）など，具体例がないので抽象的になりすぎと感じた。

一同　そうそう。

みなみ　ただ，ミニ講義のあと，ファシリテーターが教壇に並んで自己紹介をしたわけだけど，そのときうけばさんがトランスジェンダーである自分について語ったことで，受講生にはストンと理解できたのかな，と思った。「あ，さっきミニ講義で言ってたのはこういうことね」って。

いりの　うけばさんに限らず，ファシリテーターの自己アピールがハンパなかった。多様性を競い合ってる感。一人20秒という制約のせいか？（一同騒然）

4-2　アートコミュニケーションの仕切り方

いりの　Aクラスで私が仕切りをしたんですが，四人一組で15グループあったので，すべてのグループに意識を向けることが難しく，途中で息切れした感がありました。とくに今回は受講生が明るい雰囲気だったので自分の説明がワーと拡散する感があって，途中でエネルギーが切れてしまった。

なかざわ　確かに，途中から〔場を〕ホールドするのを諦めた感があって，でも諦めた感が出てからのほうがいりのさんの表情が明るかった。最初は緊張感があったんだけど，途中で「もうどないにもならんわ」てなカンジになってから表情が明るくなって，逆によかったのではないか？

いりの　確かに，これまでの経験で，ホールドがゆるくなって受講生がある程度自由に描く，お互いにお話ししながら描いてもいいんだと思えたほうがうまくいくとは思ってる。ゆる～いグループもどっかでグーと集中する，そんな運営でいいんだと。今回はっきり見えたのは，グループによってグーと集中が高まったとき，「あ，ちょっと集中しすぎてるな。ちょっと戻したほうがよいかな」ていう感じ

の動きがあったこと。

なかざわ 「なに真剣になってんねん，俺ら」みたいな揺り戻しがあったということ？

いりの そうそう。学生には「マジメになりすぎるのはカッコワルイ」という文化がある。なので一瞬我に返るわけだけど，そこを超えてもう一度マジメに戻る。つまり，そこで彼らはそれまでの自分を超える体験をする。そんなプロセスが見えたのが面白かった。ただ最後のほうでは受講生も息切れ気味だったような印象を受けた。

おにつか 私がいりのさんの仕切りに感じるのは，受講生との距離感が絶妙だということ。仕切りの態度は非常に丁寧なんだけど，同時に「自立的に動いていってくださいね」という意図も伝わっていく。

かわで 私はBクラスのほうでアートコミュニケーションの仕切りをやったんですけど，そういう風な視点で，つまり指導的／支援的のバランスをどう取ればよいか，という視点で見てくださる方がいたらありがたいのですが……。

すずき 私の印象では，受講生ははじめとまどいが見られ，シーンとして描いてる印象でしたが，途中，画用紙を2回，3回と交換するあたりから，少しなごやかな雰囲気になっていった。自分の描き方を仲間から評価されて照れる，みたいな会話も聞こえてきた。全体として徐々にトーンが上がっていく感じ。あと，画用紙を交換する際に双方向のコミュニケーションが成り立っているグループもあって，いい雰囲気だった。

なかざわ それには異論がある。私が見ていたクラスでは，画用紙を渡しながら「ここにこういう風に描いてくれたら完璧や」という具合にリクエストする受講生がいて，それには強烈な違和感があった。「オレはこういう気持ちで描いた。あとはアンタに任す！」でいいのに。

トキティブ それについて，わたしは三人のグループに補助で入ったんですけど，その三人はもともと先輩後輩とその知り合いみたいな，既知の関係にあった。テーマには「植物」が選ばれたんですが，一人緑色のクレヨンをもった受講生が他の二人から「植物のところはキミお願いね」と言われていて，「あれ，役割が決めつけられている」と思った。このワークでのファシリテーターの基本は「見守りのオーラを出す」ってことなんですけど，注意すべきかどうか迷ってしまって。注意したほうがよかったんでしょうか？　言われた本人はむしろ喜んでいたんですけど……

なかざわ　だったら注意しなくてよかったんじゃない？

いりの　受講生同士でそういう話が出るのは，私はいいと思う。ただ，仕切るファシリテーターは言うべきではないとも。

かわで　ファシリテーターは，グループで画用紙を回すときに「自分はこういうつもりで描いた」ということを伝えるよう指示するわけですが，それはすでに「だからこういうふうに描いてね」という意味を含んでいるとも考えられる。なので私の場合はそこに具体例を入れることもある。

いりの　私の場合，「自分はこういうつもりで描いた」と伝えてください，というだけ。方向性や具体例はいっさい言わない。そこはグループの関係性に委ねられていると考えています。

かわで　なるほどね。

すずき　私はかわでさんのほうのクラスにいたんですが，かわでさんの指示に対して，私は「前の人の気持ちを考えながら描き足してくださいね」と受けとめました。言い換えると，受講生のあいだで役割分担を促すようなニュアンスはまったく感じられなかったです。

こもり　私の印象も同じでした。かわでさんの指示だしには確かに具体例も含まれていたかもしれないし，「こう描いてほしい」的なメッセージを告げた受講生もいたかもしれないけれど，そうしたものに引っ張られた受講生もいなかったように思います。

おにつか　このワークの意味は，自己と他者の境界に意識を向けるというところにあるので，引っ張られても引っ張られなくても，そうしたことに意識が向くということが受講生のなかで起きたのであれば，ワークの目標は達成されたといえるのではないのかな？

いりの　ただ，そういうことが起きるためには，描かれた絵を前にして語り合うという風なことがなければ難しい。そこがこのアートコミュニケーションの課題ではあるなぁ，と。ただ，今日見ていて思ったのは，ある時点からみんな溶けていく。まさに氷が溶けていく。知らない人同士のあいだにある氷（緊張）が溶けていく。

4-3　アートコミュニケーションの締めの儀式

まつお　質問ですけれど，最後の締めのところにかなり力を入れておられる印象がありますが……

いりの　そうです。このワークは無意識のうちに自己開示を促すところがあるので，締めはきっちりやる必要があると考えています。画用紙の裏にまず絵のタイトルを考えて書いてもらう。ここで絵を描く作業に区切りをつける。それから，現実世界に属する名前と日付を書いてもらうことで現実に戻っていただく。

まつお　その，現実に戻る際に，「他の人の手が入ったことで私の絵がとてもステキなものになった」という受講生もいれば「絵が台無しになってしまった」という風なネガティブな感情を抱きつつ現実に戻らなければならない受講生もいるだろうと思われますが，それについては……

いりの　そういうネガティブな気持ちがあったとして，それを大切にしつつ戻っていってくださいね，と言っています。

おにつか　なるほどね。つつがなく現実に戻っていくために重要な儀式だというわけですね。えーと，もう時間切れで〈自分史を語る〉を振り返る時間がなくなってしまいました。これで今日の振り返りは終わります。

【章末資料　オリエンテーションで用いたパワーポイント（☞ 21 頁）】

キャリア・Re-デザイン
―授業のあらまし―

授業統括　鬼塚哲郎（文化学部）

1

わたしたちが考える
＜受講生のイメージ＞

他律感　＝不本意入学

勉学への
低モチベーション　　経済的理由　　授業以外の
活動への専念

「理想的な大学生像を
体現できていない自分」

大学への関与意識が低下

授業から足が遠ざかる

2

授業から足が遠ざかった
学生に向け、わたしたちは…

○ キャリア教育の枠組みの中で

○ 受講生が<u>大学規範</u>を問い直し、
　自律/自立に向けて一歩踏み出すことを

○ ファシリテーションのマインドと
　スキルを用いながら支援する

大学規範＝多くの大学生が無意識の
うちに内面化している、「大学生は
かくあるべし」というイメージ
＊単位至上主義　＊単位効率主義…

3

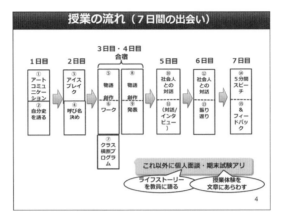

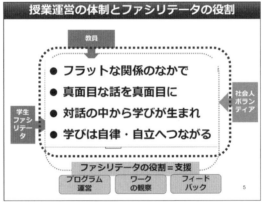

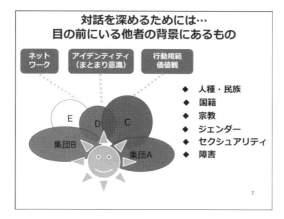

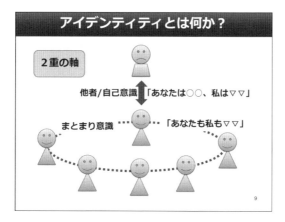

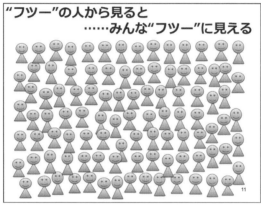

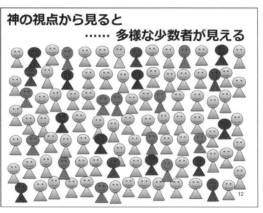

第一部

受講生に求められるのは……

◆ 現実の集団は
なんとなく"フツー"な人たち ではなく多様な人たち
によって構成されていることを常に想定しておくこと

そのために有効なこと：

◆ 「自分はどの領域でマジョリティ/マイノリティなのか」
と問うこと

➡ マジョリティの自覚 ➡ マイノリティの存在が見えてくる

➡ マイノリティの自覚 ➡ 孤立を克服する可能性が見えてくる

13

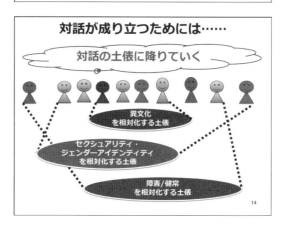

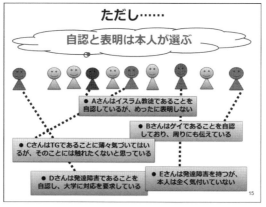

コラム2 「同じじゃないこと」を受容する

南太貴

　私はファシリテーターとして学生と社会人の計5年ほど関わった。こうして私の経験を文章に起こしているのも，私の予定が空いており，たまたま書籍制作の場に参加した結果である。キャリア・Re-デザインの場において，たびたびこのような「むちゃぶり」が起こる。仕事という意識でいたのなら，この「むちゃぶり」は印象や結果を残さないといけないという重荷となっていただろう。だが，キャリア・Re-デザインにおける「むちゃぶり」は人に向ける興味のあらわれであり，この授業の文化として根づいている気がする。大学での成果主義に疲れた私にとって，一人の人間として興味を向けられる経験は新鮮に感じた。

　前述したとおり，私は学生のころからファシリテーターとして関わっていた。ファシリテーターの参加条件の例にもれず，私も受講生としてこの授業を経験している。当時の私は低単位学生の一人であり，受講理由は「単位が欲しい」であった。1年生の頃は大学というものにあこがれを抱いていた。高校のように教えられるだけはなく自分で考え，それを表現できる場所ではないかと期待していた。しかし，ふたを開けてみると，授業内容の大半は教えられることが中心であり，高校時代から変わらないと感じた。興味をもてない内容，個性を感じない教員の授業を必修科目として受けさせられる。2年生の頃にその現実に気づいてしまい，自分はなぜ大学に通っているのか疑問に感じ，大学への期待感がなくなり，1年ほど大学に行かずにひきこもっていた。

　3年生になった頃，私は大学卒業に向けて動いていた。親の働きかけにより，卒業する方向へ意識を向けることはできていたが，問題の保留は続いていた。当時は大学を中退する考えはなかった。「中退すると隠れて生きていかなくてはならないし，高卒では働ける場所が限られる」という認識が無意識にあったように感じる。嫌な授業は高校と同じようにやり過ごせばよいと割り切り，学内で知り合いと会ってしまうことにおびえながら大学に通っていた。

　ある日，たまたま同じ授業を受けていた友人と会ってしまい，私は気まずさを感じながら会話していた。友人は私がひきこもっていたことを知る人物であったが，過度に特別視するわけではなく，単純な年月の経過をなつかしむような会話が行われた。そのことは私にとっておびえを取り除く要因として大きかった。その後，キャリア・Re-デザインに関わっている知り合いと会った。同様になつかしむ会話がなされ，授業への参加を提案された。卒業

ということが第一目標であったので，単位が目的で受講を決めた。もしこれ
が制限単位内の授業であったなら受けていなかったかもしれないが，授業へ
の期待も少しあった。

　しかし，私のキャリア・Re-デザイン受講時の印象は薄い。思い出せる場面
は，合宿でのチームビルディングのワークである。このワークはグループ内
で話し合い，答えを導き出すものである。私は過去にワークを経験したこと
があり，答えに導くコツを知っているという理由から，ワークの参加者では
なくグループのファシリテーターを任されてしまった。それ以後，同じ立場
であるはずの受講生からファシリテーター，つまり運営側という目線を感じ
るようになった。私は立ち位置が浮ついた状態であると感じ，不安定なまま
受講していたと思う。ただ，単位を取るために，いつもどおりこなしていた。

　受講後，ファシリテーターに勧誘されたのだが，私は「キャリア・Re-デザ
インがよかったから学生ファシリテーターをやろう」というモチベーション
でやっていない。断る理由がなかったことが大きいが，自分の考えを表現で
きる場所に期待していた「以前の私」を思い出せるかも知れないという気持
ちも含まれていたと思う。以降5年間，学生から社会人に立場が変わってか
らも，この授業に関わってきた。

　私はキャリア・Re-デザインにファシリテーターとして参加し，その文化
のなかで過ごすうちに自身の感性を肯定できるようになった。同時に周囲と
「同じじゃないこと」を受容できるようになった。そんな自分でいられるこ
とに心地よさを感じていたのは確かだと思う。ふりかえると，冒頭に述べた
「興味を向けられる経験」とは，人の感性が表現されることは喜ばしいことと
して扱われる経験であり，それは一人の人間としての存在の承認に近い感覚
があった。このファシリテーターでの経験は私の現職における基盤となった。

　私は現在ユースワーカーとして働いている。ユースワーカーとは若者の自
立支援を生業にしており，若者を教え導くというより，若者に寄り添い（大
人）社会と若者の間にいて，若者が社会のメンバーとして自立していくこと
を手助けする人を意味する。この授業でファシリテーターをしていた時期は
京都市ユースサービス協会に在職していた。そこでは若者への施設貸出を基
本業務とする傍ら，13～30歳までの若者からの相談に乗ったり，貧困や障
がいの課題に対する取組み，若者の居場所づくり，就労支援などの業務に従
事していた。

　私は施設を訪れる若者と雑談をよくする。施設に来る若者は家庭も個性も
色合いが豊富で，似ている色があっても同じではない。私生活のなかで若者
がそれぞれのかたちで施設を利用するためだろうか，この授業で接する受講

生より，見える色合いが多様である気がする。雑談のなかでそんな若者からの相談もうけるが，その多くは恋愛・就労・病気・学業・家庭などについて「なぜ自分だけ，なぜ自分は」という「他と同じではないこと」が根本にあると感じる。大学時代の私も理想像と「同じではないこと」に苦しんだ。その悩みは若者たちと似ている。

　私はユースワーカーとして関わるとき，大人と子どもや先生と生徒などという関係から距離を置き，ワタシとアナタという関係ができるように努力する。この関係ができてくるととても楽しい。自身の感性を表現し合うことができ，お互いに生きることが豊かになる感覚を覚える。アナタが同じように感じているかはわからないが，時間が経ってからも同じ関係でいられることは幸せなことだ。少なくとも私が経験したこととして，感性の肯定感というのは，自分らしく自立して生きていくために必要な要素であると感じる。若者が多様な人との出会いを通して，生きやすくなることを支援する仕組みを考えている。自分自身も一人の人間として関わり，共に変化を感じることができる今の仕事にやりがいをもっている。このような私の生きかたに大きく影響を与えた場がキャリア・Re-デザインであった。

03

2日目
相互承認の場づくり

鬼塚哲郎・中西勝彦

\【ねらい】 ○アイスブレイクとニックネームづけワークショップを通じて相互承認の場をつくる。 【到達目標】 ○全員が全員を「ニックネーム」で呼べるようになっている。 ○この授業が「居場所」と感じられるようになっている。		

プログラム	①	オリエンテーション（10分） 【ねらい】教室に集まった学生たちが以下の②と③を理解する。 【あらまし】上記のねらいにそって主担当教員が語り，質問に答える。
	②	アイスブレイク（80分） 【ねらい】初対面の人たちのあいだに生じる疑問，懸念を払拭する。 【あらまし】（具体的な運営手法については3節を参照）
	③	ニックネームづけ（80分） 【ねらい】 当該クラスでのみ通じるニックネームをつけ合うことで，本名にまとわりつく国籍・性別・所属・年齢などから解放され，大学の日常とは隔絶された場づくりの第一歩とする。 【あらまし】 1）5名前後のグループに分かれ，自己紹介をしながら，「自分も納得，まわりも納得」の条件のもと，ニックネームをつけていく。教員，ファシリテーターも参加する。 2）ニックネームをクラス全体で共有し，ゲームなどを通じて，全員が全員のニックネームを完璧に覚えてしまう。
	④	まとめと次回授業（合宿）のオリエンテーション（10分） 【ねらい】合宿は何のためにあるか，何をやるかを受講生が理解する。 【あらまし】今回の授業で体験したことを小作文に表して提出した後，受講生の意識が合宿に向くよう工夫する。

1 2日目のあらまし

鬼塚哲郎

　2日目以降の授業はクラスごとに行われる。1クラスの受講生15〜20名に教員1名，ファシリテーター2名がつき，春学期は4クラス，秋学期は6クラスで編成される。1日目で二つのワークショップを経験した四人のチームは原則としてそのままクラスに移行する。言い換えると，1日目に活動を共にした四人のチームを四つか五つ集めて1クラスを編成する。ただし同じゼミ，同じクラブに属する学生たちはなるべく別々のクラスに割り当てる配慮をしており，クラス編成には神経を使っている。その背景には，学生たちが共有している「学生文化」を，受講生たち自身によって相対化してほしいという授業運営者側の思惑がある。

　学生たちは，大学での勉学について，将来のキャリアについて，単位の取り方について，序列化された人間関係について，課外活動について，アルバイトについて，「リア充」幻想について，要するに大学生活と呼ばれうるあらゆる事象について，ある一定の価値観を共有していると考えられる。この価値観を「学生文化」ないし「大学規範」と呼ぶことにする。これに対し私たち授業運営者側は，授業とは一つの事業体であり，その理想型は「学びの共同体」と呼ばれうるものであり，構成員全員が学びあう状態こそが理想であると考えている。そしてこのような理想状態は，こちら側にもあちら側にもなく，その中間の領域に立ち現れてくるものだと考えている。言い換えると，理想型は受講生と授業運営者が双方から歩み寄ったところに現れる。歩み寄るためには，受講生には「学生文化」「大学規範」のなにがしかを捨ててきてもらわなければならないし，私たちも「教員文化」のなにがしかを捨てなければならない。「学生文化」のなかで捨ててきてほしいのは「自分がこの授業に参加するのは単位のためである」という単位至上主義，そして「最小のエネルギーで効率よく単位を取るべし」という単位効率主義，この二つの文化である。逆に教員の側が捨て去るべきは「自分は教える側，学生は教わる側」という主体・客体の二元論である。

　さて，2日目のねらいは，クラスごとに「相互承認の場」をつくることである。2コマ180分をすべてこのねらいのために費やす。「相互承認の場」とは，クラスの全構成員が自己と他者の尊厳を大切にする場のことであり，「この場では自分がどんなつまらないことを言っても聴いてもらえる」「まわりの人がどんな話をしても受け止めることができる」状態を指す。このような心理状態になってはじめて，人は自らの価値観を表明することができ，他者の価値観を受け止めることができる。他

者の価値観を受け止め，自らの既存の価値観が更新されることを私たちは「学び」と呼ぶ。そういう意味で，相互承認の場をつくることは学びの共同体づくりの第一段階に位置づけられる。

　相互承認の場をつくるための手法にはさまざまなものがあるが，この科目においては一限目をアイスブレイク，二限目をニックネームづけにあてている。アイスブレイクでは，教員・ファシリテーターがあらかじめ準備したゲームを通して全構成員の緊張を和らげることを期待している。クラスの構成員はこの段階ではほぼ初対面であるから，彼らのあいだには目には見えないさまざまな緊張や懸念が渦巻いている。このことは，学期末の試験においてもしばしば記述されているが，これらの緊張や懸念を一気に吹き飛ばしてくれるのがアイスブレイクである。具体的な方法は各クラスの運営チームに委ねられているから，2節を参照していただきたい。すべてのクラスに共通した到達目標は，受講生全員がこの授業を大学内での「居場所」，すなわち「安心して自己表現できる相互承認の場」と感じることである。

　二限目はニックネームづけである。このプログラムは当初一つのクラスで実践されていたが，絶大な効果をもちうることが確認されたため，今ではすべてのクラスで行われている。プログラムのねらいは，いま，ここでのニックネームを互いにつけ合うことで，いま，ここでつくられた関係がかけがえのないものであることを実感するところにある。本名にまとわりついた身分・肩書き・年齢・所属などが背景に退き，いま，ここで立ち現れるニックネームが定着したとき，かけがえのない関係性の束によって構成される「場」が機能しはじめる。つまり，「学生文化」「大学規範」の揺さぶりが始まるのである。

　ニックネームづけプログラムでもっとも重要な点は，「本人も納得，まわりも納得」という原則を貫くところにある。少しでも意に染まないニックネームをつけられると，いま，ここにいること自体が苦痛になるかもしれない。したがってニックネームづけはグループごとに自己紹介から話が始まり，「本人も納得，まわりも納得」するニックネームを誰かが思いつくまで十分な時間が費やされるべきである。ニックネームが決まれば，あとは全員のニックネームを覚える段階に入る。

　こうして，授業の2日目，私たちは相互承認の場の土台作りを終えたことになる。

2　アイスブレイク

中西勝彦

　アイスブレイクとは，初対面の人たちが集う場において，緊張感や警戒心をほぐ

したり懸念や不安を低減したりするために行う活動のことをいう。授業2日目は初めてクラス全員が顔を合わせる場であり，非常に固い雰囲気に包まれていることが多い。アイスブレイクは，まさにこの氷のように固い雰囲気を和らげるために行う。そして教室の中に「相互承認」の雰囲気を醸成することが最終的なゴールとなる。

　アイスブレイクの内容は各クラスの裁量によって決定されるため，統一のワークは存在しない。しかし，その内容は大きく「非言語型」と「言語型」の2種類に大別できる。「非言語型」とは，言葉を発さず，身体を使うなどして互いに交流する活動のことを指す。一方，「言語型」とは言葉を使って交流する活動である。「言語型」のなかにも，自分のことを他者に紹介する「自己紹介系」と，自己紹介的な内容を含まずに行う「非自己紹介系」とが存在する。各クラスのファシリテーターは，事前に打合せを行いファシリテーターの個性や得意なかたちに基づいて，実施するアイスブレイクを決定する。いずれのアイスブレイクを実施したとしても，結果として安心して自己を表現できる「相互承認の場づくり」を目指すことに変わりはない。

　本節では，多くのクラスで実施している代表的なアイスブレイクを二つ取り上げ，その活動内容と運営上のポイントを紹介する。今回紹介するのは非言語型の「サークルコレクション」と，言語型自己紹介系の「フリップトーク」である。

2-1 「サークルコレクション」

　「サークルコレクション」とは，メンバー全員で一つの円になって行う活動をいくつか組合せたアイスブレイクである。この授業では，【バースデーライン，パチン，隣人の証言】という活動を使用しているため，以下ではこの授業での実施例について述べる。なお，これらの活動は，いずれもよく知られたアイスブレイクである。詳細については，「チームビルディング」を扱った書籍などを参照されたい。

　【バースデーライン】とは，言葉を発さずに誕生日順に並ぶ活動である。これを最初に行うことによって，誕生日順の一重の円ができることになる。最初にこのワークを行うのは，クラスメンバーをオープンな環境でシャッフルするためである。何も条件がない状態で円になると，クラス内に知り合いのいる受講生は知り合い同士で隣り合って並ぶことが多く，知り合いのいない受講生の孤立が目立つかたちとなる。また，受講生は教員がいるべきとされる黒板側を避ける傾向が強いため，いびつなかたちの円になることが多い。そういった学生文化や教室規範に揺さぶりをかけ，一人の個人としてこの場にいることを強調するため，この活動を実施する。誕生日という全員が平等にもちうる記号を題材にすることで，優劣をつけずに並ぶこ

とができる点も重要である。誰かの意図や恣意性が入ることなく，円になるこの活動は，この授業の理念を体現しており，最初に行う活動として最適といえる。

　円になってから行う【パチン】という活動は，たとえば，誕生日がもっとも早い人が起点になって，時計回りの順で各自がパチンと手をたたいていくアイスブレイクである。ポイントはパチンとなる音がリズミカルかつスピーディーに続いていくことであり，それが達成されるまで何周も回していく。最初はもたついていたとしても，何周か行うことによってしだいにスピード感が出てくる。また，この【パチン】には，いくつかのバリエーションが存在する。回す方向を反対周りにする方法（リバース型）や，右か左か回したい方向を選んでその人の方に向けて手をたたく方法（左右選択型），次に手をたたく人にアイコンタクトを送りながらパチンとたたく方法（指名型）などがある。いずれも，言葉を発することなく手をたたくという動作と身体の向きやアイコンタクトなどだけでコミュニケーションを取っていく点に特徴がある。

　【隣人の証言】とは，何度か円を変えた後に，元の円を再現していく活動である。サークルコレクションを実施する際，最初のバースデーラインで並んだ円でずっと続けるのではなく，何度か円の並びを変える機会を設ける。その際「①いま，両隣にいる人が隣にならないように，②できるだけ自分が話したことがない人が隣になるように」という条件を提示し，円をシャッフルする。円をシャッフルした後に【パチン】などの活動を行い，また円をシャッフルする。そうして何度か円を並び替えた後，「では，今から最初の円に戻ってみましょう」と提示し，最初の円を再現する。それができたら「今度は2回目の円を再現しましょう」と言って，2回目の円を再現する。これを繰り返していくのが【隣人の証言】である。円を再現する際，両隣だった人の証言を頼りにすることからこの名前がついている。ポイントは，円を再現したときに「隣の人が合っていたら再会を祝してお辞儀や握手，ハイタッチなどをしてみましょう」と促すことである（強制はしない）。これにより，人との距離が縮まる実感をもつことが期待できる。

　「サークルコレクション」の勘所を端的にまとめるなら，「ゲーム的要素を取り入れることで授業らしさを弱め，受講生が童心に返ることを歓迎しながら，彼らの授業に対する構えをズラすこと」である。授業らしさをより低減するために，天気のいい日には屋外で実施することもある。このアイスブレイクを通して，クラスメンバーが出会う場をもつことと，受講生が抱く教室規範や大学規範に揺さぶりをかけることを目指している。

　なお，運営に際して気をつけているのは，接触を伴わない適度な距離感を維持することである。円になって行うアイスブレイクのなかには，隣の人の手を握るものや身体的接触を伴うものが少なくない。しかし，初対面の学生同士が身体に触れ合うことは心理的負担が大きいと考えられるため，私たちはそのような活動の実施には慎重である。あくまで適度な距離感，ちょうどよい間合いを大切にしている。

2-2 「フリップトーク」

　「フリップトーク」とは，A4サイズの白紙に自分を表すキーワードを書き，それを他者と共有することで互いのことを知り合っていく活動である。A4サイズの白紙のことをこの授業では「フリップ」と呼んでいるため，この名前がついている。この活動を実施する際のポイントは，①自分を表すキーワードを書く際のお題，②他者との共有方法，の二つである。

　自分を表すキーワードは，単に「自分を表すキーワードを書いてください」と言うのではなく，「自分を色にたとえると」や「自分の大学生活の納得度を100点満点で採点すると」，「自分の大学生活にタイトルをつけるなら」，「最近美しいと感じたこと／もの」など，普段考えたことのない視点からの自己表現を促すものを取り入れている。これはその後の合宿で行う物語創作ワークにも通じるアプローチである。

　通常は，A4サイズのフリップを2分割あるいは4分割して，複数のお題を書けるようにする。たとえば，4分割にして真ん中に自身の名前を書いたうえで「①学部，②私のオススメ，③大学生活にタイトルをつけると，④最近美しいと感じたこと／もの」と四つのお題を出して，その答えを書き入れるようにする。ここでのポイントは，四つのお題の難易度を変えることである。上で紹介した，普段考えたことのない視点からの自己表現ばかりを設定すると難易度が高くなるため，単なる事実や軽い自己紹介の要素も取り入れながら，フリップを完成させる工夫を取り入れている。

　そうして各自が作成したフリップをどのように共有するのかが，もう一つの重要なポイントとなる。多くのクラスでは1対1のペアで共有するペアワークを実施している。ペアワークを採用するのは，目の前にいる人とのやりとりだけに集中できるからだ。複数人いればそれだけさまざまな懸念やノイズが場に生じることになるが，ここではクラスメンバー一人ひとりとの丁寧なやりとりを重視するため，この方法を取り入れている。

　また，ペアワークの進め方にも大きく2種類ある。一つは，時間内に各自が自由にペアを変えていく方法であり，もう一つは1ペアの時間をファシリテーターが

区切りながら機械的にペアを変えていく方法である。前者の場合，学生の主体的な選択が保証されており，ペアとなる相手によって話す時間を自由に変えることができるという長所がある。一方で，全員と話すことができない場合や話が合わないと判断した人とはすぐにペアを解消してしまうという短所もある。また，後者の場合は全員と均等に話すことができるという長所がある一方で，話し合う時間がコントロールされているという感覚を与えたり，自分からペアとなる相手を探すという主体的行為が阻害されたりする短所がある。

　いずれの方法も一長一短あるため，ファシリテーターは各方法の長所と短所を把握したうえで方法を選択することになる。多くの場合，ファシリテーターにとってどちらの方法が，よりいきいきと取り組めるか，どちらの方法がより率先してリアルなコミュニケーションを取ることができるかを重視して選択している。また，その場の受講生の様子に応じて選択することもある。

2-3　アイスブレイク時にファシリテーターが心がけていること

　アイスブレイクを実施する際に私たちが重視しているのは，「①参加すること，②楽しむこと，③見守ること」である。

　①は，ファシリテーターもアイスブレイクに参加することをいう。ファシリテーターと受講生の関係を「アイスブレイクを行う側」と「アイスブレイクを受ける側」に固定化しないためである。受講生もファシリテーターも「学びの共同体」を構成する一員であると捉え，クラス全体の緊張をほぐしフラットな人間関係を築くためにファシリテーターもアイスブレイクに参加している。もちろん，ファシリテーターは受講生と完全にフラットにはなり得ない。教員は成績評価の役割を担っているし，他のファシリテーターも意図をもって授業をデザイン・運営しているためである。しかし，だからといって受講生との間に明確な線引きを行うのではなく，可能な限り立場を脇において両者の距離を縮めていくことを私たちは重要視している。

　②に関しては，①と連続するものである。そもそも，教員やファシリテーターが「仕事だからやっている」「立場上，仕方なく参加している」といった「やらされ感」をもって授業に臨んでいれば，それはいともたやすく受講生に見透かされてしまうだろう。一人の人間として互いに尊重する場を重視するこの授業において，立場と結びついた「やらされ感」の伝播は避けたい。それを予防するためには，ファシリテーター自身も楽しめるアイスブレイクをデザインし，無理なく楽しむことが肝要となる。また，アイスブレイクを通して，受講生が内面化している教室規範に

揺さぶりをかけようとするなら，教員やファシリテーター自身も教室規範から距離を取っていなければいけない。それは，ファシリテーター自身もアイスブレイクを無邪気に楽しむことを意味する。

　③に関しては，アイスブレイクに限らず，この授業全体のファシリテーターのスタンスであるといえる。ファシリテーターは，自分たちの予想に反するリアクションが受講生から出てきたときに，ついついそれをコントロールしようとしてしまいがちである。しかし，この授業でのファシリテーターは，基本的に見守ることに徹する。あらゆる受講生の反応には必ず意味があると考え，過度な介入は行わない。

３ ニックネームの意義と決め方，覚え方

中西勝彦

　２日目授業の後半は「ニックネームづけ」のワークを行う。これは授業内で互いのことを呼び合う名前（ニックネーム）を決めることをいう。この取り組みは，2009 年度に一つのクラスで試験的に取り組まれていたことが他のクラスでも採用されたもので，今ではすべてのクラスで実施されている。

3-1　ニックネームの意義

　クラスメンバーを互いにニックネームで呼び合うことには，大きく三つの意義がある。一つは，普段の肩書きや属性とそこにまとわりつく役割を脇に置き，「いまここ」での自分として振る舞うことができるようになる点である。日常と距離を置いた非日常的な場としてこの授業に取り組むことにつながっている可能性が，これまで議論されてきた。それは受講生の語りや定期試験の答案からもうかがい知ることができる。二つめは，フラットな人間関係を構築することに寄与している点である。互いをニックネームで呼び合うことにより，学生文化として根強く存在する上下関係を弱める可能性がこれまで示唆されてきた。また，ファシリテーターも受講生と同様にニックネームで呼ばれるため，○○先生という呼ばれ方をすることもない。それは互いに一人の人間，一人の市民であることを謳っているこの授業の理念を体現しているともいえよう。三つめは，互いにニックネームをつけ合ったという体験が，この授業が居場所であるという感覚を高めている点である。ニックネームは，自ら申告するのではなく，グループでの話し合いを通して合意され決まることが多い。そのことで「この人の呼び名を自分たちが決めた」という共通の認識が生まれ，それが自分たちのクラスに対する愛着や居場所感につながっていると考えられる。

3-2　ニックネームをつける方法

　名前というのは非常に身近であるがゆえに，それを決める際には細心の注意が必要である。ここでは，どのようにしてニックネームをつけるというワークを行っているかについて説明する。

　この授業でニックネームを決めるための方法は大きく分けて二つある。一つは，呼ばれたいニックネーム案を自ら挙げる「自己提案型」であり，もう一つは他の人が提案したニックネームの候補の中から本人が選ぶ「他者提案型」である。いずれの場合も，最終的に本人が決めるという点では同じであり，本人が納得したニックネームにすることは絶対条件である。一方で，ニックネームを決定するプロセスにおいて，他者が介在するという点において後者は特徴的であり，多くのクラスが後者を採用している。その際，「本人も納得，まわりも納得」という原則が貫かれている。

　ここでは「他者提案型」でニックネームをつけるワークの方法を説明する。まず，3～6名のグループをつくる。アイスブレイクのときと違い，このときはペアワークを用いない。それは1対1だと，ニックネームを提案する人が一人になってしまい，特定の個人からつけられたという要素が大きくなるためである。グループができたら，ニックネームをつけられる人を決め，その人のニックネーム候補をまわりのメンバーが提案していき，その候補の中から本人が一つ選ぶ。このとき，先ほどの「本人も納得，まわりも納得」をルールとして示す。同時に，ニックネーム候補を考えるために，当人にさまざまな質問をするよう勧める。そうすることで，当人のことをより知る機会にもなり，アイスブレイクの意味合いも増す。一人のニックネームが決まれば，同様の手順で他の人のニックネームも決めていく。このとき，ファシリテーターもグループのなかに入り，同じようにニックネームを決める。

3-3　ニックネームを覚える方法

　グループメンバー全員のニックネームが決まれば，次はクラス全員でそれを共有して，全員分のニックネームを覚えるワークに移行する。

　ニックネームを覚えるための方法はいくつかあるが，ここではいずれのクラスでも採用されている代表的な方法を紹介する。それは「ネームチェーン」と呼ばれる覚え方である。これはクラス全体で一つの円になり，自分より前に名乗った全員のニックネームを呼んでいくというワークである。最初の人は自分のニックネームを紹介するだけで終わるが，2番目の人は一人目のニックネームを呼んで自分のニッ

クネームを紹介し，3番目の人は一人目，二人目のニックネームを順番に呼んで自分のニックネームを紹介する，といった具合にどんどん呼ぶニックネームが増えていくというワークである。最終的に，最後の人は全員分のニックネームを呼ぶことになるが，それまでに同じニックネームが幾度となく呼ばれているので，自ずとすべてのニックネームを覚えられるようになる。

また，「ネームチェーン」の後には「ボール投げ」と呼ばれるワークを行う。これは，同じく全員で円になった状態で，誰かの名前を呼んでその人にボールを投げるワークである。ボールを投げる前にニックネームを呼び，その人から返事があったらボールを投げる。それを繰り返していくことにより，全員のニックネームが覚えられる。「ネームチェーン」では，順番としてニックネームを覚えている人が多いのに対して，「ボール投げ」ではランダムにニックネームを呼び合うことになるため，全員のニックネームがより記憶しやすくなる効果がある。

4 2日目授業の振り返り会

鬼塚哲郎

今回は 2018 年春学期の 2 日目の授業の振り返り会の様子をお伝えしたい。登場する人物は以下の通りである。

おにつかクラス	いりのクラス	かわでクラス	なかざわクラス
みなみ（社ファシ）	なかにし（社ファシ）	ヨッシー（社ファシ）	うけば（社ファシ）
うみんちゅ(学ファシ)	しらたき（社ファシ）	ビリケン（学ファシ）	あいだ（社ファシ）

2回目授業はクラスに分かれて初めての授業であり，授業の目的はクラス内の人間関係を構築し，相互承認の場をつくるところにある。この目的にそい，1限目はアイスブレイクすなわち授業参加者間の緊張を解きほぐすこと，2限目はニックネームづけを行うことが合意されている。したがって振り返り会の主なトピックは，1) 緊張緩和と相互承認の場づくりに向けて各クラスが何をどのように取り組んだか，2) ニックネームづけはどう行われたか，の二点となった。2) のニックネームづけについては時間切れで十分な議論ができなかったので，ここでは割愛する。

4-1 自己紹介とアイスブレイクはどう絡むか

おにつか 今日の授業はクラスによってさまざまな工夫がこらされていますので，ポイントを絞って共有していきたいと思います。まずはなかざわクラスから。

なかざわ　まずアイスブレイクでフルーツバスケット（椅子取りゲーム）をやったんですけど，雰囲気がかたくて，ニックネーム決めを始めたあたりからようやくほぐれはじめた。

うけば　何年ぶりかで受講生の数が多いクラスに当たったので，いつものような関係づくりができるのかなぁ，という不安があります。

なかにし　フルーツバスケットはアイスブレイクになりにくいというのが私とヨッシーの仮説なんですけど。つまり，鬼になった人がお題を出すとき過剰に空気を読むとか，鬼以外の人もやっぱり空気を読んであえて立たないとか，そういうことが起きる。

なかざわ　「白い服を着てる人！」とかだとそういう曖昧さはなくなるよね。

うけば　確かに，そういう見てわかるテーマだと曖昧さはないけれど，浅い感じで終わっちゃう。

おにつか　まだ名乗ってもいない人たちがアイスブレイクをやるのは，どうしてもやらされ感が出てしまう，ということなのでは？　おにつかクラスではまずグループに分かれて本名で名乗りあいながら簡単な自己紹介をしましたが，それがアイスブレイクになる，という考え方です。

なかざわ　最初からグループに分かれて何かをやったほうがよいということ？

おにつか　そう。アイスブレイクのためだけに何かをやるのは効率が悪い。受講生は「アイスブレイクのためだけにコレをやってるんだ」という意識になるから。

うけば　最初のうちはずっと車座になってやってたので，別の展開を考えたほうがよかったのか？

おにつか　いや，展開の問題というより，知り合う前，自己紹介をやる前に何かをやるってことの問題では？

なかざわ　いや，人数のファクターは大きいよ。15人くらいだと，以前はいきなり車座になってシラバスを読み合わせしたことがあるけど，全然カタイ雰囲気にはならなかった。19人の車座はもはや車座とはいえないのかも。

いりの　私のクラスでは，最初は非常にかたい雰囲気だったのが，アイスブレイクで「あなたは何派？」をやると，自然発生的にグループができて，一気にほぐれた。言葉は使わないからまだ名乗り合ってはいないけれど，共通点があるので，グループができて話し始めると一気にアイスブレイクが進んだ。

なかにし　私はむしろ，そのあとのペアワークになったときにかたかった雰囲気が一気にほぐれたと感じました。

いりの つまり四つの段階があって，最初は全体で，アイスブレイクはグループで，そのあとに全体で真剣な話込みのオリエンテーション，最後にペアで総当たり自己紹介となった。

なかざわ 今日の授業をデザインする段階では，なんとなくだけど言葉を使わずにアイスブレイクをまずやりたいねぇという話になり，そうしたんだけれど，いま振り返ってみると，簡単な自己紹介をやったあとで言葉を使わないアイスブレイクをやったほうがよいのかも，と思った。簡単な自己紹介といっても，車座だと雰囲気はかたいままだから，グループに分かれて簡単に自己紹介したあと，言葉を使わないアイスブレイクをやるというのはどう？　それとも総当たり自己紹介を最初にやったほうがよい？

おにつか うん，そう思う。知ってる人と話をする，という状況を早くつくったほうがよいと思うわけ。

4-2　アイスブレイクを阻害するもの

なかにし おにつかクラスは名前が重要だということでまず自己紹介をやったということ？

おにつか いや，名前が大事というより……

みなみ 幾人かの人と話した，という事実が重要なのかなぁ……

いりの 初回の合同授業のときは四人一組のグループでやるわけだし，そのグループはクラス編成の際になるべく保存されているから，すでに出会ってはいるんだよね。

なかざわ ところがその関係性はどういうわけか今日の授業のところではマスクされる，隠されてしまうんだよね。部活が同じとかゼミが同じとかいった関係はマスクされないのに。

おにつか それは確かにそう。でもなぜそうなるのか，不思議といえば不思議。

いりの 空間が違うから？

かわで 初回合同授業でのグループでは，四人のあいだの違いが強調されるプログラムになっているので，それが大きいのかも。

ビリケン 受講生だったときのことを思い出せば，初回合同授業の際に経験した〈アートコミュニケーション〉にしても〈自分史を語る〉にしても，そのときの経験を今日の授業のとっかかりにはしにくいと思うんです。顔は覚えているけど話をどうつなげていいかよくわからん，みたいな。でもこれが同じ学部だったり

するととっかかりがいろいろある。

いりの　ああ，そうか。〈アートコミュニケーション〉も〈自分史を語る〉も，共通点を話し合ったわけではないから，とっかかりが見えないわけね。

うみんちゅ　僕の場合も同じでした。何回かこの授業を受けてようやく，そういえば初回合同授業の〈アートコミュニケーション〉で一緒だったよね，という話になる。

ビリケン　〈自分史を語る〉の場合，守秘義務のしばりがあるので，つなげるのは余計難しい。

一同　ああ，なるほどね（「スゲエー！」の声も）。言われてみればそうだ。

なかざわ　確かに！「あのとき，小学校時代によくいじめられてたって言ってたよね〜」なんて言えるはずないねぇ！（一同爆笑）

4-3　総当たりのフリップ自己紹介（ペアワーク）はアイスブレイクか

おにつか　ここまでの議論を整理すると，名乗り合うプロセスをどの段階に入れたらよいかという問題が検討されました。おにつかクラスはなるべく早く入れたが，これはうまくいったと思います。ただしおにつかクラスではアイスブレイクと自己紹介を兼ねた〈なりきり自己紹介〉というのをやったので，これについては説明が必要ですね。（説明省略）ここで言いたいのは，アイスブレイクのためのアイスブレイクではなく，何かを兼ねたアイスブレイク，ぼくらの場合は自己紹介を兼ねたアイスブレイクを工夫すると効果的だってこと。もう一つは，さっき言ったように，名乗り合う前のアイスブレイクは効率が悪いのではないか，ということ。でも考えてみると，私のクラスではこれまで，総当たりフリップ自己紹介を最初にやっていたから，アイスブレイクのためのアイスブレイクというのはやってないことになる。

なかにし　総当たりフリップ自己紹介をアイスブレイクとしてやった，ということ？

おにつか　いや，総当たり自己紹介はアイスブレイクとは言えないんじゃない？

なかにし　アイスブレイクとは何ぞや？という議論になりつつありますが……。知り合うことによって緊張がほぐれたとすれば，それはアイスブレイクですよね？

なかざわ　いや，いきなり自己紹介をやるのはハードルが高すぎるのでまずアイスブレイクを入れよう，入れることで雰囲気を柔らかくしよう，というのがそもそものデザインだったはず。自己紹介のウォーミングアップですよ。

いりの　私のイメージだと，新しい環境に入ってきた人たちが，「ああ，こういう人たちがいるところね」と納得するための工夫なんですよね。「ここは安全な場所ね」と思えることで「じゃあここにいようか」という気持になる，その工夫のこと。

なかざわ　二つの選択肢が提示されていると思うんですね。一つは，ペアにしろグループにしろどんなかたちでもいいから自己紹介をはじめて，全員と知り合った段階でハイ次のプログラムに移りましょうというやり方。もう一つは，自己紹介の前に「ここはどういう場なんだろう」と場を俯瞰する，つまり「ここにいる人たちはどういう人たちなんだろう」という不安をある程度払拭した段階で自己紹介にうつる。それが済んで次のプログラムにうつる，というやり方。

なかにし　いきなりミクロにいくか，マクロからミクロにいくか。

いりの　私はどちらもありだと思います。むしろ運営するファシリテーターと方法の相性というのも大きいのかなと。

しらたき　緊張感をなくすことだけがアイスブレイクだとは私は思わない。緊張感を共有することも結果的に有効なアイスブレイクになることもあるかと。

かわで　私のクラスでは，ヨッシーと打ち合わせして，ぼくらのクラスではアイスブレイクは要らないよね，というところで合意した。なぜかというと，アイスブレイクで緊張がほぐれたとして，そのことが必ずしも次のプログラムにつながるわけではないから，いっそのこと取っ払ってしまおう，という話になった。そのかわり，ペアのフリップトークで2分ずつ出会っていく，それがアイスブレイクになるのではないか，と考えた。結果的にはそれでよかった。授業の終わりに受講生から「アイスブレイクがしっかりできて，自分たちで授業の場をつくっていくことができた」という趣旨の感想が出てきたから。

なかざわ　私はそのやり方はツライなぁ。どんな授業なのかイメージももてないうちに次々に一対一で自己紹介しろっていうのは，私だったらごめんこうむりたい。その時点でもう帰りたいと思うかもしれない。

4-4　オリエンテーションとアイスブレイクはどう絡むか

かわで　いきなりではなく，ペアワークに行く前にオリエンテーションに20分はかけてます。そこにはぼくら教員やファシリテーターが自己紹介する時間もふくまれてますけど……

なかざわ　スタッフ側がまず自己紹介をして，そのあとペアで総当たり自己紹介を

やるわけね。受講生は，まずスタッフの自己紹介を聴き，そこから自分たちが自己紹介する，っていう段取りなんですね？

かわで　受講生が自己紹介するっていうか，ペアの相手のことをいろいろ聞いていくっていうか。そうすることで，ここにはどういう人たちがいるんだろうかという疑問が少しずつ解けていく。

4-5　セクハラ発言への対応

いりの　まずファシリテーターが自分を開示するっていうところが大事なような気がします。あと，重要なことだと思いますが，ニックネームづけの作業をグループでやっているときに私に対してセクハラ発言があったんですね。私はその場で，みんなの前で注意したんですが，本人は自分の発言をセクハラとは認めず，「どこがセクハラなんですか？」と聞いてくる。その後も言い続けるってことが起きました。

しらたき　私がそのグループに入っていたんですが，二人でセクハラという概念を関西の芸人のノリで茶化すことで盛り上がって，まわりの人たちが自分たちをどう見ているか気づいていない。私は「このグループはちょっと気になるなぁ」と感じたので，あえてそのグループに入ったんですが，それでも阻止することができなかった。

いりの　私が思うのは，しらたきさんが気になったとしたら，そこのグループに入らないという選択もしてよかった。ファシリテーターも自分を守る権利があると思う。

おにつか　そろそろまとめに入りますが，今のセクハラの話は，今すぐ対策を講じることは難しいので，この場，振り返りの場でしっかり共有していくことが大事なのかなと。もう一つのアイスブレイクをめぐる議論は，これまでのように最初の90分はアイスブレイク，次の90分はニックネームづけ，と固定的に考えるのではなく，グッド・プラクティスを共有しながらよりよい方法を産み出していきましょうというところかな。

第Ⅰ部

第Ⅱ部

コラム3　多様な人々が安心していられる場

小森弥生

　私は大学を卒業してすぐに，大手証券会社に入社しました。入社の数年前に男女雇用機会均等法が制定され，男子と同じように昇級していける専任職採用ということで店頭営業課に配属，バブルは少し過ぎていましたが，まだまだ景気のいい時代。しっかりと勉強させてもらい，それなりの成績も出し，とても充実した時間でした。

　転機が訪れたのは入社して四年経った頃に，大学時代アルバイトをしていたKBS京都のアナウンサーTさんに偶然電車内で会ったことがきっかけでした。Tさんは，KBS京都を退職され，自身でアナウンサー事務所を立ち上げておられました。事務所に入ってくれるアナウンサーを募集しているとのこと，一から司会の勉強をしないかと誘われました。私がなぜ，大学時代に放送局でアルバイトをしていたか，それは，言葉のもつ力にひかれていたからでした。いずれ何か言葉に関する仕事がしたいと思っていました。しかしそれにもかかわらず，証券会社の日々の忙しさからその気持ちを横に置いていたのです。Tさんの話を聞いたとき，一気にその思いがよみがえってきました。

　私は幼い頃から本を読むのが好きでした。本のなかの言葉から元気をもらい，勇気をもらいました。中学生になるとラジオの深夜放送に夢中になりました。パーソナリティの言葉に共感し，いやされました。あるときパーソナリティの一人が言霊という言葉を使いました。言葉には，力がある。良くも悪くも人間に大きな影響を与える。だから自分はやさしい言葉をたくさん使いたい，そのような内容でした。

　そのときから，ひそかに言葉の仕事，司会の仕事にあこがれていました。ただ大学卒業時はあこがれとしておいておき，父の希望する証券会社に入社しました。

　そのようなことで，Tさんからのお誘いは自然に私をそのように導きました。証券会社を辞め，Tさんの事務所に入り，司会者としての勉強を始めました。当時はまだまだ景気よく，イベント，式典，披露宴司会，ラジオ番組，などなど任せてもらえるようになり，とにかく依頼のあった仕事は断らないことをモットーになんでも挑戦しました。

　ラジオでは，はじめに交通情報と天気予報を受けもちました。それから番組アシスタント。

　交通情報では，入ったその年に阪神大震災が発生し，交通道路が遮断され情報が錯綜するなか正確な情報を正確なアクセントと発音で放送することの大切さを痛感しました。それは人命にも関わることだったからです。

　ラジオ番組では，病院に長いこと入院されているリスナーさんから，「放送を聞いて季節を感じています。ああ今年も桜咲く頃まで生きていられた。外には出られませんがラジオを聴きながら桜を思い描いています」といったハガキが寄せられました。このようなことにも言葉の力を感じ，ますます頑張ろうと思いました。

　このように司会の仕事に携わっていた私は、さらに就職活動の指導をさせていただくようになり、支援や教育の分野にも仕事が広がっていきました。そんなとき、お世話になっていた先生から京都産業大学で社会人ファシリテーターを探しているという話をお聞きし応募したいと思い、（株）學匠講師として参加しました。

　大学というアカデミックな場で，キャリア・Re-デザインという未知なる授業に携われる，そして大学生と関われるということが大きな魅力でした。「キャリア・リ・デザイン……」，何をするのか，さっぱりわからなかったですが，なんとも魅力ある響きであったことだけは覚えています（笑）。

　その講師の先生に連れられて初めて川出さんと会った日，川出さんのなんともラフでいて，やさしさに満ち，そして何か一本，芯のようなものをもっていらっしゃる雰囲気に，ますますキャリア・Re-デザインとはどんなことをするのだろうとワクワクした気持ちになったことをはっきりと思い出します。

　4月末の青空がひろがり，新緑が美しいなか，京都産業大学に向かいました。どんな出会いがあるのか，ワクワクした気持ちとちょっぴりの緊張とそれから少し気負った気持ち。この講座は，「自分は仕事とどういう風に関わっていくのかを考える。受講生がそれまで自分をしばっていた価値観を問い直し，キャリア形成に向けて一歩踏み出すことを支援する授業」と聞いていたし，「勉学への意欲がわかない，大学に居場所のないと感じる低単位の学生を救う授業」とも聞いた。ということは，大学の出口，就職に学生の意識を向けていく講座なのか……？？

　私はまだこの授業で本当に目標とするところを理解しておらず，自分のファシリテーターとしての関わりも理解できていませんでした。自分の今までの仕事に照らし合わせて学生さんのコミュニケーション能力を高めたり，プレゼン上手に導いたり，就職に向けて学生の気持ちを高めていくような授業であろう，と誤った解釈で1日目に臨みました。

　キャリア・Re-デザインに関わった第一印象は一言でいうなら，衝撃！　1日では理解できないことがてんこ盛り。不思議な授業。何かわけのわからない謎の授業でした（笑）。

　1回目の振り返りのときの先生方の発言は宇宙人の会話のようでした（笑

笑）。場？ 自己他者理解？ 自己開示？ 会話じゃなく対話？ 自己と他者の境界？ 同調圧力？ 何？何？何？ まったく謎だらけでした（笑）。

　そしてファシリテーターとしての関わりが難しいと感じた一日でした。フラットに見守る，支援する，対話を深める。受容的態度を貫く。介入したほうがよいと判断した場合は介入してよいが，受講生の主体性を大切にしつつ，対応する。躊躇や抵抗が見られたら，無理に授業に参加しなくていいと伝える。えーっ？ 参加しなくなってもいいのー？ って思いました。

　いろいろな意味で衝撃を受けた初日から，春学期，秋学期とファシリテーターとして参加し，京都産業大学で授業のある日が楽しみになりました。春学期は川出さんのクラスに配属となり，学生に対してフラットな目線で，寄り添いながら，私も楽しもうという気持ちで参加しました。学生さんと一緒にニックネームを決めたり，合宿に参加して物語創作をしたり，社会人と対話したり……合宿では，それぞれバラバラだったクラスメイトが安心できる場で対話を通して自己や他者と向き合っていく様子が感じられました。また，物語を作るワークのなかで，自分の大事にしていたことに気づく人や，まだまだ本当の自分が出せない人もいました。夜店ダイアログ（☞ 70 頁）でもグループのなかにいると安心する人，一人の方が自分らしく振る舞える人など，さまざまでした。

　私はファシリテーターとして学生さんと真摯に向き合うということは，自分自身もできるだけ本音で自分らしく振る舞うことではないかと考えました。それまでの自分は，仕事上や立場上アドバイスをしたり，ロールモデルになったりすることが求められていました。だから，少し背伸びしてガードした自分を見せてきたのではないかと思います。自分自身を徐々に開示していくことは，少し苦しいことでした。そして，自分のことを話すとき，その考えは本当に自分の考えなのか，人の意見や価値観にならったものではないのか，よく考えるようになりました。

　担当教員の川出さんは，ラフでいてやさしく，そばにいると肩の力がぬけて，ホロっと本音を話してしまう，そんな人でした。そして，私の気づきや疑問に丁寧に答えて下さいました。川出さんの車での行き帰り，川出さんと私とファシリテーターの三次さんとの会話（対話？）は，禅問答のようで（笑），私自身への気づきの連続でした。

　社会人と学生の対話では，自分自身を振り返ることができたように思います。さまざまな対話を通して，生き方は一つではない，転機や出会いは偶然もあり，必然もあるが，どれを選択するかはすべて自分自身で決めていくこと。人生の意味づけは自分自身でしていくものであると気づきました。

　秋学期は，春学期の経験もあってこの授業に対して，以前のとまどいより，ワクワクのほうが強かったです。担当教員の鬼塚先生は，またまた不思議なオーラと，とてつもないやさしさに満ちた先生でした。なぜかわかりませんが，私が意識することなく，素の自分でいることができる，そんな先生でした。無理な緊張や，背伸びをしなくていい。

　この秋学期の間にもたくさんの学生さんや先生方との関わりがあり，自分自身の内面と対峙することがたくさんありました。私にとってキャリア・Re-デザインは学生さんの気づきに寄り添いながら，自分自身にも気づく，そんな時間でした。そのなかからキャリアと人に関わる勉強をもっとしてみたいと思い始めました。そして，キャリアコンサルタントという資格があることを知り，改めてキャリアの理論を学び，人との関わりを学び，カウンセリングの実技を学びました。

　今，司会の仕事の一方でキャリアコンサルタントとして，学生さんと関われているのもこのキャリア・Re-デザインの体験があったからこそです。

　私は自分というものを見つめるとき，常に揺らぎのなかにあります。今日の私と明日の私，価値観もありたい姿も少しずつ，いつも揺らいでいます。でも自分自身に向き合うことや問いかけることをやめない限り，自分で自分の生き方を決めていくことができる。キャリアとは，そういった揺らぎの連続のなかで生きていくことではないでしょうか。そしてそれを語ること，対話することで，よりいっそう自身に向き合えるのではないでしょうか。

　キャリア・Re-デザインで一番強烈に印象に残っているのは，先生方とファシリテーターとの振り返りの時間です。そこでは授業であったことを言語化することの難しさを痛感しました。できるだけ学生さんの様子や感じたことを言葉にしようと思うけれど，言葉にしたとたんに，言いたかったことはそれじゃないように思う，まして，自分の気持ちを言葉にすることの難しいことといったら……司会者という言葉の仕事を生業にしてきたのに，言語化のたいへんさを痛感した日々でした。

　振り返りの時間の言語化を当時なぜそれほどたいへんと感じていたのでしょうか？　今思うとそれは自分の感覚や気持ちと言葉が寸分違わずピタリと重なることがきわめてまれだからです。私は先ほど「揺らぎ」という言葉を使いましたが，感情や気持ち，価値観にはいつも多少の「揺れ」があります。その日授業で起こった出来事を語るとき，心の中で咀嚼しながら語ろうとしてもなかなかそれを言い表すことができなかったのだと思います。

　そして，その振り返りの時間は結論の出ないまま次の授業につながっていくのです。その余韻のようなものが，前述の川出さんや三次さんとの帰りの

車の中での禅問答につながり，車の中でのその結論のないおしゃべりはまた，学生さんに起こった出来事を通して，私の自分を見つめる時間につながっていきました。

　最後になりましたが，この授業は，先生方，学生さん，社会人ファシリテーター，学生ファシリテーターなど，社会における役割や年齢，性別などの異なる，多様な人々が安心できる場になっており，そこでの関わりに好意的に関心を示し合うことで，本当の自分に出会っていく壮大なドラマのような授業だと感じています。多様な価値観を認め，共感しながら自分の鎧や，自分のまとっているモヤのようなものを一枚ずつはがして，最後に中心にいる本当の自分を見つけてあげる場，といえばいいでしょうか。

04 3日目・4日目
合宿での物語づくり

鬼塚哲郎・川出健一・中西勝彦

【ねらい】自分の物語を創作することを通じて，自分の価値観・キャリア観と向き合う。 【到達目標】自分でつくった物語を振り返り，そのなかに埋め込まれた自分の価値観・キャリア観を読み取り，向き合う。		

プログラム	3日目	①	全体での合宿オリエンテーション（15分） 【ねらい】合宿は何のためにあるか，何をするかを受講生が理解する。 【あらまし】上記のねらいにそって主担当教員が語り，質問に答える。
		②	クラスごとのオリエンテーション（15分） 【ねらい】物語創作ワークの意味，手順を受講生が理解する。 【あらまし】上記のねらいにそってクラス担当教員が語り，質問に答える。
		③	物語創作ワーク　その1（150分） 【ねらい】個人ワーク，ペアワーク，グループワークを組み合わせつつ，自分なりのキャリアの物語をつくることで，そのなかに埋め込まれた自分の価値観・キャリア観と向き合う。 【あらまし】 （ア）物語のモデル（例：「わらしべ長者」「ブレーメンの音楽隊」など）を提示する。 （イ）個人ワークで自分なりの物語をつくりはじめる。 （ウ）クラス全体で進捗を共有する。
		④	夕食と入浴・休憩
		⑤	ナイトプログラム（90分） 【ねらい】クラスにしばられない，テーマ別夜店で対話を深めることで，合宿でしか求め得ない出会いと対話を経験する。 【あらまし】オープン・スペース・テクノロジーの手法を用いて，ファシリテーターが何らかの意味でキャリアと関わるテーマを決め，テーマについて語り合う夜店を出す。受講生は自由に夜店に出入りし，テーマにそった対話を楽しむ。
	4日目	⑥	物語創作ワーク　その2（160分） 【ねらい】クラス全員が自分なりの物語を発表し，感想を述べ合い，質疑応答を繰り返すことで，物語に埋め込まれた価値観がいかに多様であるかを実感し，自身の価値観を相対化する視点を獲得する。 【あらまし】一人当たりの持ち時間を決め，一人ずつ発表し，感想・質問を述べ合う。発表の方法は自由で，物語の朗読，紙芝居が一般的だが，とくに制約はない。
		⑦	全体のまとめと次回授業（社会人との対話）のオリエンテーション（20分） ○ 各クラス1名ずつが合宿での活動を振り返って全体の前で発表する。 ○ 次回の「社会人との対話」は何のためにあるか，何をやるかを受講生が理解する。

第Ⅰ部　第Ⅱ部

1　3日目・4日目のあらまし

鬼塚哲郎

　3日目・4日目は合宿である。近年は，大学から貸切バスで70分程度かかる，京都市右京区の山間の盆地にある京都府の研修施設を用いている。土曜の午後，夜，日曜の午前中を使い，5コマの授業を行う。うち4コマは物語創作ワークに費やし，残りの1コマをテーマ別対話プログラム（「ナイトプログラム」と呼ばれる）に割り当てている。

　合宿に参加した受講生は，日常の世界から隔絶された環境に身を置くことで，2日目にその土台を整えた相互承認の場を自発的に推し進め，労せずして，全員が互いに学び合うことのできる学びの共同体に一歩も二歩も近づいていく。合宿でしかできないこと——一緒にご飯を食べ，散歩し，入浴し，おしゃべりしながら床に就く——を共有することで相互承認のプロセスが加速度的に進むことが期待できる。

　さて，そうした相互承認のプロセスが促進されやすい環境のなかで受講生が取り組むのは物語創作ワークである。じつをいうと，直接的自己表現を避け，物語を「創作する」ことにどんな意味があるのか，私たち自身も明確に言語化できているわけではない。いえることは，受講生が創作した物語には，その受講生自身の価値観なりキャリア観なりが自然と埋め込まれているということである。また，物語を作ってみんなの前で発表する行為は，安心して表現できる相互承認の場が整えられていればこそである。2日目の成果が合宿で生きることになる。

　何かを創作する，クリエイティブな作業に携わるという経験自体も何らかの意味をはらんでいるのではないだろうか。意味，というのでなければ，何かとてつもなく人を活性化させるもの，といってもいいかもしれない。いずれにしても，作業に没頭しているとき，みんなの前で発表しているとき，受講生はしばしば，普段の教室では決して見せない一面を垣間見せてくれる。ひょっとすると彼らは，創作活動に没頭するうちにこれまで出会っていない自分に出会っているのかもしれない。これまでとは違ったやり方で自己内対話が回り始めているのかもしれない。

2　物語創作ワークの場づくりと提示の仕方

川出健一

　1節で述べたように物語創作は受講生の創造性に働きかける取組みである。できあがった物語には受講生自身の価値観がにじみ出る。作品に表現されたものや創作活動のプロセスを振り返ることで，自己内対話が促進されることがこの取組みのね

らいである。

　本節では，物語創作ワークにおいてファシリテーターがどのような点に配慮して運営しているか，ワークの全体を物語創作，物語発表，振り返りの三つの場面に分けたうえで，それぞれを場づくりと運営の仕方の二つの観点から説明する。2日間に渡る長丁場のワークにおいて，この二つの観点が，受講生が安心し安全に取り組むうえでとりわけ重要だと考えるからである。

2-1　物語創作ワークの場づくり

　1日目の創作の取組みは午後の2コマ分を使う。このワークの特徴は，普段したことのないワークに前のめりになって取り組むための場づくりとして，受講生の創作活動に最適だと思える工夫を各クラスのファシリテーターの裁量で選択できることである。それぞれのファシリテーターは，自身の創作ワークに対するこだわり，クラスに割り当てられた教室の環境の違い，受講生の作業への集中度や進捗度の違いなどに配慮しながらさまざまに工夫する。合宿所は山間の自然豊かな場所にある。ワークのための部屋には，土足で利用できる一般的な研修室，土足禁止のカーペットの研修室と畳敷きの和室があり，その広さもさまざまである。このような多様な環境は，窓辺で外の景色を楽しみながら作業したり，寝そべって絵を描いたり，外の空気を吸いながら物思いにふける自由を提供する。作業場所を限定するクラスもあればしないクラスもある。また，1日目の創作と2日目の発表という大枠は決められているが，クラスの裁量でさまざまな工夫ができる。たとえば，創作のヒントや刺激を得る機会として，創作途中の物語をクラスメンバーで共有するクラスもあれば，集中の妨げになると考えて共有しないクラスもある。

　このように環境と時間の使い方をファシリテーターが自由に選択し決定している，という点が場づくりにおいて重要だと考えている。加えて，ファシリテーター自身が受講生に対して言語的あるいは非言語的に発しているメッセージに意識的であることも重要である。ファシリテーターが不安を抱いていないこと，オープンな姿勢であることが，ワークに取り組む受講生の安心感や安全性の担保につながっていると考えているからである。この考えはこの授業全体に通底している。

2-2　物語創作ワークの運営

　事前準備として，参考用の絵本とあらすじが書かれたもの，画用紙，A4用紙，模造紙と水性マーカー，クレヨン，クレパスといった画材を用意しておく。ワーク開

第Ⅰ部

第Ⅱ部

始時に，取り組み内容と予定について，1日目は物語の創作を行い，2日目にクラス内で全体発表する，発表の時間は5分，その発表方法は自由であると伝える。合わせて，作品の優劣，創作態度の良し悪しについては，いっさい成績評価の対象としないことを説明する。この説明は，受講生がこのワークに安心して取り組むうえで大切だと考えている。そして，物語は創作でありフィクションを前提に作成するように伝える。本意でない自己開示をしてしまったとしても，聞き手から不本意な評価をされてしまったとしても，フィクションであることが安全弁になるからである。オリジナル創作を前提としているが，「わらしべ長者」と「ブレーメンの音楽隊」の二つの童話を提示し，この童話の改変を行った創作でもかまわないとしている。「わらしべ長者」は，行き場を失った主人公が偶然の出来事が重なった末に，思いもよらなかった結末を迎えるという話である。また「ブレーメンの音楽隊」は，役立たずとされた者たちが居場所を求める話である。この二つの童話は，この授業の受講生像に照らして，自分の価値観を投影しやすいのではないかと考えて用意している。なかには物語の選択肢を増やすクラスもあるが，あくまでも物語を創作するうえでの手がかりとして提示する。この課題提示の場面で，ファシリテーターが絵本や自身が創作した作品を普段と異なる物語口調で読み上げるクラスがある。ファシリテーターの独特な発表は，「こんな表現の仕方もありなんだ」「自分の思うようにやっていいんだ」という印象を受講生に与えているようである。また，「自分にがっかりしない発表にしたいね」「自分らしい作品にしたいね」と自分自身に対する期待感に意識を向けるように促すクラスもある。作例の提示やこうした声かけは，他の受講生やファシリテーターの目を気にして本当に思っていることを表現しようとしない態度を避け，真っ直ぐに自分と向き合って表現することを促すためである。

　ファシリテーターからの課題提示が終わると，受講生の多くが，物語創作の取組みに対して思いのほか抵抗を示すことなく徐々にのめり込んでいく。文章から入る者，絵から入る者，あらすじから入る者，さまざまなアプローチで物語の世界に入り込んでいく。もちろん創作に没頭する受講生ばかりではなく，なかには適当に時間をやり過ごしている者もいる。極端な場合には寝る者までいる。1日目の授業時間の終わりには，トントン拍子で時間内に完成させる者もいれば，のんきに明朝までにできればと夜の時間を当てにしている者，途中から行きづまって考えあぐねている者もいる。何をどう表現するのか，どうすれば自分が納得できるのか，あるいは適当にこなすのかは受講生に委ねられている。決めるのは受講生自身である。夕刻の授業終了時に改めて明日の発表を予告して締める。

2-3　物語発表の場づくり

　2日目の取組みは物語の発表と振り返りで2コマ分を使う。ここでは物語発表について説明する。

　しっかりと作られた創作物というものは尊敬の念を抱かせるような性質がある。ファシリテーターは，そのことを意識して場のしつらえを大事にしている。発表準備時には，それぞれのクラスの教室環境や受講生の様子，ファシリテーターの方針に基づいて，受講生の聞きやすさ，発表のしやすさに配慮する。整然とした講義レイアウトにするクラスもあれば，発表者を中心にまばらでゆるやかな扇型のレイアウトにするクラスもある。また，発表の順番決めは，くじ引きや，あらかじめ人数分の番号を書いた黒板に早い者勝ちで自分の名前を記入するなどの工夫をしている。ファシリテーターの作為を極力排するためである。

2-4　物語発表の運営

　発表5分，フィードバックや質問3分程度の時間設定で進行する。運営の方法はクラスによって違いがあるため，ここでは典型的な運営事例を説明する。①発表者が自分の物語を発表する。②発表後，聞き手は簡潔なフィードバックコメントや質問を白紙にマーカーで記入する。③聞き手は，記入したコメントを発表者に見えるようにその場で頭上に掲げる。④発表者は掲げられたコメントの中から1名のフィードバックコメントや質問に応答する。⑤コメントシートを本人のもとに集める。⑥次の発表者に移る。③から⑤は，その場で即座に，聞き手にどう受け止められたかを知り，客観的な自己評価につなげる工夫である。白紙を頭上に掲げるのではなく，付箋に記入し，その付箋を発表者のもとに届けるという方法もある。ここで大切なことは，発表に対する評価はその場の聞き手の雰囲気やフィードバックコメント，質問などから受講生本人が判断することである。ファシリテーターも受講生と同じようにフィードバックに関わる場合には，発表の良し悪しに関わるような評価的なコメントは避け，「どうして○○にしたの」といった問いを投げかけるように心がけている。繰り返しになるが，作品の優劣などを成績に反映することはなく，どの作品が1番優れているかなどを評価することもない。

　物語には，メッセージ性や価値観が本人に対して抱いているイメージと一致し納得する発表もあれば，逆に本人のイメージから想像できない意外性にあふれた発表もある。もちろん，あからさまに手抜き作品と取れる発表もある。また，実際に自分の身の上に起こっていることを表現したものもある。じつにさまざまである。具

体例を紹介する。ある作品は実際のクラスメンバーが物語のキャラクターとして次々に登場し，それがメンバーの個性を余りにも際立たせた展開だった。とてもユーモラスで，クラス全員が盛り上がるとともに，発表者の人間観察力に驚かされた。また，ある作品のフィードバックコメントで「物語に出てきた王子様とお姫様，あなたはどちらに近いですか？」という質問があった。発表者の「王子様」という返答とその理由に，クラス全体が「そうなの？」と驚く場面があった。発表者が女性だったため，ほとんどのクラスメンバーがお姫様に自己投影しながら描いていたと取り違えていたらしい。無意識の先入観に気づいた様子であった。他にユニークな発表としては，物語を歌にしたり，ピアノの弾き語りをしたりした者もいる。

　物語発表は，一人ひとりの個性や創造力が発揮され，演出の方法や物語の展開に，笑いや驚きの声が上がる時間となる。こうして，創作とその発表を通じて一人ひとりの個性が浮かび上がる。このとき，受講生の内心にはさまざまなことが沸き上がっているはずだ。ある学生は仲間の物語の作り込みに対する感心とともに，自分の手抜きと向き合っているかもしれない。ある学生は発表者に対するそれまでの印象と物語に表現されたものとの余りのギャップに驚いているかもしれない。半ば緊張しつつも全員が発表を終えると，安堵感とともに達成感がにじみ出る。それとともに，自然に相互尊重の雰囲気らしきものが感じられる。

2-5　振り返りの場づくり

　振り返りは，物語の内容やストーリーの展開に埋め込まれた自分の価値観を内省することを目的としている。物語発表を経て醸成された相互尊重の雰囲気が，ここでの内省を深めるための地固めとなっているようである。この雰囲気をこわさないように，振り返り準備として四〜六人のグループをつくる。つくり方はさまざまであるが，たとえば仲良しのメンバー同士で近くに座ることが多いので，近場でグループを作って対話を深めるという方法もあれば，わざと仲良しメンバーにならないようにする方法もある。その時々のメンバーの関係性に配慮してグループ分けの方法は柔軟に変更している。グループ対話には，ファシリテーターは安易に介入せず様子を見守るようにしている。ファシリテーターがグループに参加する場合でも自由な対話を阻害しないように心がける。難しいと判断すれば距離をとって見守りに徹する。

2-6　振り返りの運営

　振り返りは，文章作成の個人ワークと，文章の共有と相互フィードバックのグルー

プワークで構成されている。自己内対話と自己 - 他者対話を伴う取り組みである。振り返りの文章化は，その作品を通して見える自分と，創作のプロセスから見える自分の二つの視点から行うのが理想的だと考えている。具体的な問いとしては，次の二つである。①「その物語を作った人はどんな価値観の人だと思いますか？　物語発表を聞いた人の立場に立って想像し文章化してください」。この問いは，作品を通して見える自分を振り返る問いである。自分の作品を一歩引いて見て，言い換えればメタ視点からの，自分の価値観を省察するための問いである。②「あなたは，創作の間どんなことを考えていましたか？　どんな気分でしたか？」この問いは，創作プロセスを振り返る問いである。他者からの指示の受け止め方，完成までのプロセス，そこでの自分の考え方や行動の仕方について振り返るための問いである。一人ひとり自分と向き合いながら文章化する時間をじっくり取り，その後，書き上げた文章をグループメンバーに読み上げ発表し，グループメンバーから「私もそう感じた」「いや，私はこういう風に受け止めた」といったフィードバックを受けとる。

フィードバックでは，振り返りの文章に対する聞き手の共感や意外性などの感想や質問のやりとりが行われる。「こんなにファンタジックな物語をこんなにやさしい絵で表すなんて」と内向き気味のメンバーを見直す声，ヘタウマな絵をネタに盛り上がっているグループもある。ほんの短い時間の内心の動きをつぶさに綴った物語の繊細さに感動を表すコメントなどが聞こえてくる。言葉にならない言葉もそこにあると感じている。物語ににじみ出てしまった自分らしさへの気恥ずかしさや課題を完遂したことを互いにねぎらう雰囲気からの印象である。あえて言葉にすれば「思ったより，よく頑張ったなぁ」ということかもしれない。なかには適当にやり過ごしてばつの悪さを感じている者もいるだろう。

実際には，発表を含め2コマの時間枠では内容面とプロセスの両面について十分な時間が取れない場合が多い。その場合には一つめの「作品を通して見える自分の振り返り」を優先して実施している。なかには，発表後すぐに言語化するのは困難であると考えて，授業6日目の取組みとしているクラスもある。振り返りの方法やタイミングについては，ファシリテーターの間でもまだ議論の余地が残されている状況である。また，自分自身の価値観を内省するという目的に対して，どこまで到達しているかについての詳細な検証は今後の課題として残されている。

2-7　まとめ

普段私たちは，社会の規範，他者から期待された姿勢や成果にしばられがちであ

る。ゆえに他者からの評価を恐れ，素直に表現することをためらうことになる。この物語創作ワークでファシリテーターは，受講生の自由な取組みと安全を担保する場づくりや運営によって，他者からの評価に対する恐れや不安をやわらげようと努めている。その結果，このワークを通して創造された作品に対して，言葉にしがたい畏敬の念，押さえがたい尊重の念を抱くことがしばしば起こる。物語創作ワークでの経験を振り返ると，このとき，能力が高いとか低いとか，年上とか年下とか，男とか女とかといった自分や他者に対して無意識に適用しているさまざまな尺度から解放されていると感じる。

3 ナイトプログラムとは

中西勝彦

　合宿授業の夜の時間は，90分1コマのナイトプログラムとして，「夜店ダイアログ」ワークと数種類の小規模なワークショップを行っている。ここでは受講生の大半が参加する「夜店ダイアログ」ワークに絞って紹介する。このワークは，2011年にOST（Open Space Technology）の手法を参考にしながら，私たちが開発したワークである。このワークは全クラス合同で行い，この授業の中で唯一他のクラスの受講生やファシリテーターと交流する機会となっている。本節では，この「夜店ダイアログ」ワークについて詳述する。

3-1 「夜店ダイアログ」の目的と方法

　このワークの目的は，(1) クラスや世代の枠をこえた人との対話を通じて，さまざまな価値観・キャリア観にふれること，(2) 自由度の高い場において，自らの意志で行動する体験を通じて，学生文化や教室規範の相対化を試みること，の二つである。

　「夜店ダイアログ」は，受講生とファシリテーター全員が入れる大きな会場で行う。その会場内には，ファシリテーターが対話の場を提供するための「お店」が並ぶ。「お店」はファシリテーターの専門性や個性を活かした内容になっており，例年さまざまなバリエーションが見られる。たとえば，ジェンダーに関するもの，恋愛・結婚に関するもの，趣味に関するもの，アルバイトに関するもの，悩み事に関するものなどである。また，お店では互いに語り合うだけでなく，身体を動かしたり，絵を描いたり，工作をしたりしながら対話を行うところもある。いずれのお店も最終的に「対話」的なやりとりを目指している点で共通している。ここでいう「対話」

とは，自己と他者の価値観の違いが浮き彫りになるような深いやりとりをすることであって，単なる会話やおしゃべりとは一線を画する。そのために，互いが一人の人（市民）として対等であることを意識し，尊重し合いながら，伝聞ではなく自らのことを話し合う（自己開示し合う）ことができるような工夫がそれぞれのお店においてなされている。

　受講生は，これらのお店のなかから自分が興味関心のあるお店に自由に出かけていき，そこで出会うファシリテーターや受講生との対話を楽しむ。お店の出入りは自由で，一つのお店でじっくり話してもよいし，さまざまなお店を巡って色んな人と交流してもよい。また，どこのお店にも参加せず，オープンスペースで誰かと話すことや一人でしっとりと時間を過ごすことも歓迎される。また，ファシリテーターのなかにもお店を出さない者が数名おり，彼らはいろいろなお店を渡り歩いたり，どこのお店にも参加していない受講生に話しかけたりする。彼らはあちこち動き回りながら受講生に自由な場を楽しむモデルを示しつつ，どこのお店にも参加していない受講生を承認する役割も果たしている。さらに，会場の中央には教員のカンパによって準備された茶菓が置かれており，誰もが自由にジュースやお菓子を取ることができる。これが会場の中央にあることで，受講生の移動を促すことができると同時に，茶菓を囲んで立ち話をするきっかけを提供している。

　そして，翌朝の授業冒頭にはこのワークを振り返る時間がある。振り返りでは，個人で振り返りシートを記入し，その内容を数名と共有する。振り返りシートは①自分の行動に対する納得度を自己採点する，②ナイトプログラム中，誰と何をどう体験したかを詳述する，③ナイトプログラムでの学びや気づきを言語化する，の三つで構成されている。振り返りまでが一つのワークとして構造化されている。

　なお，他の授業プログラムと同様に，この場での振る舞いや成果物は成績評価といっさい関係がない。そのことはプログラム開始前にはっきりと受講生に伝える。場にいることと，それを振り返ることが，このワークの重要なポイントになる。

3-2　「何をするのか」を自ら選択する取組み

　このワークの特徴は，「対話」を前面に押し出している点と「自由と自己決定」を大切にしている点にある。とりわけ，後者はこの授業のなかで，このワークにしかない特徴である。ワーク中，どのように振る舞うのかは基本的に個人の自由となっており，そのことは最初のオリエンテーションで説明する。ただし，次の3点のルールもあわせて説明している。そのルールは，①ワークの時間中はこの場（空

間）を全員で共有するため，基本的にはこの場にいること（この場を離れる自由はない），②この場にいる人とのコミュニケーションに専念すること（スマホなどを使ってこの場にいない人とのコミュニケーションはしない），③どのように行動するかは自分の意志で決定すること（安易にまわりの人に流されない），の三つである。

　一般的な授業と比べると自由度の高いワークであり，何もせずに時間をやり過ごそうと思えばできる環境でもある。たとえば，まったく動かずに既存の友人とずっと喋り続けることも認めている。ただし，このワークでは，受講生が自身の授業への取組み方や時間の過ごし方を相対化するような仕組みを整えている。その仕組みは，「場，ファシリテーター，振り返り」の三つから成っている。

3-3　相対化を促す仕組み：場

　場とは，ワークを実施している会場のことをいうが，その特徴として（1）外界から隔てられた物理的・精神的に非日常的な空間であること，（2）選ぶか選ばないかを自分の意志で物理的・精神的に選択できるものがあること，（3）他者のありようが見えること，が挙げられる（会場の様子は83頁，170頁の写真参照）。

　（1）とは，この授業の関係者だけがフロアにいて，出入りは自由でなく，部屋の外からは見えない環境のことである。これらの仕組みは，この場とこのメンバーだけに意識を集中できるようにするためのものである。また，合宿所という非日常性も重要になる。日常的な空間（たとえば大学の教室）だと受講生は「いつも通りに振る舞えばよい」と迷うことなく行動するだろうが，非日常的な空間の場合，受講生は「ここでどのように振る舞えばよいのか」と迷うことから始めるだろう。この「迷う」を促すことが非日常性の特徴となる。（2）とは，選ぶも選ばないも個人の自由である「もの」があちこちに存在している環境のことである。「もの」は，お菓子を食べる／食べない，各お店の椅子に座る／座らない，など物理的に選択できるものと，ブースに行く／行かない，誰かに話しかける／かけない，のような精神的に選択できるものとの両方を指す。授業は「〜をする」が前提となっている場合が多いが，このワークでは「〜をしない」も選択できる。「しない」選択も歓迎される場は，教室規範の切り崩し，あるいは相対化を促すきっかけになると考えている。（3）とは，フロアのどこにいても，まわりの人たちの様子が見える環境のことである。特に，フロアの真ん中にいる者はもっとも広くフロア全体の様子を見渡せる。このワークではその真ん中に茶菓を置くことで，受講生が茶菓を取りつつフロア全体を眺めやすくしている。この工夫は，権力構造の逆転を通じた教室規範の切

り崩しであるといえる。なぜなら，通常の教室は教員が学生のことを眺めやすい構造になっているのに対し，このワークでは受講生が（フロアの端にお店を出している）ファシリテーターのことを眺めやすい構造になっているからである。このことに自覚的な受講生は少ないだろうが，教室規範を揺さぶり，受講生側に選択権があることを強調する仕掛けとなっている。

3-4　相対化を促す仕組み：ファシリテーター

　ファシリテーターがこのワークで心がけていることは，二つである。一つは，ルールの範疇でのあらゆる受講生の言動を認め，歓迎することである。たとえば，ワーク中に地べたに座って複数人でトランプを始める学生がいたとする（実際にいた）。一般的な授業なら，有無を言わせず「トランプなんてしたらアカン」と注意するだろう。しかし，このワークではそういう彼らの振る舞いも「良いやん」と歓迎する。もちろん，誰かに危害が及ぶような言動，差別的な言動などが表出されたときは注意することもあるが，そうでない限りファシリテーターはとくに注意はしないし，場をコントロールすることもない。これは，受講生の選択を尊重する行動であり，また教室規範をワークに持ち込まないための仕掛けでもある。

　もう一つは，見守りを通して学生たちが安全，安心と思えるように場をホールドすることである。これまでの説明を踏まえると，ファシリテーターは受講生を放置し，好き放題にやらせているだけではないかと感じられるかもしれない。しかし，決してそうではない。なぜなら，このワークでは複数人のファシリテーターが常に受講生を見守っているからである。見守るとは，「ちゃんとあなたのことを見ていますよ」というサインを送りつつ，観察することである。先のトランプをしている学生たちの例でいうと，ファシリテーターは彼らの様子を見て見ぬ振りをしているわけではない。しっかりと受講生の様子を見て，彼らに「見ているよ」と合図を送りつつ，それを認めているのである。合図の方法はファシリテーターによってまちまちであるが，たとえば受講生と目を合わせ少し微笑む者もいるし，「何をしてるの？」と肯定的なニュアンスで声をかける者もいる。また，近くにそっと座って自分の気配を学生に伝えている者もいる。いずれにしても，ファシリテーターは場を見守ることを通して，場が無秩序や混乱に陥らないように，そして安心安全の場を維持できるように，ホールドしているのである。そのためには，ある程度の人数のファシリテーターが必要になる。

3-5 相対化を促す仕組み:振り返り

このワークでは,場のしつらえとファシリテーターの振る舞いによって,可能な限り教室規範を低減し,そのなかで受講生の自由な行動を促している。ただし,場での行動だけで終わりではない。ワーク中に体験したことや自身のなかで起こっていたことなどを振り返ることによって「夜店ダイアログ」の時間を学びへとつなげることができる。振り返りのポイントは,個人でじっくり振り返ることと,他者の振り返りを知ることである。

とくに,他者の振り返りを知ることは重要である。それは,自分とは違う行動をした人の振り返りを聞くことで,選択肢の多様性を認識したり,行動の背景にある各人のさまざまな気持ちを知ったり,自由の幅について再認識したりできるからである。また,他者の振り返りを聞くことで,自分に対するさまざまな問いが生じることにもなる。たとえば,「なぜ自分は○○したのか?/しなかったのか?」,「なぜ自分は【○○さんと一緒に/一人で】行動したのか?」,「自分は何も選択しなかったと思っているが,それは本当なのだろうか?」,「あの場で自分がしたいと思ってできなかったことがあったのでは?」など,自己内対話につながる問いを挙げるときりがない。このワークでは,他者の振り返りを知るところまでで終わりとしている。その後の自己内対話は,時間をかけてじっくりと行ってほしいと考えているためである。

4 合宿形態の意義

川出健一

合宿は,この授業の序盤に配置され,土曜日の昼過ぎに始まり日曜日の昼に終了する,ほぼ24時間にわたる取組みである。5コマ分を割り当てていて,合宿への参加は履修上の必須条件としている。本節では,この授業において合宿形態で授業を実施することの意義について説明する。

4-1 学生の心境変化:不安が充実感に

合宿の開始時に受講生に今の心境を聞くと,ほとんどの受講生は面倒臭さや慣れない人と過ごす事への不安を口にする。期待していると言う受講生はせいぜい1割程度である。ところが,合宿の終了式でクラスの代表から合宿の感想が語られるときには,「楽しく過ごせた」「学びや気づきがたくさんあった」「最初は面倒臭かったけれど参加してよかった」と様変わりしている。その話しぶりからは,充実した時

間だった様子がうかがえる。受講生はいったい何を体験したのか。具体的に合宿の意義について三つの視点から掘り下げてみたい。

4-2　授業時間外の自由な交流を可能にする合宿：一緒にいられる関係へ

　合宿は，授業プログラム以外の時間を含め24時間，受講生はあまりなじみのない人と一緒に過ごす。そのため，授業時間外の休憩や食事時間，夜の自由時間などでは，さまざまな場所で受講生同士の交流がみられる。自由に過ごすことができる夜の時間は，数人で一緒になって未完成の物語創作に取り組む学生，気のあった者同士で夜の散歩をする学生，喫煙所で話し込む学生，部屋でゲームに興じる学生とさまざまである。一方で，一人で本に読みふける学生やさっさと先に布団に入って寝てしまう学生も見受けられる。このようなさまざまな過ごし方ができる時間が授業の余白としてあるため，教室での授業ではなかなか見せることのない一人ひとりの素のありように互いにふれているようにみえる。ファシリテーターにとっても，受講生の多様な側面を知る機会となっている。

　教員や社会人のファシリテーターとの関係はどうだろうか。この授業のファシリテーターは，学生と対等に関わることを意識している。合宿においても同様で，高校までの宿泊イベントや部活動の引率のような監督者にならないように留意している。そうはいっても学生には「教員でしょ，大人でしょ，上から見ているでしょ」と，距離を取ろうとする傾向がある。教員が近づけば話題を変えるなどして素を隠そうとする。しかしながら，そのような受講生とファシリテーターの距離も，洗面所や喫煙所でばったり出くわした際に一言交わしたり，学生の話の輪に加わったりすることでしだいに縮まる手応えを感じている。加えて，普段なかなか耳にすることのできない学生の考えや経験を聞くことで，彼らに対する見方が変わることもある。

　合宿での交流を通して，何も知らなかった相手の性格，興味関心，経験などについてなんとなくわかったような間柄になる。価値観が合うか合わないかという判断や相手との距離の取り方も決めているだろう。人によって程度の差はあるだろうが，2日目の終盤には，一緒にいることに慣れた様子が顔色からうかがえる。お互いの存在を受け入れられる関係が構築されたといってよいのではなかろうか。

4-3　受講経験の象徴としての合宿：自己内対話を強力に促す環境として

　この授業は全体の建てつけとして，学生が内面化し当然としている学生文化や大学規範を解体するように工夫されている。その点，合宿はとくに象徴的であり受講

生に強力に作用する場となっているようだ。以下にくわしく説明していく。

　日常の喧騒から離れた山間の合宿所は，受講生の普段の大学の環境とは大きく隔たりがあり，何もかもがいつも通りとはいかない。前節までに紹介されたとおり，合宿での授業プログラムとして行われる「物語創作ワーク」と「ナイトプログラム」はユニークで，普段味わうことのない異質な経験である。授業外では，あまり知らない相手と過ごし寝食を共にしなければならない。当然とても緊張を強いられる時間となる。受講生は，それぞれにその緊張と向き合わざるを得ないため，前項で述べたように，共通の話題を探ったりゲームをしたりと，さまざまな交流を試みる。普段ならば話しかけるどころか近寄らないような相手だったが，同じ宿泊部屋に割り当てられたことがきっかけで話が弾み，明け方まで盛り上がるといった予想外の経験をする者もいる。「ヤバい子だと思っていたけど，すごく深く考えている子やった」というように。なかには，緊張から逃れるために，あるいはまわりと調子を合わせずに，一人で過ごす者もいる。

　いつも通りにならない環境だからこそ，課題とどう向き合うのか，誰とどのように過ごすのか，行動選択の一つひとつを意識するし，どうするか自己決定をしなければならない状況におかれる。つまり合宿は，半ば強制的に自分が自分に問いかける自己内対話が促進される場になっている。

　このような合宿が，授業プログラム全体の序盤に配置されている効果は二つあると考えている。一つは，この授業は，他の授業とまったく異なるという強い印象を残すことである。実際，授業のなかで一番印象に残った経験として合宿が語られることが多い。もう一つは，授業外の自由時間のなかで自己選択的に形成される関係がその後の授業に持ち込まれることである。自由時間の過ごし方は個人に委ねられていてファシリテーターのコントロールは及ばない。つまり自発的な関与によってできた人間関係である。そのことの効果について詳細な検証はできていないが，少なくともこの関係性は，目的達成のためにお互いの知識やスキルを活かし合うような関係というよりは，関係そのものを大切にする，存在そのものを受け入れている関係だといえるだろう。

4-4　選択と自己決定の場としての合宿：自由である社会生活への橋渡し

　この授業は自分を相対化する場として自由を大切にしている。この自由は，無限定の自由，身勝手な自由，好き放題の自由を意味しない。自分を無意識にしばっている学生文化や大学規範を相対化し，そこから自由になることで自分を問い直す場

になることを目指している。教員がファシリテーターとして監督指導的な役割を手放し，見守りを基本的な姿勢としているのもそのためである。

　合宿の話に戻れば，前項までに述べたとおり合宿は非日常であり，その自由度はきわめて高くなる。合宿中は，授業時間における課題との向き合い方も授業外の時間を誰とどう過ごすかも自由で，頻繁に自分で行動選択をすることが迫られる。自分に問いかけ決める必要がある。その選択や答えが自由なのである。加えて，授業においては，ナイトプログラムでの振る舞いや物語の創作作品について，受講生間の対話とフィードバックを通して振り返ることで，自分を見つめ直すというしつらえになっている。

　ここで視野を社会・生活へ広げてみる。そこではさまざまな制約があるにせよ，学生にとって社会は自分の納得のいく選択が自由にできる場として開かれている。

　この状況を図4-1のように概念図として示してみる。本授業（A），合宿（B），社会・生活（C）に加え，本授業と対比させて一般的な授業（A'）を示した。図中に描かれた矢印は，受講生の自由な振る舞いを示す。誰と関係を築くか，授業課題に対してどのように回答するかなど，受講生のさまざまな振る舞いを示している。

　合宿と社会・生活を円で示したのはそれらが相似形であることを表すためである。A'の四角形の中の●は，規範に無自覚な個々の学生の様子を示している。

　合宿における自由は，図中ではBである。合宿の時間枠のなかでは，学生の振る舞いの自由は，授業プログラムの枠からさらに外側へ広がっている。そこでどんなことが起こっているかについては，本節においてすでに述べてきた。ここでは，合宿での自由にはどんな意味があるかについて，社会との相似形という視点から検討しておきたい。

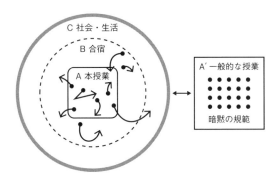

図 4-1　キャリア Re- デザインにおける合宿の概念図

　合宿という場は，授業プログラムに加えてさらに授業外の自由があり，内省や対話（自己内対話，自己 - 他者対話）による自己の相対化が促進されるようにしつらえられている。ファシリテーターはそれをサポートするように関わっている。合宿と社会・生活を相似形とする視点は，これからを自立的に生きていくために重要であると考える。なぜなら，社会・生活は自由であり，自分を見失いどうしたらよいかわからなくなるというリスクを常に包含しているためである。社会に出れば，就職先の文化や規範に適応するがゆえに，他の世界が想像できなくなるというリスクもある。それらは学生文化や大学規範に無自覚なために，なんとなくまわりに合わせて流されてしまうのと似ている。

　合宿での自由は，状況に流されることのない自己，他者と対話し，内省し，関係や状況を編み変えられる自己，アタリマエになっている日常を自分に問いかける自己を育む場になっているのではないだろうか。この視点を意識的に活用できているわけでないが，本節の最後に合宿の意義として留め置くことにする。

5 合宿授業の振り返り会

鬼塚哲郎

　今回も 2018 年春学期の 3 回目の授業の振り返り会の様子をお伝えしたい。登場する人物は以下の通りである。

おにつかクラス	いりのクラス	かわでクラス	なかざわクラス
みなみ（社ファシ） うみんちゅ（学ファシ）	なかにし（社ファシ） しらたき（社ファシ）	ヨッシー（社ファシ） ビリケン（学ファシ）	うけば（社ファシ） あいだ（社ファシ）

　合宿 1 日目の授業は合宿所で物語創作ワークに取り組む授業であり，3 コマの授業からなる。1 限目，2 限目は物語創作ワークの趣旨説明と実際の作業にあてられる。3 限目のナイトプログラムは夕食後 19：30 〜 21：00 に行われる。振り返り会は授業終了後に合宿所の会議室で行われるが，時間が限られているため，ナイトプログラムの振り返りは行われない。

5-1　なかざわクラス：アイスブレイクに重心をおいて

なかにし　振り返りを始めたいと思いますが，合宿 1 日目のどこを振り返りたいか，各クラスから表明していただけますか？

なかざわ　なかざわクラスでは，総当たりの自己紹介ペアワークを延々とやり，物語創作ワークは 45 分だけ。

おにつか　そこまで自己紹介ワークが長引いた理由は？

なかざわ　1回3分のペアワークで総当たりとなるとそれだけ時間がかかったというだけです。

おにつか　物語創作ワークより自己紹介ペアワークを優先させた理由は？

なかざわ　優先したつもりもなければ，物語創作ワークを軽んじたつもりもありません。

おにつか　ただ，今日の合宿のオリエンテーションで受講生には「今日のメインは物語創作ワークです」と言っているし，初回授業でも同じことを言っているので，まったく違う展開になったとしたら受講生にとまどいが生まれるのでは？

なかざわ　物語創作ワークが合宿のメインワークだということは認識しているのですが，私としては授業が終わったあとの夜の時間をあてることでメインのプログラムにしているつもりでした。

おにつか　授業時間の枠組みというより，合宿全体の時間配分で考えたということ？

なかざわ　確かに，授業という枠組みで考えると，認識が甘かったかもしれませんね。

うけば　同クラスの社会人ファシリテーターのうけばです。今回は受講生数が多いのでクラスの雰囲気がワタワタしてるところがあって，いきなり物語創作ワークに入るより安心・安全な関係をつくるほうが優先度が高いかな，という思いで自己紹介ペアワークに参加していました。

おにつか　自己紹介ワーク的なことは前回（2回目）の授業ではやらなかった？

なかざわ　フリップを使っての自己紹介ワークはニックネームをつけるための四人グループでやっただけで，全員とはしていなかったので，全員と知り合ったという感じがまだ生まれていなかった。今回（総当たりの）自己紹介ペアワークをやってよかったと思うのは，受講生のあいだの距離感が全方向的に大幅に縮まり，一緒に物語創作をやりつつ夜を過ごしたいなという雰囲気が生まれたところ。この人たちと同じ部屋で寝るの嫌だな，という感覚を払拭できたのではないかと。

みなみ　ただ，ナイトプログラムで私が出した出店になかざわクラスの受講生が数人やってきたんですが，彼らの話をまとめると，「自己紹介ペアワークに時間を取られすぎて物語創作があまりやれていない。これからどうしよう？」というものでした。

5-2 かわでクラス：いびきとともに……

かわで 私のクラスでは，ニックネームを思い出すワークを導入としてやったあと，さっそく物語創作に取り掛かり，時間いっぱい個人ワークをやりました。みなさん集中していましたが，一人，畳の上でいびきをかきはじめた受講生がいて（一同爆笑），「いびきはちょっとねぇ」って言ったとたん止まりましたけど（再度爆笑）。明日は一人5分くらいで発表し，そのあと，フリップで質問や感想を述べあい，最後に個人で自分の作品を振り返り「この作品をつくった人はどういう人なんだろう」というテーマで200字くらいにまとめて提出しクラスで共有して終了，という段取りです。なかざわクラスとほぼ同じですね。ナイトプログラムの振り返りにはあまり時間を割けないので，朝一に振り返りシートを記入してそれで終わりにしようと。

5-3 いりのクラス：アイスブレイクは鬼ごっこ

いりの 私のクラスでは，アイスブレイクに時間をとり，鬼ごっこ，走らない鬼ごっこというのをやってみました（一同「はぁ？」という反応）。もうちょっと練る必要はあるけれど，結果としてはクラスの雰囲気を変えたと思います。ただ，みんな真剣に走り出すので危険も伴うし，考えなければならないことはあるんだけれども，とても効果的だった。子どもの頃の遊びというのはすごいもんやなぁと。

かわで あれ，走らないはずではなかった……？

いりの 結果的に本気になっちゃう。最初は，鬼にタッチされると石になる石鬼，氷になる氷鬼，バナナになるバナナ鬼，という具合にやってたんだけど，途中から受講生からの提案で「だるまさん転んだ」になった。そのあと，ニックネームを覚えるワークをやってから物語創作に取り組みました。今回はまず二つのグループに分かれ，ファシリテーターが面白いと思った物語をそれぞれのやり方で紹介しました。そのあと個人ワークに移りましたが，全員いきなり熱中して取り組んでました。

5-4 物語創作ワークの導入の工夫

おにつか 紹介したのはどんな物語？

いりの 私のグループでは「泣いた赤鬼」と「やさしいライオン」，それに宮沢賢治の「ざしき童子のはなし」。もう一つのグループでは「浦島太郎」と「裸の王様」，それと小川未明の「ものぐさじじいの来世」。

なかにし　みんなが知っているような話は，受講生に紹介してもらい，残りはファシリテーターがざっくりと紹介し，見たい人は本を見てください，と。

おにつか　共通の教材として決められた「わらしべ長者」と「ブレーメンの音楽隊」は今回はどちらも紹介されなかった，ということ？

なかにし　そうです。ファシリテーターが飽きてきているということなのかな。

おにつか　そうすると，共通に提示する教材を再検討する時期に来ているってことかな。

いりの　「わらしべ長者」と「ブレーメンの音楽隊」は，一つのゴールに向けて一直線に進んでいくところに特徴があるんだけれど，そうでない，同じところをグルグル回るような物語があってもよいと思ったわけ。

5-5　おにつかクラス：文人ワークを導入に

みなみ　おにつかクラスでは最初のアイスブレイクに「文人ワーク」をやりました。場所を問わず，目に留まったものを絵に表し，そこに一句添える，というワークです（一同「ええー！」という反応）。

おにつか　いくつか例をお見せしますね。（絵を見せながら）「切り株ににょきっと生える茸かな」（再び「ええー！」）。（随所に置かれているオブジェを題材に）「芸術って　分かんないなぁ　人間だもの」（一同大爆笑）。（醒めた目の受講生の絵を見せながら）「山の中　俳句をつくる　人々が」（再度爆笑）。（自動販売機の注意書きを題材に）「瓶と缶，ペットボトルは　分別を」（再々度爆笑）。いやぁ，おもしろかった！

いりの　どう提示したの？

おにつか　20分間外で題材を探して，部屋に戻って10分程度で完成。そのあとざっと発表。

かわで　なんだかずるいよね。

なかざわ　（嫉妬心もあらわに）あとから隠し玉出すって，なんだそれ！

おにつか　物語創作への導入だから，何か絵を描けたらいいなと思っていて，みなみさんが俳句を提案してきたので，じゃあくっつけようと。

いりの　何か例を示したとか？

おにつか　何も。みんな俳句とか川柳ってつくれるんだって思いました。

なかざわ　わざわざこんな山奥に来た価値が最初の20分で体感されたし，体感されたものを確実に自分のアウトプットにつなげられたという成功体験になって

いると思うので，いやまぁ，憎いプログラムですね（笑）。

みなみ　そのあと，バスに乗った順を基本にグループ分けをして，物語創作に入りました。モデルの物語（「わらしべ長者」と「ブレーメンの音楽隊」）を簡単に紹介したあと，個人ワークで自分の物語のコンセプトを考える。そのあとグループでそのコンセプトを共有し，たたき合う。そこから再び個人ワークに移って物語の完成を目指す。最後にクラス全体で，明日の発表に向けて各自が自分の発表の宣伝を短くやって終わり，という流れになりました。一人 30 〜 40 秒くらい。明日の発表は一人 5 分，そのあと，聴いた人がコメントを書いてその場で渡すという段取りです。コメントシートには付箋を使い，A3 の紙にペタペタ張りつけて発表した本人に渡す。

5-6　物語創作ワークの重心はどこに？

おにつか　発表して終わり，ではもったいないので，フィードバックを入れたという次第です。かわでさんのクラスでやる，個人で自分の作品を振り返り「この作品をつくった人はどういう人なんだろう」というテーマで 200 字くらいにまとめて提出してもらう，という作業は，6 日目の授業のところで，社会人との対話を振り返る際にやろうと思っています。ちょっと時間をおいてやるほうがよいのではと思っています。ただ，それをやるには，発表された物語を保存しておかないといけないので，それが課題ですね。

なかざわ　でもそれだと，6 日目の授業で個人で振り返ることはできても，その振り返りを共有することは難しくなるよね。なぜかというと，本人以外に発表された物語の内容を覚えている人はほとんどいないだろうから。

おにつか　確かにそう。個人での振り返り，ということになる。

かわで　なんとか共有する方法はないものかな？

なかざわ　それができるとよいね。そうなれば，個人での振り返りに他者の視点が入って，より質の高いものになるから。

おにつか　それはそうだけど，他者の視点は発表直後のコメントで担保されてると考えられないかな？

なかにし　この議論は，物語創作ワークのどこに重心を置くかというところと関わっていると思います。創作，クリエイティブな活動に重心を置くのか，もしくはそこに込められたであろう作者の価値観の読み取りという点に重心を置くのか。つまり，おにつかクラスのやり方は文人ワークを含めクリエイティブな作業に重

心が置かれていて，それで一貫しているわけだけれど，創作物をつくる過程を共
有し振り返るというプロセスが足りないのではないか。

なかざわ　この議論に別の視点を提供します。ここ数年実施されているアンケート
調査を分析してわかったことは，クラス受講生数が10〜15名のときと20名前
後のときとでは，アンケートの結果が随分違う。受講生数が少ないときは，「自
分と深く対話して，主体性をもって行動できるようになった」と答えた人が多か
ったのに対し，人数が多いときは回答の傾向にブレが出ている。とすれば，今回
のようにクラスの受講生数が20名を超えている場合，おにつかクラスのように，
個人との対話，自己内対話を重視するという戦略はありかな，と思うわけです。
一方で，いりのクラスのような真逆の戦略もある。発表に重心を置かず，グルー
プで創作の過程をなるべく共有し，過程そのものとその成果としての創作物の振
り返りというところに重心を置く戦略。アプローチは全然違うが，どちらかに振
りきれていたほうがいいように思います。（「同感」の声）。わたしのクラスとか
わでさんのクラスの戦略は中途半端なのかも（笑）。

おにつか　というところで時間が来ましたので，合宿1日目の振り返りを終わりた
いと思います。あとは各クラスの担当者で明日に向けての打ち合わせなどお願
いします。

コラム4 「個人面談」：地平にて出逢う

入野美香

　キャリア・Re-デザインのプログラムは，受講生の個人面談を含む。「含む」という言い方は少しぼやけて聞こえるかもしれない。そしてそれは，この授業における「個人面談」というものを表していると思う。

　「個人面談」の実施方法は，各クラスの担当教員に任されており，面談の所用時間や方法は多様である。面談は，原則15時間の授業時間外に実施するため教員の負担は大きく，面談を実施するかどうかが各教員に任される学期もある。しかし，完全にやめようということにはならない。なぜなのだろうか。そしてさらに不思議なのは，「個人面談」実施に関しては正面から語り合われたことがないということである。その前人未踏の面談について語ることは，難しい課題である。

　「個人面談」は，合宿後，すなわち9時間の授業が実施されてから始まる。したがって，受講生とファシリテーターの間には，すでにかなりのつながりが形成されていると考えられる。それでも，教員ファシリテーター（担当教員）と授業外で会うというのはやはり緊張することのようだ。受講生たちは，面談の場所（筆者の場合は主に教室を使用している）に向かう間，何を「聞かれる」のだろうかと考えている。この受講生の身構える様子が，筆者に，教員は「評価を下す」立場にあると受講生が意識している現実を突きつける。

　やがて，授業と同じ教室で，しかし，授業とは違って机を挟んで向き合った位置に座り，本当に何も「聞き出されない」ことがわかると受講生は自ら語り出す。その内容は，多くの場合その時点での受講生自身の関心事である。それは，過去から現在そしてこれからと，時空もテーマもじつに多様である。語る様子，語られた言葉が，授業では見えなかったその人の姿を描き出す。50分ほどの短い時間だが，一人の人との出逢いがあり，違う人生が見えたように感じる。少なくとも，筆者にとって「個人面談」は，授業での受講生との交流とはまた違う次元の交わりを，実感する場だということは明らかである。

　では，受講生にとって，この「個人面談」なるものは，どのような場になっているのだろうか。前述の，違う次元の交わりは双方向に生じていると理解しているが，受講生にとっての「個人面談」について，もう少し掘り下げて考えてみようと思う。それには，筆者の「個人面談」を含む実際の授業の経験を語ることになるが，特定の受講生の全受講過程を再現することは避けたい。とくに面談については，複数の受講生との場を集約して，比喩的に述べることにする。

　大学の授業で，受講態度は真面目だが，積極的にそこに参加していないよ

うに見える学生を見かけることは珍しくない（もちろん，その背景は人それ
ぞれであり一括りにできるものでないことを言い添えておく）。ここに紹介
する受講生も，授業中，常に静かだった。時折見える緊張した面持ちから，ま
わりに無関心だからではないことがわかった。内向的な特性をもっていると
思われた。順番が来てグループで語る言葉には，必ず「人と話すのが苦手」
というフレーズがあり，気にしているらしいこともわかっていた。

　「個人面談」の場でも口数は少なかった。心を閉ざすことを，二枚貝が固く
口を閉ざす様子に例えることがある。そこには内と外を区別し隔てようとす
る固い意志を感じる。しかし，向き合った受講生から，他者を排除したい意
志はまったく伝わってこなかった。代わりに，その受講生からは，穏やかな
浜辺の，水際の砂層で一人，思いにふける貝のような印象を受けた。今，そ
の静かな空間を思い出すと，陽だまりのような温もりの中に共にいたように
感じる。沈黙が必ずしも無ではなく，胸の内を満たすものでもあることを経
験した面談だった。

　その後の最終授業で，クラスメンバー全員が強く心を動かされることが起
きた。受講生は，プログラム「5分間スピーチ」で，1分にも満たないスピー
チのあと口を閉ざした。その沈黙は，これが「私」だと語っているように感じ
られた。クラスを動揺の波が襲い，そして静まり，沈黙のスピーチを聴いた。
尊厳という言葉が思い浮かぶ時間だった。複数の受講生が，その後の定期試
験でこの経験にふれていた。彼らは，自分をしばっていた通念があったこと
に気づいたと述べ，世界の広がりをそれぞれの視点で活き活きと語っていた。
「スピーチ」をした受講生本人の答案用紙には，その後の別の授業で，自発的
に発言している自分に気づいて驚いたことが述べられていた。

　このエピソードについて，可能な範囲で踏み込み考えてみようと思う。ま
ず，授業が始まった頃と終わり頃で，ここに登場する受講生の態度に違いが
あることは認めていいだろう。それは，人と話すのが苦手だということを，
劣等なものとして告げていた「私」と，「話すのは苦手です。それが「私」な
んです」と表明する「私」の違いである。

　現代の社会において，内向的であるということはネガティブな評価を受
け，劣等な位置づけがなされる。学校教育においても然りである。したがっ
て，この受講生が，「話すのが苦手な自分はいけない」という劣等意識をもっ
ていたとしても不思議なことではない。そんな受講生の意識の変化が，この
半年間の授業での経験を契機として起きたと思われるのである。しかも，そ
の変化は，その時間を共に過ごしていた他の受講生たちの価値観をも揺り動
かすものであったことは，特筆すべきことと思われる。それは，日常生活か

らは区別された「場」で実施される授業が，まさに，彼らの生きている実際の時間であることを示しているからである。

さて，上述の「個人面談」の特徴は，通常，言葉で埋められることが期待される二人の空間に，多くの言葉はなかったことである。一般的にそんな空間を想像するとき，おそらく人は緊張感と居心地の悪さを感じるだろう。人にとって，やりとりする言葉は相互につながっていることの証であり，またときに盾や鉾となり，無言で向き合うのはあまりにも無防備でさらされている気がするものである。そして，そもそも言葉を尽くさずに，交流が可能なのかという疑問が生じるだろう。

しかし数多くの映画のさまざまなシーンも語るように，人はまた，二人の空間が，「私」にとって安全で安心な場だと感じられるとき，とくに言葉を必要としないだけでなく，むしろ言葉を超えるつながりを感じ取ることができるものだ。それは，決して恋人同士に限らない。共有する空間に，在るように存在する二人が居り，その在り様そのものにひかれる関係がある。この面談は，そんな人と人との水平なつながりを意識する場になったと思われる。それは，片方は受講生でありもう一人は担当教員であるという，現実としての縦の関係を超えた経験なのである。

朝日新聞に鷲田清一氏が『折々のことば』というコラムを連載している。それに，「「大人」が手をさしのべる？ちょっと待ってくれ。大人とは誰だ。中島らも〔…〕『砂をつかんで立ち上がれ』から。」とあった（鷲田 2019）。さっそく，そのエッセー集を読んでみた。作家はそのなかで，漫画家山岸凉子の作品集『天神唐草』には，「生きるというその路上において，たった一人でぽつんと立ちつくしている子どもたち」が描かれているという。しかも，それは人にとっての「古代から」の「生の根源の問題」であって「大人」などは存在しない。大人と見えるものは，生き迷った果てに「価値観の鎧」をまとって形を成し安堵している人間のことであり，立ちつくしている子どもたちに「手をさしのべる力」のある「大人」などというものは，本当は存在しないというのだ。

この，生きるということにおいて，そもそも人間に優劣は存在しないという作家の考えには共感を覚える。そして同時に，多くの受講生たちがそうであるように，現代に生きる我々はすっかりそのことを忘れ，天空に届かんばかりの価値観の梯子――縦方向の関係性――のどこかで身動きがとれなくなっていることに気づかされる。それゆえに，前述の面談で経験した人と人との水平な関係，すなわち，その梯子を一度でも外したことは，それを経験する者に，新たな視界の広がりをもたらしてくれるように思う。

　心理学者で精神科医の C. G. Jung（以下ユング）は，こころの関係性の原理を論じるのに，エロスという用語を用いて興味深い論を展開している。ユングは，心理学的なエロスの対立物は権力への意志であるとし，エロスの支配するところに権力意志は見出せず，権力意志が優勢なところにエロスはないと言い，両者は光と影の関係にあると考えた。そして，意識の強烈な抵抗によって抑圧されていた影の内容が意識化されるときに，対立した両極間の緊張が起こり新たな動きが生まれるのだという（Jung 1966）。ユングの言うエロスの意味についてここで論じることはしないが，「対象に向ける創造的な情熱や関心，自分自身をも含む諸々に対する愛着や愛情」と理解している。ユングのこの理論から考えられることは，縦方向の価値観に支配されている限り，人が情熱をもって創造的に自分を生きることはできないということだ。

　これらのことを考えると，受講生が授業を受ける過程で何らかの価値観の変化を見出すのは，決して外側からの価値観の挿げ替えのようなものではなくて，自らが，それまで見えていなかった水平方向に広がる世界もあることに，経験的に気づき実感することを通してであることが推測される。そしてそれは，20 人前後で実施する授業の，多方向に大きくうねり流れるエネルギーのただなかよりは，通念上は縦の関係である二人が，お互いに集中して向き合う場である「個人面談」において，より実感できるものと考える。

　最後に，「私」の価値観はそう簡単に変わるものではない。人が葛藤のなかで決心して心理療法家を訪ねたとしても，このようなこころの変化が起こるのに，ときには，心理療法家と共に何年という時間をかけることもある。登っている梯子を外すことも新しい世界を信じることも，「私」にとっては怖くて不安な体験に違いない。そして，その恐れや不安は，受講生のものだけではなくて，共に在る運営側の我々のものでもある。我々もまた，この授業と「個人面談」のなかで，一人の人として生の体験をしているということなのだ。

【引用・参考文献】
鷲田清一（2019）「折々のことば」『朝日新聞』5 月 11 日朝刊
Jung, C. G.（1966）The problem of the attitude-type, *Collected works of C. G. Jung, vol.7: Two essays on analytical psychology*, Princeton University Press, pp.53–54.

第
一
部

第
Ⅱ
部

05 5日目
社会人との対話

鬼塚哲郎・中西勝彦・松尾智晶

【ねらい】社会人との対話を通して仕事世界にいる人の価値観にふれ，自己の仕事観・キャリア観を相対化する視点を獲得する。 【到達目標】授業で接した社会人の仕事観・キャリア観をまわりの人に端的に説明できるようになっている。		

プログラム	①	対話の準備（40分） ①三つのグループに分かれる。 ②3回のセッションで二人ずつ，計六名やってくる社会人のうち誰を選ぶかをグループで決める。 ③対話形式にするか，インタビュー形式にするかを決める。必要と判断すれば役割分担も決める。
	②	対話もしくはインタビュー（40分×3） ○任意のテーマをめぐり，社会人およびファシリテーターを交えて意見交換をするのが「対話」。社会人への質疑応答を繰り返すのが「インタビュー」。どちらを選ぶか，どのような態勢で社会人を迎えるか，セッションをどう運営するか，記録をどう残すかはすべてグループの裁量となる。 ○グループが三つの場合，各セッションにつき1グループは社会人がいない。その場合は他の2グループの見学をするか，作戦会議を開く。クラスによっては独自のワークショップを開く。
	③	振り返り（20分） 次回授業で本格的な振り返りを行うので，それに向けて準備する。

1 5日目のあらまし

鬼塚哲郎

　受講生のこれまでの歩みを振り返ると，1日目で重たいグループワークを体験し，2日目で学びの共同体のインフラにあたる相互承認の場を築き，3・4日目の合宿で自分なりの物語を創作することで自己内対話を深め，そうすることで自分の価値観・人生観を相対化する視点を獲得してきた。5日目の今回，受講生は社会人ゲストと向き合うことになる。受講生はここで，仕事世界について彼らが漠然としたかたちで内面化している価値観を問い直す機会を提供される。仕事世界もしくは実社会と呼ばれるものにまつわる学生文化が問い直されるわけである。

　仕事世界についてこの科目の受講生が内面化している文化とは，「人見知りの自分がどうやって就職活動を乗りきったらよいだろうか」「就職できたとしてもうまくやっていけるだろうか」といった漠然とした不安，「いったん就職したらずっと同じ組織で働き続けることになるんだろうな」というあまり根拠のない将来像，「厳しい上下関係の中で社畜みたいに働かされるんだろうなぁ」といった，偏った情報に基づく諦念などから成り立っている。ただ，受講生の一部には，アルバイトに打ち込み，そこでの成功体験をもとに自分なりのポジティブな将来像を描いている者もいる。不安や諦念を内面化している受講生は実社会を一枚岩として捉えがちだが，現実の社会は決してそうではないし，受講生の側もじつは一枚岩ではないわけである。「一枚岩ではない仕事世界，一枚岩ではない自分たち」をどう白日のもとにさらすか，これが5日目の課題となる。

　このように考える私たちにとって，どのような社会人に参加してもらうかがきわめて重要となる。私たちが設定した条件は「自分の人生を組織まかせにせず，転職を辞さず主体的に自分の仕事に取り組んでいる人」，これだけである。社会人の募集は科目の運営に関わる教職員やファシリテーターが行い，業界（営利企業，NPO，行政，自営業など）や職種（一般職，専門職，自営）のバランスを見ながら春学期10名，秋学期12名のリストを作成する。卒業生かどうかは考慮されないが，前掲の条件を満たせば，教職員やファシリテーター自身が参加することもある。近年，元受講生かつファシリテーターの経験を有する人が社会人ゲストとして参加する場合が増えているが，この場合実社会での職業経験が3年以上あることが条件となる。

　受講生にとっては合宿の次の授業でいきなり社会人と対面することになる。社会人に対しても特段の準備は要求せず，科目の趣旨をざっくりと説明した後に教室に送り出すため，両者の出会いはスリリングなものとなる。40分間のセッションがお

おいに盛り上がる場合もあれば，沈黙がたびたび訪れるような場合もある。盛り上がったけれど対話は深まらず，ということも起きるし，淡々としたやりとりのうちに双方に深い学びが生じていることもある。見知らぬ人との出会いを大切にしつつ，出会いの成果については，運営的な失敗も含め，次回の授業で学びに転化することができればそれでよい，というのが私たちの基本的なスタンスである。

2 社会人ゲストへの依頼条件と運営方法

中西勝彦

　5日目の授業の最大の特徴は，前節でも述べられているように社会人ゲストが授業に参加することである。本節では社会人をどのように募集しているのか，そして社会人ゲストがどのように授業に参加するのかを詳述する。

2-1　社会人ゲストの依頼条件

　はじめに強調しておきたいのは，この授業は就職活動の準備や一般企業への就職支援を目的としていない，ということである。一般的なキャリア教育の授業で社会人ゲストというと，一流企業でバリバリ働く卒業生や，多くの学生があこがれる知名度の高い会社の採用担当者が，自身の仕事内容や就職活動の体験談，社会で必要とされる人材像などを講演形式で話すというイメージをもたれるかもしれない。しかし，この授業ではそのような形式をとっていない。この授業では，あくまで対話形式にこだわって社会人ゲストの授業を行っている。

　では，この授業の社会人ゲストはどのような人たちなのか。それを一言で表すなら「ファシリテーターが「この人にお願いしたい」と思った人たち」である。基本的に社会人ゲストはファシリテーターの推薦をもとに決めている。このように書くと，「それはファシリテーターの友人なのではないか」と思われるかもしれない。もちろん，親しい人を推薦する場合もあるが，必ずしもそうとは限らない。本人も一度しか会ったことのない人を推薦することもあるし，最近では社会人ゲストが別の人を推薦する場合もある。

　それでは，実際にどのような人たちを推薦しているのか。それは以下のようにまとめられる。

①立場を横に置いて，学生と対等に対話ができる人
②学生のもつ一枚岩的な社会認識を相対化する視野を提供できる人

③画一的なキャリア形成モデルをたどらず，多様な生き方／働き方をしている人
④自己内対話を続けながら，キャリア選択を積み重ねている人
⑤この授業の趣旨や理念に理解や興味を示している人

　これらの項目のうち①だけが必須であり，あとの②〜⑤に関しては，一つ以上に当てはまる人を推薦している。①が必須になっているのは，実際の授業時のことを考慮してのことである。前述の通り，社会人の方に授業ゲストを依頼すると「講演をしないといけない」というイメージをもつ人が多い。しかし，私たちが行っているのは双方向のやりとりを軸とした対話である。したがって，目の前にいる少数の受講生としっかり向き合い，時に寄り添い，時に対立・葛藤しながら，受講生と対話できる人に依頼している。また，低単位の学生というと「ちゃんと単位の取れていない落ちこぼれ学生」というレッテルを貼られがちである。そして，そのような学生との対話となると「落ちこぼれ状態からの救済を後押ししよう」と気負う社会人もいるかもしれない。しかし，私たちが重視しているのは，この社会で一人の人として生きている者同士の対等な対話であって，そのような気負いは不要である。したがって，学生を一人の人間としてみることができる人を推薦の必須条件としている。
　①とその他の条件を満たせば，社会人の所属や境遇，働き方，年齢などは問わない。これまでの社会人ゲストは，一般企業に勤めている人から，自営業，公務員，NPO／NGO職員，大学教職員（他大学を含む），予備校生，休職／求職中の人まで，じつに幅広い。また，正規雇用の人もいれば，非正規雇用やフリーランスの人もいる。重要なのは，その多様性である。この授業では，受講生が内面化している一枚岩的な実社会のイメージを切り崩すことを目指している。実社会のありようや働き方，そして人のキャリアは多様であり，その多様な選択肢のなかから自ら選択することの重要性を受講生と分かち合いたいと私たちは考えている。したがって，できるだけ多様な経歴の人たちに依頼をしている。

2-2　依頼の困難さとファシリテーターの起用

　この授業では，春学期は8〜10名，秋学期は12名の社会人ゲストが参加することになっている。しかし，平日の午後に授業を行っているため，推薦したゲストとの日程調整がうまくいかないことが多い。また，社会人ゲストには基本的にボランティアというスタンスでの参加をお願いしており，薄謝は出るものの額として決して多いとはいえない。したがって，遠方からの参加もきびしい状況にある。そのた

め，社会人ゲストが集まらない状況も生じる。そのときは，ファシリテーター（学生以外）が社会人ゲストとして参加している。それは，ファシリテーターは，教員であるか社会人であるか卒業生であるかにかかわらず，必要があればいつでも自身のキャリアをコンテンツとして開示する用意があるからである。ファシリテーターが社会人ゲストとして参加するときは，自身が担当するクラス以外のクラスに参加するよう配置を決めている。これは，担当するクラスではすでに受講生との人間関係ができており，ゲストの機能を果たせないからである。

2-3 社会人ゲストの参加方法

最後に，社会人ゲストの参加方法と授業の進め方について記す。社会人ゲストは二人1組で各クラスに参加し，そこで受講生のグループに入り40分間対話することになる。1グループに社会人1名，受講生2〜6名が一般的なサイズとなる。ゲストが参加するクラスは三つあるため，合計で120分間，受講生と関わることになる。ここでの運営方法はクラスごとに工夫している。それについては次節で説明する。

社会人ゲストには，対話に先立って30分間のガイダンスを行い主担当教員から科目の趣旨と対話の際の留意点を伝えている。ここで伝えるのは「1を聞かれて10を答えるようなことをしなくてよい」，「やりとりが停滞したからといって助け舟を出す必要はない。失敗体験も彼らの学びの対象になる」の2点である。また，社会人ゲストは，40分間のセッションが終わるたびに，参加したグループへのコメントシートを記入する。これは次回授業時に受講生へフィードバックされるものであり，グループの印象や対話の深まり，ゲスト自身の内省が促されたかどうかなどを記入する仕様になっている。さらに，授業終了後には振り返りを行い，社会人ゲストから見たクラスや受講生の様子を語り，ゲスト同士で共有している。最近は，ファシリテーターの振り返りの場に社会人ゲストも入り，ファシリテーターから見た対話の様子と社会人ゲストが感じた対話の印象とを比較し，共通点や相違点を確認し合っている。振り返りの場は，ファシリテーターにとって次回の授業運営に向けた重要な情報を得る機会になるとともに，社会人ゲストにとっても授業での体験を言語化する場になっている。多くの社会人ゲストは，受講生との対話の場を振り返り，「次も参加したい」と意気込んでいる。実際にリピーターはかなり多い。

一方で，社会人ゲストは連続して4期までしか参加できないというルールを設けている。これは多くの参加経験を有することで，ゲスト側が慣れすぎてしまうこと

を防ぐためであるのと，社会人が断りにくくなることに配慮してのことである。しかし，最近は１期のブランクがあれば再び参加できるようにしている。

3 授業運営の一工夫：社会人との対話

松尾智晶

「社会人との対話」は合宿の次の回にあたる授業であり，授業開始から３分の２が経過した時点で開講される。この授業プログラムのねらいは「<u>社会人との対話を深め，仕事社会の多様な価値観を知る</u>」（傍線は授業の「目的・テーマ」としても示されている）ことである。

受講生は，これまで知らなかった自分とは異なる社会人の価値観にふれると，少し驚き，困惑し，気持ちが動く。この回は，社会人と受講生がお互いの価値観を表現し合う対話を通じて，受講生が自らの価値観を問い直し自立して生きる力を養うことをねらいとしている。受講生は社会人の話を聞き，多様な価値観，働き方，生き方があることを知ると，少し肩の力が抜けて表情が柔らかくなる。それは，これまでよりも視野がひらかれて世界が少し広がったような感覚を得たからだと，私は推察している。そして，その感覚を得ることは受講生が生きることに対する安心感と，自分の価値観を見直す勇気につながると考えている。

この回の教育効果を高めるためにもっとも大切にしていることは，問いの「純度」を高めることである。深い対話を促す問いとは形式的・表層的でなく，純粋な興味関心から発せられる質問である。受講生には，質問すること自体が重要ではなく，社会人ゲストに純粋な興味関心を向けて聞きたいことを率直に問う，問いの質・純度が重要だと伝える。「ゲストの働き方や価値観に興味関心を向けてよい」「本当に聞きたいことは率直に聞いてよい」と強調する。他者に対し純粋な関心を向けて問いかけることは無作法ではなく，その際に相互尊重の姿勢で話を進めれば，新たな情報や関係性を得ることもできると説明する。社会人に対して自分の興味関心に基づき問いを投げかける体験は，畢竟，自分自身の価値観への気づきや見直しにつながるが，これは「社会人と対話する回だから」と義務感による質問をしても実現できない。ここに，この授業回の運営の難しさがある。社会人ゲストは受講生と対話をしたいが，受講生は対話し<u>なければならない</u>と思っている。そう振る舞うように決められているからそのように行動するという受講生の他律的な姿勢は教育現場でしばしばみられるが，この科目が目指す受講生の自立にはつながらない。受講生が社会人ゲストに対して純粋に興味関心をもち，投げかけた問いの答えに対する自分

の思いや考えを率直に表現できる工夫が必要である。この工夫によって対話が成立すると，社会人にとっても自らの価値観を見直す契機となり充実感やうれしさが得られている。参加した社会人が次年度の参加も希望されることが多いのが，この回の特徴である。以下に，実際の工夫を二つ紹介する。

工夫①　全員が質問しやすいように，運営を半構造化する

　当日の２コマ180分間の授業時間は移動と休憩時間を除いて三つの時間帯に分けられ，各時間帯に社会人が２名ずつクラスに来る。運営の半構造化については，まず受講生を３グループに分け，各時間帯を前半と後半に区切って１名の社会人が二つのグループと対話する形式としている。次に，冒頭で社会人が話す自己紹介の時間を短く指定し，その後は学生・社会人ファシリテーターとグループ全員が一度は質問するルールをあらかじめ共有しておく。これは，社会人が話したい話よりも受講生の聴きたいという気持ちに応える話をしてもらうため，また，ファシリテーターの質問を参考にして受講生に純粋な興味関心に基づいて質問をしてよいと理解してもらうためである。最後に，受講生が対話の感想を記名済み付箋に書き，社会人ゲストに手渡して対話を完結させる。これを読む社会人は口頭に加えて文字による対話の成立を実感しその表情は一様に笑顔であり，自己表現に対する他者からの反応が人にポジティブな影響を与える様子がうかがえる。さらに，自分が書いた文章が人によい影響を与える様子をみて，心が動く受講生もいる。

　ただし他のクラスでは，対話を場にまかせるケースもある。この場合，長時間の沈黙が続くことや一人の受講生だけが過度に質問し続けることもあるが，ファシリテーターは場を見守り，より丁寧に受講生を観察している。社会人が一方的かつ長時間話さないよう，調整することもある。

工夫②　対話を振り返る時間をもつ

　受講生は多様であり，社会人の話に即座に反応できる者と理解や問いかけ・感想を述べるのに時間がかかる者がいる。対話を円滑に進めるため，二人の社会人ゲストに対して三つの受講生グループをつくり，社会人の話を聞かない１グループは質問を考えたり先の対話を振り返る時間を得る。この回の授業時間内に各クラス６名のゲストが来るため，受講生は４名の社会人との対話と２回の振り返りを体験する。学生・社会人ファシリテーターも受講生と同様に社会人に質問するので，受講生と同じ目線で場を振り返ることができる。また，授業のねらいを意識しながら受講生

の主体性を促すべく，ファシリテートする。具体的には，質問の視点を褒める，質問の意図を聞く，対話の感想を尋ねる，次の対話ではどのように振る舞いたいかを問いかける，などである。この振り返りを通じて，受講生は自分の考えや思いを言語化することに慣れ，対話を円滑に進めることができる。さらに，自分が何に興味関心があるのか，自分は何にこだわっているのかに気づくこともできる。この科目の方針である，指導ではなく対話を通じて価値観を問い直し自立を支援するという姿勢がここでも活かされている。

　最後に，この回の運営上の留意点として，一人ひとりの受講生をより丁寧に観察することを挙げておきたい。これまでの授業や合宿を経て受講生はお互いをニックネームで呼ぶことに慣れ，クラス内に親しい人間関係が生まれていることが多い。しかし，他者への親近感や安心感をもつ者がいる反面，他者との近い距離感や自己表現をすることにしんどさや違和感を感じている者もいる。ファシリテーターとしては表面的な「良い雰囲気」に安心せず，「より丁寧に受講生一人ひとりを観察すること」を意識している。

4　5日目授業の振り返り会

鬼塚哲郎

　今回も 2018 年春学期の 5 日目，〈社会人との対話〉の振り返り会の様子をお伝えする。登場する人物は以下の通りである。

おにつかクラス	いりのクラス	かわでクラス	なかざわクラス
みなみ（社ファシ） うみんちゅ（学ファシ）	なかにし（社ファシ） しらたき（社ファシ）	ヨッシー（社ファシ） ビリケン（学ファシ）	うけば（社ファシ） あいだ（社ファシ）
〈社会人ゲスト〉 　しげの（まちおこし）　　ゆあさ（出版）　　いそざき（大学職員）　　やまだ（大学教員） 　いしかわ（キャリアコンサルティング）			

　今回の振り返り会には，社会人ゲストの方たちにも参加していただいた。社会人は全部で 8 名，2 名（たとえばしげのさんとゆあささん）でペアを組み，最初の 40分間は，おにつかクラスに，10 分休んで次のセッションでは，いりのクラスに，15分休んで 3 回目は，かわでクラスでそれぞれ対話もしくはインタビューに参加する。そのときの感想などはコメントシートに記録され，次回授業の際に当該の受講生たちにフィードバックされる。

4-1　事前準備とその効果

おにつか　今日の各クラスの運営を報告していただきましょう。まずおにつかクラスから。

うみんちゅ　学生ファシリテーターのうみんちゅです。受講生の意見として，社会人と出会ってから，どんな人なのかいったん見たうえで質問を考えていきたいという声が大きかった。その結果だからか，場当たり的な質問がかなり見受けられたと思います。

（ここで社会人ゲストとして参加した方々が振り返りに参加）

おにつか　社会人ゲストの方たちでこの振り返りに参加される方々を紹介いたします。いそざきさん，ゆあささん，しげのさん，やまださん，いしかわさんの五人です。社会人の方たちに申し上げます。おにつかクラスに行かれた方で，いまの学生ファシリテーターからの総括に対してご意見があればお願いします。

ゆあさ　1回目は不活発な印象。質問がばらばらだし，質問しない人もいた。確かに場当たり的な質問もあった。

しげの　ぼくも場当たり的だなぁとは思いつつも，どこかダイナミックな感じがあって，悩みながら仕事のことを理解しようと聞いてくれている印象でした。

いそざき　事前に役割分担や作戦を打合せする時間というのはあるんですよね？　振り返りシートに「役割分担ができていたか」というような項目があるし……

なかざわ　いえ，事前に打ち合わせする時間はほとんどないです。役割分担というのも，対話やインタビューが始まって生じたグループダイナミクスの枠のなかでの話なんです。

いそざき　あ，そうですか。でもそれにしてはグループによって非常に大きな差があるなぁと感じています。おにつかクラスと，いりのクラスはしんどそうでしたけど，なかざわクラスは活発でした。

4-2　おもてなし検討会

おにつか　では，その話を続けるまえに，なかざわクラスの報告を簡単にお願いします。

なかざわ　私のクラスでは，社会人との対話が始まる前に「おもてなし検討会」を入れました。「おもてなし検討会」というのは，受講生に「自分がやさしくなれる具体的な他者を一人想定してください。ただし大学生以外。で，その方がたいした説明もなく，このキャリア・Re-デザインの授業に呼ばれました。あなたはそ

の方をどういう風にお迎えしますか？」と投げかけます。そして，まず個人ワークでシミュレーションしてもらい，その後グループで共有した。その時点で社会人がいらっしゃる時間になったので，「じゃあ，いま脳内でシミュレーションした人物を具体的な，今ここに来られる社会人に置き換えて，どういう具合にお迎えすれば，相手の方も自分たちもリラックスして話せるか考えつつお迎えをしてくださいね」と言いました。

おにつか　おもてなし検討会にかけた時間はどのくらい？

なかざわ　個人ワーク3分，グループワーク5分です。

おにつか　ひょっとするとこのワークのあるなしが，さきほど言われた大きな差につながったのかも？

いそざき　なかざわクラスは全員がしゃべっていましたね。あと，同クラスの特徴は，まず私にしゃべらせて，そのなかから次の話題を見つける，というやり方だった。

おにつか　社会人にしっかりフォーカスが当たっていたということ？

いそざき　私の場合はそうでしたね。

おにつか　そうすると，いそざきさんから見た，おにつかクラス，いりのクラスとなかざわクラスとの違いは，なかざわクラスの「おもてなし検討会」の有無によるのかもしれないと。うーん，これはやっぱり，社会人の方々を交えて振り返りを行うことの意味がここにあるってことかもしれない。プログラムの成果がすぐ見える化されるという意味で。

4-3　プログラムの設計に受講生が「異議アリ！」

うけば　なかざわクラスの報告を続けます。もともとこの「社会人との対話」プログラムは，名前と年代，所属する組織名くらいしかわからない社会人といきなり授業で出会い，さあ，その人から何を引き出すかはぜ〜んぶ自分たち次第だ，という設計になっているわけですよね。なので受講生にもとまどいがあり，そもそもどうお迎えしてよいかもわからないというようなことも起きる。そんななかで「おもてなし検討会」をやって「自分ならこうお迎えしたい」という心構えみたいなものをつくったので「じゃあまず自分たちから自己紹介しようか」とか「まず向こうに話したいことがあるかどうか，聞いてみようか」とか，それぞれの人が自分なりのイメージをもちつつ始めることができたんではないかなぁと。

なかざわ　受講生の一人から，授業の設計に無理がある，ほぼ何の情報もないまま

に40分間話せというのは無茶だ，という批判がありました。対話というのは，相手が何を話したいかしっかり咀嚼したうえで成り立つものだ，と。40分間で人間と人間がしっかり出会えるというのはウソくさいと。

うけば　私は受講生からそういった意見が出てきたのを見て，「やったぜ！」と思いました。普段であれば「対話とは何か？」というイメージももてていないのに40分もどうやって話したらいいの？っていう不安が出てくる。そうすると「結婚してるんですか」とか「趣味は何ですか」とか「お金かせいですか」とか，ばらばらな質問をばらばらに相手に投げかけ，そうすることで40分をクリアしようとしている向きがあった。ところが今回は「対話を深めるのに40分では足りない！」と受講生が発言したわけで，この違いは大きいと。

なかざわ　最初の，しげのさんとのセッションのところで，受講生の一人がしげのさんに「自分は大学のサークルでダブルダッチ（2本の縄を使うなわとび）をやっていて，よくまちおこしのためにダブルダッチで参加してくれないかとお誘いがかかるが，自分としてはその意味がよくわからないので断ってきた。あらためてお聞きしたいが，まちおこしの意味はどこにあるんですか」と尋ねたんですね。しかもいかにもチャラそうな学生がそんな質問をしたもんだから，私はウルッとなってしまい……

いりの　でも3分の個人ワークと5分のグループワークでそんな魔法みたいなことが起きたとはちょっと信じられない。具体的にどうやったか教えてほしい。

なかざわ　いや，そんな魔法みたいなことは起きていないと思います。受講生のあいだにはすでに信頼関係が築かれていたこと，そこから来る安心感があった。それと，合宿でペアワークをしっかりやっているので，その効果もあったかなと。「少なくとも受講生のあいだでは自分を飾る必要はない」っていう感覚というか。

いりの　合宿でのペアワーク（☞ 78-79頁）がここにつながってるわけ？

なかざわ　そうなんだろうと。

おにつか　以上のような，なかざわクラスの高い自己評価に対して，同クラスに行かれた社会人の方からご意見をうかがいたいところですが……

いしかわ　机と受講生の配置がまるで圧迫面接を受けてるようで（一同爆笑），打ち解けるまでに20分ほどかかりましたね。やりとりは，私の目からは，少しお互いを気にしている様子がうかがえた。ちょっと互いに警戒してるような。

なかざわ　ありがとうございます。ちなみに，圧迫面接型になった理由ですが，デザインした受講生は，二列に並んだのは全員の顔をみてもらえるから，と言って

いました。

いりの　そろそろ私たちのクラスに行っていいでしょうか？

おにつか　あ，もちろんです。

いりの　私たちのクラスでは，振り返りのときに，それぞれのセッションにタイトルをつけてもらった。そうすると，たとえばいそざきさんの場合は「職」，これには「大学職員」であること，それからそれぞれの部署で職人気質を発揮しておられるという意味が含まれている。いしかわさんは「人生の芸術家」でした。あと待機組に振り返りをやってもらったときに出てきたのが「いそざきさんの場合，固定化された社会人のイメージで迎えてしまった。そしてそのイメージがきわめて強固であるために，目の前にいる現実の社会人と向き合うことがとても難しいと感じている自分たちを見出した」とはっきり言っていました。つまり自分たちもうまく意思疎通できていないなぁと感じつつ，軌道修正ができなかった。そんな風に考えると，なかざわクラスの場合のように「社会人」という抽象的なものでなく「自分がやさしくなれる相手を想定して，そこから入る」というようにするとまた違った結果になったのではないかと。

なかざわ　「社会人」という入り口でなく，「自分がもてなしたい人」を入り口にしたってところがポイントだったのかな？

うけば　自分から相手の懐に飛び込んでいくイメージができていた印象がありますね。

おにつか　いそざきさん，いしかわさんからはもうお聞きしたので，ゆあささんはいかがでしたか？

ゆあさ　社会人をダシにして受講生たちが面白い対話をしていて，それがよかった。

いそざき　十分に自分たちから自己開示がなされているグループとそうでないグループとでパフォーマンスに差が出た印象があります。関係性が築かれていないと，質問がバラバラになりがち。

おにつか　かわでクラスにまいりましょうか。

4-4　配布シートの功罪

かわで　今回，私は待機中のグループに入り印象を聞いたのですが，一番印象に残ったのは「普段の授業では直接教員や社会人に働きかける，問いかけるというようなことはないので，非常にとまどいながら過ごした時間だった」という声でした。今回のクラスは遠慮しがちな傾向があると。そういう受講生たちがどうや

ったら人と出会えるか，私なりに考えてはいました。そして，ご覧になったような配布シートを作成して受講生に配布したわけです。

やまだ　私はおにつか・いりの・かわでクラスに行ったんですが，かわでクラスがもっとも質問の幅が広かった。全員発言していたし，全員メモをとっていたし，そういう意味で事前の準備ができていた。事前に配布されたシートのよい点は，下半分がメモスペースになっていて，否応なくメモを取らざるを得ない。その点でもこの配布物は効果的だったと。あと全員目を見て話していたのが強く印象に残っています。

おにつか　ここまでをまとめると，かわで・なかざわクラスは独自の工夫──カスタマイズされた配布物，おもてなし検討会──をこらしていて，それなりに効果があったということになりますかね。

なかざわ　私は今回で5回目なんですけど，最初は構造化されたかたち（受講生を流れにのせて統率するやりかた）で社会人との対話を運営したところ，いりのさんからすごく批判されて，構造化しないやり方でやってみたんですね。（このあと構造化という言葉をめぐって議論紛糾）

しげの　ぶった切るようですが……

一同　ぶった切ってください！

しげの　かわでクラスの話なんですが，インタビューされた側からすると淡々と進んでいて，あんまり面白くなかった。かわでさんのシートに引っ張られているんではないかなぁ，という印象でしたね。

おにつか　受講生のなかから出てきたものというより，シートに引っ張られた，表層的な質問に聞こえたということ？

しげの　そうですね。

おにつか　さきほどのやまださんの印象と少し違うということですね。

かわで　やまださんを迎えたグループとしげのさんを迎えたグループは別ですねぇ。

一同　ああ，そうなんだ……

かわで　同じものを提供しても違いが出るんだね……

いりの　ファクターがたくさんある，ってことですね（笑）。結局わけわからん！

おにつか　わけわからん，というか，受講生同士の組み合わせというファクターがもっとも大きいのかもしれないっていうことなのかな？

いりの　それと，このシートをかわでさんが渡すのと，たとえばなかにしさんが渡すのとでは結果に違いが出るということでもある？　つまり，かわでさんが授業

運営をいかに構造化しようとしても，受講生側がそう受け取るとは限らない……

なかざわ　かわでさんだと，受け取り方が「なんとなく」になる（一同爆笑）。つまり「ですます」調で丁寧にしゃべっているのに，強制している感がまるでない。うらやましいですよね。（一同爆笑）

いりの　だから担当者によってクラスのあり方がすっかり変わってくる。

4-5　覇権的態度の受講生への対応

おにつか　あと少し時間がありますので，この場で共有しておきたいことがあればどうぞ……

うみんちゅ　おにつかクラスのあるグループで起きたことなんですけど，一人の受講生が完全にその場を支配していて，社会人の方に対して次から次へと質問を繰り出してくる。それなりに内容のあることだし，遠くからみればとても活発なインタビューに見えるかもしれないけれど，近くで見ているファシリテーターとしてはどう対応すべきなのか，非常に悩ましかったです。

おにつか　私もそのグループのことは気になってはいたんですが，「これもありかな」と思い介入はしませんでした。

やまだ　それは私のセッションのことだと思うので，思うところを言わせてください。確かに，一人の男子学生がぐーと寄せて来る。それも悪くはないかなと思い，あえて「他の人どう思う？」なんてことは言わなかった。アイコンタクトだけは送りましたけど（一同爆笑）。でもホントに間髪入れずにその受講生が質問を繰り出してくるので，報告にも挙げたほうがよいのかなと思ったんですが，他のメンバーが非常に冷静な感想を述べていたケースもあると知って安心したと同時に，聴き方というのはいろいろあるんだなぁ，と改めて思いました。よく話す人がよいインタビュアーというわけでもなくって，メモだけ取っている人，相槌を打ってくれるだけの人，そういう人もちゃんと受けとめている，そういう参加の仕方もあるんだなぁと。

おにつか　複数の視点から一つのインタビューを見ることで，そこで何が起きたのかをある程度客観的に知ることができたように思います。これでちょうど6時になりましたのでお開きにしたいと思います。社会人ゲストのみなさま，どうもありがとうございました。

コラム5　待つことを学んだ場

三次亜紀子

　キャリア・Re-デザインに初めて参画したのは，2017年の春学期の合宿からです。その年の4月，それまでの経験を活かし，秘書検定の面接審査員，大学でのマナー講座や秘書検定対策講座の講師としてデビューしたばかりでした。3月までは，ホテル，メーカー，学校法人にてトップエグゼクティブの秘書を13年務めていました。

　そもそもマナー講師を目指したキッカケは，私が将来について悩んでいた20代半ばにさかのぼります。当時，IT企業の総合受付をしていた私は，仕事は楽しかったけれど，受付という仕事柄，何歳までできるのか，このまま歳をとってもよいのかと不安に感じていました。そのときに自己啓発として受けたマナー講座の講師が，ホテルで総支配人秘書をされていた方で，エレガントでありながらユーモアにあふれた素敵な先生でした。「ホテル秘書かっこいい！　私も先生みたいになりたい」と，その講座の直後から，「秘書道」を歩み始める事となります。

　ただ，秘書として定年まで勤めたいというわけではなく，私が「あの先生のようになりたい！」とあこがれたように，私もいつか「私のようになりたい！」と「大人って楽しそう」と，若い方に思ってもらえるような大人になりたい！と，マナー講師として独立することを目標に，秘書として，ビジネスマナーやコミュニケーション力を磨いていきました。

　そして40歳になった年に独立。マナー講師として活動を始めてすぐ，人材育成やキャリア形成に興味のあった私は，お世話になっていたN先生から紹介を受けた（株）學匠を通じて，キャリア・Re-デザインに参画させていただけることになりました。

　しかし，初めてキャリア・Re-デザインを体験した私は，度肝を抜かれることとなります！！！まず，「べきだ族」の私は，「べきだ」の存在しない世界で，もがくことから始まります。

　・講師とは，学生のキャリアモデルであるべきだ！
　・できない学生がいたら，できるように指導するべきだ！
　・盛り上がらないチームは盛り上げるべきだ！
　・課題にはまじめに取り組むべきだ！

　キャリア・Re-デザインでは，講師がモデルである必要はなく，できないことが悪いわけではないし，盛り上がらないならその苦々しい空気を味わえば良いだけで，やりたくなければやらないという選択もある……という教育があることを，私は初めて知ることになるのです。

それは私にとって，衝撃的な出来事でした。なぜなら，私の教えていたビジネスマナーや秘書検定講座では，きちんと丁寧にみせるための「型」があり，その「型」を知り習得することこそが，できる社会人への第一歩であるという美学があるからです。そして，それを教える講師も，お手本となるべく品行方正でなければならないと，常に自分に言い聞かせていたからです。

教育に正解はなく，それぞれの「美学」があってもよいのかもしれないけれど，私の大切にしていたその「美学」は，少なくともキャリア・Re-デザインではまったく不要の産物であること。その事実を認め，既成概念を打破し再構築するのに，かなりの時間を要することとなりました。

一番大きな壁は，学生との距離感の難しさでした。最初の授業で，ランダムにグループ分けされた初対面の学生同士が，自分史を語り合うワークがあります。ファシリテーターとしての大きな役割は「そっと見守る」こと。ですが私は，つい，漏れ聞こえる学生の話に聞き入ってしまったり，話下手な学生に「それで，それで？」と相槌を打ったり，気づくとグループの一員のように，学生の輪のなかにどっぷりと入っていました。

ただ，そのときは余計なことをしたと思っていたわけではなく，むしろ話下手な学生の話も引き出すことができてよかった，と思いながら授業を終え，全講師・ファシリテーターが集合する振り返り会に参加しました。するとそこで「学生との距離が近過ぎる」「介入しすぎ」と指摘され，ハッとしたのを覚えています。"見た目が大人"である私たちが介入すると，学生が"よそ行きの顔"を出してしまうことがあるということに気づかされました。

しかし，手も出さず，口も出さず，そっと見守ることは，私にとっては至難の業……。もどかしさから，つい口出ししてしまい「今日もまた指導してしまった，近づきすぎた」と，毎回帰り道は，同じく社会人ファシリテーターのYさんと反省会。そんなとき，同じクラスのメイン講師であるK先生の，学生への接し方を観察していると，そこに答えがありました。

物語を創作するワークで，ある学生が寝転びながらiPadを触っていて，私ならすぐに注意したいところですが，K先生はニコニコ見守っていらっしゃいました。しばらくすると，その学生はムクっと起きてiPadで物語を書き始めたんです。寝転んで構想を練っていたのでしょうか。自分がいかに，目に見えたモノしか見えていなかったかに気づいた瞬間でした。

そのときから，注意したり介入したくなったら，深呼吸をして，少し待つように心がけました。それまでなら，グループ分けの方法など簡単なことでも，意見が出ないとつい助言してしまい，私の意見で決まってしまっていたところを，グッと我慢。すると，誰かが，「じゃあこれで決めませんか？」と

意見を出すようになったんです。すぐにヒントや答えを提示してしまうのは，学生が自ら考え行動する機会を奪っていたのではないか。引いては，学生のことを信じていないということではないかと考えるようになりました。キャリア・Re-デザインでいわれる「そっと見守る」は，「愛と信頼でそっと包みこむ」ということなのかなと，私なりに理解しています。

　私が今，学生と接していて感じることは，「間違えたくない，すぐに正解が知りたい」と，失敗を恐れる学生が多いということ。講師としても，なるべく失敗させないように，道を整えてあげたいという気持ちもあります。キャリア・Re-デザインを経験していなければ，きっと学生が自ら答えを導き出すのを待たずに，答え合わせをしていたことでしょう。今は待ちます。愛と信頼をもって。

第Ⅰ部

第Ⅱ部

06

6日目
これまでの振り返り

鬼塚哲郎・川出健一・中西勝彦

【ねらい】自己 – 他者対話と自己内対話を通じて受講生がこれまでの活動を振り返ることで，自分のキャリア観をめぐる自己内対話を活性化させ，より精度の高いものにしていく。
【到達目標】これまでの授業体験をふまえ，これまでの自分を規定していた価値観や文化はどのようなものだったか，授業体験によってそうした価値観や文化はどう変化したかを一つの物語にまとめる準備ができている。

プログラム	クラスによって大きく異なるので，次頁以降を参照のこと。

第Ⅰ部

第Ⅱ部

1 6日目のあらまし

鬼塚哲郎

　受講生がこれまで携わってきた活動をリストアップすると，①見知らぬ者同士四名からなるグループでクレヨン画を描く，②同じグループで自分史を語る，③クラスメイトと親和的関係を築く，④自分なりのキャリアの物語を創作し，クラスで共有する，⑤合宿の夜店で自選のテーマで対話を行う，⑥社会人と対話する，の6点となる。これらの活動に通底するのは，自己および他者への尊厳感情を育むことで相互承認の場を整え，自己のキャリアをめぐる自己‐他者対話と自己内対話を同時に活性化させるところにある。そうした活動を通じて受講生が多様な価値観・生き方・仕事との関わり方にふれ，自らが内面化していた学生文化を相対化する視点を獲得し，自立に向けた一歩を踏み出すことを私たちは期待しているのである。

　6日目の授業は，受講生がこれら六つの刺激に対してどう反応してきたかを，一人ひとりが振り返り，言語化する場となる。どう振り返り，どう言語化するかは，各クラスの運営チームの裁量に委ねられているから，各チームとも試行錯誤を重ねながらプログラムを開発してきた。開発されたプログラムは授業終了後の振り返り会で共有されるため，この日の振り返り会は，どのような工夫が生み出され，その工夫がどのような成果を生み出したかを知る機会となり，この科目全体を通じてもっともワクワクする時間の一つである。ここでは四つのクラスの取り組みを紹介する。

　振り返りの方法はそれぞれ異なるとしても，全体のねらいと到達目標は共通している（このことはこの科目全体を通じていえる）。6日目の到達目標は「これまでの授業体験をふまえ，これまでの自分を規定していた価値観や文化はどのようなものだったか，授業体験によってそうした価値観や文化はどう変化したか，を一つの物語にまとめる準備ができている」というものであるが，ここでいう「一つの物語」は，次回の最終授業で受講生が取り組む「5分間スピーチ」に具現化されることになる。

2 おにつかクラス：インタビューでの出会いを振り返る

鬼塚哲郎

2-1　インタビューの振り返り

　1限目は，前回の社会人との対話を振り返る。各グループはそれぞれ二人の社会人ゲストと出会ったわけであるが，そのうち一人を選び，その人物の経歴，価値観，

仕事観，出会いを通じて学んだことなどを模造紙にまとめ，残りの2グループのメンバーに向けて発表する。おにつかクラスではもっぱらインタビューのかたちをとることが多いが，発表にはインタビューをどう運営したかも含まれる。3グループの発表が終わると，受講生は実際に会った2名および発表を通じて出会った2名，合計4名の社会人と直接，間接的に出会ったことになる。これが1限目の到達目標となる。

　とりたてて新鮮味のないプログラムだが，おにつかクラスでは10年以上このやり方を続けている。理由は，「受講生一人ひとりがなるべく多くの社会人と出会う」ことを目標としているためにモチベーションが得やすく，取り組みやすいと考えられるからである。

　受講生個人の立場に立って考えると，一人の受講生は教室で6名の社会人と会うのであるが，実際に話をするのはそのうちの2名で，残りの4名は，姿は見えるし声も聞こえるが，直接話をしたわけではないので，どういう人なのかはよくわからない，そういう人たちである。そういう人たちが何を語ったかを，彼らと実際に出会った他の受講生の発表を通して知ることは，格別の集中力を発揮せずとも取り組むことのできる，シンプルでわかりやすいプログラムだと考えられる。

　社会人との対話の授業を欠席した学生が複数いた場合，その人たちでグループをつくってもらい，教員もしくは社会人ファシリテーターがインタビューイーとなって30分程度のインタビューを行う。終了後ただちに模造紙にその成果をまとめてもらい，発表する。

2-2　プログラムの評価

　このようなかたちで言語化された社会人との出会いはどのような成果をもたらすであろうか。期末試験における受講生の記述を読むと，以下のような記述が浮かび上がる。一つは「○○さんの活き活きと仕事に取り組んでいる姿が印象的だった」というもの。もう一つは「転職が決してネガティブな選択ではないということを学んだ」というものである。このことは，受講生たちが知らずしらずのうちに内面化している一面的，一枚岩的仕事観を示唆しているものと思われる。こうした記述に出会ったとき，私たちは社会人との対話プログラムを通じて受講生が一枚岩的仕事観，つまり「いったん就職したらその組織の一員として勤めあげるのがアタリマエの生き方だ」という旧態依然とした仕事観を相対化する視点を獲得したであろうことを知ることになる。

2-3　概念地図法を用いた振り返り

２限目はキーワードを矢印で結び，その関係を視覚化していく概念地図法を用いての個人の振り返りが主な活動となる。１限目とは打って変わった，自己内対話の時間である。合宿での就寝前の語り合いなども含め，授業でのすべての活動から見えてきた自分の姿をキーワードのかたちでシートに記入していく。記入が終わったらグループ内で共有する。このシートは次回の５分間スピーチを準備するための材料となるものであるから，各自持ち帰ってもらう。最後に，「このシートを作成した人はどのような人か」を別紙にまとめ，提出する。

　概念地図法は，中沢さんから教えてもらった手法だが，自己内対話を促す手法としてうまく使いこなすまでには至っていないと感じている。受講生が振り返るのは，主に五つのプログラム——アートコミュニケーション，自分史を語る，物語創作，夜店ダイアログ，社会人との対話——において自分がどう振る舞い，何を産出したかであるが，このなかで物語創作が——クリエイティブなものを含むという意味で——突出して異質なプログラムであり，その異質さをも視野に取り込んだ振り返りツールをいまだに手にしていない。

3　いりのクラス：出店ワークショップ

中西勝彦

　いりのクラスでは，出店ワークショップを中心に授業を行う。これは，合宿のナイトプログラムで行った「夜店ダイアログ」を授業用にアレンジしたものである。合宿時はファシリテーターが「お店」を出していたが，このワークショップでは受講生が自ら「お店」を出し，そこに集うクラスメイトやファシリテーターと対話を深めることになる。以下，このワークショップの詳細を述べる。

3-1　目的と方法

　このワークショップは，６日目の全体の到達目標を受講生が対話の場の企画・運営に携わるなかで達成することを目指す点で特徴的である。すなわち，「これまでの授業体験をふまえ，これまでの自分を規定していた価値観や文化はどのようなものだったか，授業体験によってそうした価値観や文化はどう変化したかを一つの物語にまとめる準備ができている」という全体の到達目標を，受講生が企画・運営する「お店」での対話体験を通じて実現しようとするのである。

　「出店ワークショップ」の進め方は以下の通りである。なお，このワークでは対話

のためのグループを「お店」に喩えている。そのため，ワークプロセスにおいて同じく比喩表現を使って記述している名称がある（業界団体，広報活動，入店，お店経営，閉店など）。

①受講生はこれまでの授業体験を踏まえつつ，自らの興味関心にしたがってテーマと店名を考える。なお，テーマを考える際は「この授業での体験を踏まえ，このメンバーと対話したいテーマ」という枠組みを提示する。②クラスメンバーと互いのテーマを見せ合いながら，似たようなテーマを掲げている人たち四名ほどとグループ（業界団体）を組む。③四〜五つの業界団体ができたら，どの団体が何番目に出店するかの順番を決める。④1番目に出店する業界団体のメンバーは各自教室内の好きな場所にお店をしつらえる。⑤1番目に出店する業界団体のメンバーは，クラス全体の前で「自分のお店ではどういった対話を行うのか」を発表する（広報活動）。⑥出店者以外のメンバーは，自分が興味関心のあるお店，そのテーマで対話したいと思うお店に加わる（入店）。⑦全員がいずれかのお店に入店したらセッションをスタートする。1セッションは20分間を目安とする。⑧1セッションが終了したら，その場で振り返りを行う。振り返りは「どういう話が印象的だったか」という内容面と，「出店者のお店経営（対話の運営）はどうだったか」という運営面の二つの視点について話し合う。⑨お店ごとに振り返った内容を出店者が発表しクラス全体で共有する。⑩1番目のお店は閉店となり，2番目に出店する業界団体メンバーが準備する。⑪以降，すべての業界団体メンバーが出店し終えるまで④〜⑩を繰り返す。⑫すべての出店が終わったら，最後に個人で「今回の対話体験の感想や気づき」をキャッチフレーズのひと言，もしくは200字程度の文章にまとめて終わりとする。まとめた内容をクラス全員と共有する場合もある。

このワークショップは，合宿の夜に行った「夜店ダイアログ」をベースとしているが，以下の点で「夜店ダイアログ」と異なる。すなわち，①全員がいっせいに出店するのではなく，時間でセッションを区切り出店者を変える，②お店の出入りは自由ではなく，一度入店したお店で1セッションを過ごす，③どこのお店にも参加しない人は設定しない，④ファシリテーターは出店せず，一人の参加者として振る舞う。ただし，ファシリテーターは全体の時間管理と振り返りの全体共有時の進行役を担う，の四つである。

3-2　出店ワークショップの特徴

出店ワークショップの特徴は，①対話を直接的かつ前面に押し出すのではなく，

「お店」という比喩を用いてワークショップをデザインしている点，②対話のテーマ
をファシリテーターが指定するのではなく，受講生が自ら考え決めている点，③合
宿の夜に一度参加者として体験しているプログラムを今度は自らが企画・運営する
ことで，より主体的な参加を促している点，④全員が出店者となり自らの興味関心
にしたがって対話テーマを設定することで，これまでの授業の振り返りや各自が抱
く問題意識の深化を促している点，の４点である。

　出店ワークショップでは，各自がテーマを考える際に「この授業での体験を踏ま
え，このメンバーと対話したいテーマ」という枠組みを提示することで，この授業
での体験を振り返ることを意図している。また，自らが設定したテーマについてメ
ンバーと対話を行うことで，自分が興味関心のあるテーマに対する多様な意見にふ
れる機会となることも重要である。このワークショップは受講生の人数が多ければ
多いほど，かかる時間も長くなるため，実施する際には時間配分に十分な注意が必
要となる。

4　かわでクラス：受講生による運営企画型のワーク運営

川出健一

　６日目の授業の運営はクラスの裁量に任せられているため，ファシリテーターが
決めた運営の方法や時間配分にそって進めるのではなく，この回の目的を示したう
えで受講生が決めている。その場で受講生から出てきた意見，その場の雰囲気や流
れをできるだけ活かし，受講生自らが授業のデザインに関与することで，主体的な
参加を促している。以下具体的に説明する。

4-1　進め方

　授業冒頭，受講生に「今回の授業は，前回までの授業を振り返り，自分に起きた
変化，学びや気づきをグループメンバーと対話によって個々に掘り下げて言葉にす
る」ことと「それは結果的に次回の５分間スピーチに橋渡しされるだろう」という
授業の主旨を伝え，この後どのように時間を使うか選択肢を提示する。

　実際には「これまでの授業を自由に振り返りましょう」と受講生に委ねてしまうの
では，あまりに自由度が高すぎてとまどいを与えかねないので，次のような振り返り
の対話の方法を提示したうえで，受講生に授業をどう進めたいか投げかけている。

A　個人ワーク「自分で自分を見つめ内省する（紙に文章を書く）」

B　相互インタビュー「ペアを組み，相互に振り返りを促し掘り下げる」
C　OST（オープンスペーステクノロジー）「問題意識を共有できるメンバーと
　　対話し掘り下げる」
D　車座（円卓）での対話「一人ひとりの問題意識を全体共有して，全員から
　　フィードバックを得る」
E　キーワードフリップ「問題意識を紙に書いて，相互に可視化する」
F　その他（別の方法の提案）

　選択肢のそれぞれは，すでにこの授業内において経験していて具体的なイメージ
のつく方法である。その他の提案があれば受けつける余地も残しておく。
　意見の流れの一例を紹介する。まず「全員で話をするには考えも整理できてい
ないし，ちょっと心理的にハードルが高くて抵抗がある人もいるかもしれないので，
まずはペアで対話をする時間をとって，それから全体で話し合うのがよいと思いま
す」といった意見が出てくる。「考えの整理は，まず個人でしたらどうだろうか？」
「一人で考えるより聞かれたことに応えながらの方が自然に言葉になるように思う」
という具合に受講生とのやりとりが進む。その結果，相互インタビューによる対話
を何回かした後，メンバー全員で輪になって掘り下げの対話をするというやり方に
落ち着くことが多い。
　付記すれば，上記のように寄り道なく決まることはない。ある意見に対して論点
がずれることや，次の意見が出るまでかなり時間がかかることもある。なかなか決
まらない。このとき，ファシリテーターはとまどいや葛藤，躊躇や焦りを感じるこ
とがある。そうした場合，ファシリテーターはそのときの心情をそのまま受講生と
共有するようにしている。それは「参っちゃったなぁ，どうしようかぁ」というよ
うな素直な表明で，決して責めているような感じではなく，ファシリテーター自身
の迷いやとまどいもそのまま表すような関わり方なので，結果的に「迷ってもいい
んだ」というメッセージとして伝わり，そのことで場の安心感が生まれるのではな
いかとにらんでいる。
　さて，ワークにおけるインタビュー項目については，授業目標に照らして，あらか
じめ具体例をいくつか示している。「社会人との対話で印象に残った言葉はあります
か」「この授業で，何か気づいたことはありますか」「授業のなかで，違和感を感じた
こと，困惑したことはありますか」「授業で何か得たものがありますか，なければどん
な時間でしたか」などであるが，あくまでも具体例でどんな話の展開になってもかま

わない。受講生には，自分が納得いくまで自分への問いかけを掘り下げて欲しいこと，それが相手にとっても自分にとっても振り返りにつながることを伝えている。

　ワークのそれぞれの時間配分や方法も精緻には決めずに，大枠の時間配分だけ全体で共有し，また詳細な方法についてもその都度，受講生に確認しながら進めるようにしている。机や椅子の移動などの教室の場づくりも，全員で行う。ペアでのインタビューが，知らない間に三，四人の語らいになるケースもある。

　この対話にファシリテーターが加わるか加わらないかも，あらかじめ決めてはいない。これまでの授業での出来事，受講生との関係性，その場の状況などさまざまな事柄を勘案して決めている。ただし最後の輪になって行う全体での対話には，教員と社会人のファシリテーターは加わらないで見守りに徹した方が，場が自由で受講生の本音が出やすいと感じている。あえて発言者の死角に入るような位置に移動しつつ見守るようにすることが多い。

　まとめると，受講生が主体的に関わり，受講生それぞれが自分の授業経験やそこでの想いについて本音で語る場づくりを目指しており，その手立てとしての運営方法については，受講生の意見を活かしながら決めているということである。

4-2　印象的な問いについて

　全体で輪になって行う対話の場面では，一人ひとりが順番に，クラスメンバーに聞いてみたいことを聞くというスタイルになる。出された問いに対しては，順番に全員が応える，応えられる人が応えるなど問いの内容に応じて変わるが，本人が納得できたら，次の人が問いを発するというかたちで運営される。

　1時間程度のペアワークによる対話が，自分の率直な考えを全体に投げかけてみる下準備になって，普段の日常会話では出てこないような問いが出てくる。「幸せですか？　何が幸せですか？」「生きるモチベーションはなんですか？」「普通っていいことだと思いますか？」「自分は物語創作にかなり満足したのですが，みなさんはいかがでしたか？」などの問いが，問いかけの理由や本人の率直な考えと合わせて発される。これらの問いは，当の受講生が授業中に積み重ねてきた言動を知っていれば知っているほど，問いの深さや重みが味わえるものになっている。

　いつも楽しそうに参加していた受講生の「僕は毎週キャリア・Re-デザインが楽しみで来ていますが，みなさんはどうですか？」という質問が思い出深い。そのとき，誰一人手を挙げる人がいなかった。質問した本人も当てが外れてとまどっていたし，外野から見守っていた私も穏やかではいられなかった。しばらく沈黙が続

いたが，「ここまで（家から大学まで）出て来るのは億劫なんだよね，他に授業な
いし」とどこからともなくつぶやく声，しばらくしてそれに呼応するように「でも，
来たら勝ちだよね」という声が上がる。その声に気を取り直した先の学生が改めて
「来るのはメンドクサイと感じていたけど，来たら満足度が高かった人は？」と尋ね
なおす。すると今度は全員の手が挙がった。しばし，何が楽しいのかについて意見
のやりとりが発生し，落ち着いたところで次の学生に順番が移っていった。

　受講生全員にとって本当に授業が楽しかったかどうかはここでは問題にしない。
教員の目を気にせずに，自分の正直な想いを吐露できる場がそこに実現していたこ
とが重要だと考える。

　私たちは，他者の気持ちや考えを察することは正しいことだと考える。でも少し
度を超すと，その他者の気持ちに応えなくてはいけないと考えたり，応えられない
自分はダメな人間だと思いつめてしまったりする。さらには，自分の気持ちを察し
ない他者やわかっていて応えようとしない相手を責めてしまったり，他人とは違う
自分の考えや気持ちを押し殺してしまったりすることもある。評価者の目の前では
取り繕った態度を取ってしまうこともある。

　自分の考えや疑問を率直に表現できる場や関係性があれば，人は頑張ってみよう，
一歩踏み出そうという気持ちになるのではないかと考えている。

5　なかざわクラス：朗読ワークショップ

中西勝彦

　なかざわクラスでは，朗読ワークショップを中心に授業を行っている。これは個人
が作文した文章をクラスメイトが代読しながら，それぞれの作品をじっくり味わうプ
ログラムである。文章という表現物を媒介に対話を深めるワークショップと言える。

5-1　ワークショップの構成と目的

　本ワークショップは，個人で作文する時間と，その作文を作者以外の人が朗読す
る時間，そしてそこでの体験を振り返る時間の三つのセッションによって構成され
ている。個人で作文する時間は，これまでの授業体験や人生を振り返りつつ，「1年
後の自分への手紙」を執筆する時間となる。ここの時間を多めに取り，個人でじっ
くりと振り返る。朗読の時間は，作者以外のメンバーが全員の前で誰かの文章を代
読する。これにより，作者は自らの文章について他者を通して読み返すことになる。
また，朗読者と他のメンバーは誰が作者かわからない状態なので，作者の新たな一

面にふれる機会となる（誰が作者なのかは朗読後に明かされる）。振り返りの時間
では，他者の文章を代読した朗読者の感想，他のメンバーに朗読された作者の感想，
朗読を聞いていた聴衆の感想がそれぞれ共有され，体験を通して得た気づきがクラ
ス全体で共有される。

　朗読ワークショップでは，文章表現と他者による朗読を通して対話が促進され，
結果として6日目の授業の到達目標を目指す内容となっている。

5-2　具体的な運営方法

　朗読ワークショップの具体的な運営方法は以下の通りである。ファシリテーター
も参加して受講生と一緒にワークを行うのが基本ではあるが，状況によってはワー
ク進行に徹する場合もある。

（1）作文セッション

（i）テーマの提示

　ワーク全体の流れをすべて説明した後，ファシリテーターは作文のテーマを提示
する。この授業では「1年後の自分への手紙」とする場合が多い。このテーマ設定
は重要で，書き手の創作意欲を高めるような工夫が必要となる。「1年後の自分への
手紙」以外に，たとえば，「いま伝えたい，あの人に向けたメッセージ」や「この授
業での体験をあなたの知人に紹介しよう」などがある。また，冒頭一文指定型と呼
ばれる提示の方法もある。これは，文章の冒頭一文を指定し，全員がその一文で始
まる文章を考える方法である。たとえば，「私には他者（人）と違うところがある」
や「これまでの人生で三番目に衝撃的な出来事は，」など，テーマを冒頭一文に据え
る方法と，「その日も雨が降っていた」，「この教室に入るとなぜかウキウキした気分
になる」など，冒頭一文を詩的，文学的にする方法とがある。後者は作者の創作意
欲を刺激しつつ，文章全体に作者の価値観が表出されることを目的としている。ま
た，冒頭ではなく最後の一文（オチ）を全員共通にするなどのアレンジもある。

　テーマの発表後，受講生には以下の点をアナウンスする。それは①文章の内容
や文章の巧拙は成績評価に関係しないこと，②文章の形態は完全に自由であること
（大学でありがちなレポート形式である必要はないこと），③作文は個人で取り組み，
書き上げた文章は他の人に見せないこと，である。①と②は受講生の自由な文章表
現を促すためにとくに念入りに説明する。多くの受講生は強固な教室規範，大学規
範を内面化している。これらを少しでも解きほぐし，受講生の自由な文章表現につ

なげるための説明である。また③については，ワークの運営上，朗読までは自分の書いた文章は自分しか知らない状態を維持するためである。

（ⅱ）書く媒体と書く場所

テーマを発表した後は，個人での作文時間となる。作文は配布する用紙を使用する。用紙は A4 サイズの紙に横罫だけが入った横書き用の紙を使用する。上部に文章のタイトルを記入できるようにすることもある。ここで重要なのは氏名欄を設けないことである。後の朗読時間では匿名の状態で朗読することになるため，作文時は作者の氏名を記さない。また文章は A4 用紙の表面だけを使用して記入することを推奨する。これは後の朗読時間の際に文章量で誰が書いたのかがわかってしまうのを防ぐためである。

作文作業を行う場所は，大学内であれば基本的に自由である。クラスや受講生の様子，天候やファシリテーターの人数によっては，教室内に限定する場合もあるが，基本的に作業場所は受講生本人が自分で決める。教室内で他の受講生と寄り添いながら書く者や，学生ラウンジのようなオープンスペースで一人黙々と書く者，喫煙所でタバコを燻らせながら書く者など，さまざまである。作業に移る前に終了時間だけは伝えておく。作業時間は 1 時間以上取ることが多い。これは個人で自由にじっくりと自分と向き合う時間を確保するためである。

（2）朗読セッション

（ⅰ）朗読の準備

作業終了時刻になり受講生が教室に戻ってきたら，原稿の提出場所を設けておく。原稿は裏向きに提出してもらい，誰の原稿かがわからないようにする。ファシリテーターは全員の原稿が提出されたのを確認して，裏向きのままシャッフルする。受講生は全体で円になって座る。ファシリテーターは原稿を裏向きにしたまま，受講生に 1 枚ずつ好きな原稿を引いてもらうようにする。このとき，自分の原稿を引き当ててしまった者がいた場合はすぐに表明してもらい，別の原稿を引いてもらうようにする。このとき，誰の原稿かがわからない状態を維持するよう配慮する。

全員の手元に原稿が行き渡ったら，まずその原稿を各自で黙読する。そして朗読するための準備時間を取る。その際，読めない字がある場合はファシリテーターに申し出るよう促す。朗読セッションを始める前に，朗読時の注意点として以下の点をアナウンスする。それは「みんなが書き綴った文章は，作者の分身そのものであるので，朗読する人も聞く人も丁寧かつ真摯に取り扱うようにしましょう」という

ことである。そして最初に朗読する人を決め，朗読セッションが始まる。

（ⅱ）朗読の実施

最初に朗読する人が自分の手元にある文章を読む。すべて読み終わったら，朗読者が「読んでみての感想」や「これを書いた人はどういう人だと思うか」について簡単に述べる。そしてその後，この文章の作者に名乗り出てもらう。作者は「自分の文章が他者に読まれた感想」や「この文章に込めた自分の思い」を語る。それが終わったら，今度は作者が自分の手元にある原稿を朗読する。その後，同じ工程を繰り返す。途中，最初の朗読者に順番が戻ってくる場合がある。その場合は新たに朗読者を決めて続きを行う。全員の文章が朗読されるまで実施する。

（3）振り返りセッションとまとめ

全員分の朗読と感想の共有が終わったら，最後に自分が朗読した文章の裏面に作者へのコメントを記入する。文章から感じたこと，その人に対するイメージの変化など，作者へのフィードバックコメントを朗読者である自分の名前（ニックネーム）と共に記入する。書けたらそれを作者本人に返却する。最後に，作者は自分の文章に自分の名前と日付を記入して持ち帰る。

なお，この授業では「1年後の自分への手紙」を実施した際，実際に1年後に郵送する取組みを行っている。過去には全クラスで行っていたが，現在は希望するクラスのみ行っている。その場合，受講生は，大学が用意した封筒に自分の文章を封入し，完全に封をした後，表面に宛名（自分の名前）と1年後に受け取ることができる住所を書いてファシリテーターに提出する。この手紙は教員が保管した後，1年後に本人に郵送される。

5-3　本ワークショップの特徴

朗読ワークショップは，教室・大学規範にとらわれない自由な文章表現の時間と，それぞれの文章を朗読によって鑑賞することを通して，自己および他者との対話を行う点が特徴的である。とりわけ，書かれた文章自体を媒介として対話を深める点は，貴重な体験となる。実際の朗読の場面は，何とも形容しがたい独特の雰囲気に包まれる。それは，同じ場にいながらにして，多くの異なる思いが交錯しているからだと推察する。自分の文章が読まれている人は，照れや恥ずかしさを感じつつも，「ちゃんと読んでもらえるだろうか」，「みんなはどう聞いているのだろうか」などを気にしながらその場にいるだろう。また，朗読している人は，その場の注目を集め

てはいるが，自分が読んでいる文章自体は別の誰かのものであるという不思議な感覚で読み上げながら，「これは誰の文章だろうか」，「間違えないように，失礼のないように読まないと」と考えているかもしれない。そして，聞いている人たちは「この文章は誰が書いたのだろうか」，「こんな文章を書く人がこのクラスにいるのか」，「あの人が書いた文章に違いない」などとさまざまに想像を巡らせながらその場にいるだろう。そういった多様な思いが分散，錯綜しつつも共存し合うなかで，しかし一瞬だけ思いが1点に集中する瞬間が訪れる。それは作者が名乗り出る瞬間である。その一瞬の出会いにこのワークショップの醍醐味が凝縮されている。言語表現を前面に押し出しているワークショップであるが，そこには非言語的な情報のやりとり，そして内面同士のコミュニケーションも立ち上がっているように思えて仕方ない。

　なお，本ワークショップの実践については，中西ほか（2020）として論文化されている。そこではこのワークを体験した受講生の語りを分析しながら，本ワークショップの意義と運営方法について検討している。

6　6日目授業の振り返り会

鬼塚哲郎

　今回も2018年春学期の6日目，〈これまでの授業の振り返り〉の振り返り会の様子をお伝えする。今回はクラスごとに運営方法が大きく異なるので，事前打ち合わせで提示された各クラスの計画を併記しておく。

おにつかクラス	いりのクラス	かわでクラス	なかざわクラス
みなみ（社ファシ） うみんちゅ（学ファシ）	なかにし（社ファシ） しらたき（社ファシ）	ヨッシー（社ファシ） やまもと（社ファシ） ビリケン（学ファシ）	うけば（社ファシ） あいだ（社ファシ）
①アイスブレイク ②社会人との対話振り返り ③物語創作ワーク振り返り ④概念地図法を用いた②と③のまとめを個人ワークで ⑤④の成果を全体で共有	①アイスブレイク（ジェスチャーゲーム） ②教員による社会人との対話のフィードバック ③ペアワーク（テーマ：これまで／これから／生活／人）	①社会人ファシリテーターやまもとさんからのメッセージ ②二，三人のグループ内対話 ③この場にいる誰かに聞きたいこと，疑問に思っていることをフリップに書いて，全員で共有しつつ対話を深めていく	①アイスブレイク（今日のレジェンド） ②「社会人との対話」「物語創作ワーク」振り返り ③「1年後の自分への手紙」執筆と別のメンバーによる朗読

6-1　これまでの授業をどう振り返るか：なかざわクラス

おにつか　今日の授業はクラスによってずいぶん違ったプログラムが運営されているので，しっかり共有していきたいと思います。まずはなかざわクラスから。

なかざわ　予定としては①アイスブレイク（「今日のレジェンド」），②社会人との対話の振り返りと物語創作ワークの振り返り，③「1年後の自分への手紙」の執筆と別のメンバーによる朗読，の三つだったんですけど，①と②はサラッとやりました。③が本日のメインイベントだったんですが，内容が今回は少し浅かった。この前の地震のことと，それにまつわる生存欲求の表明があった。恋愛願望，家庭願望もありましたが，この二つにも生存欲求を感じました。あと，未来へのポジティブな気持ちを書いた人が三分の一くらいいたが，その人たちは今を一生懸命生きることも語っていた。「1年後の自分，頑張ってくださいね」的な，未来の自分への押しつけ的な表現もありましたが，最後の振り返りのところでは，「未来の自分に押しつけてる場合じゃない。今を頑張らないと未来はない」という風な振り返りもありました。

おにつか　「最後の振り返り」というのは？

なかざわ　授業の最後に全員で輪になってフリップで振り返りをやろうと思っていたんですが，受講生の表情が重い様子だったので，アイスブレイクの際のグループを再現してもらい，そこで今日の振り返りをやってもらいました。そこでさっきのようなコメントが出てきたわけです。「1年後の自分への手紙」のなかで今回初めて出てきた表現として，「Re-デザインでできた友達を大切にしていこう」というのがあって，どうやら今回のクラスでは，体育会系ではないノリの，二～三人の友人の輪らしきものがいくつかできてるようだなと思いました。

おにつか　授業の雰囲気が重たかった，というのは……

なかざわ　う～んと，一番最初に，この授業は自分と向き合う授業なんだよという風なことを言ったわけですが，それをちょっと強調しすぎたかもしれない。そうすることで軽い自己開示を抑制してしまい，言えることが少なくなるので，手紙の内容が結果的に浅くなる，みたいなことになったのかなと。

うけば　「自分と向き合おう」というメッセージを発信しようと提案したのは私なんですが，私が別のところで，つまり大学の授業ではないところで話をする場合は自分の意志でそこに来ている人たちと接する。しかし大学の授業，とくにこの授業は必ずしもそうではない。

なかざわ　つまり自分と向き合いたくて来ているわけではない受講生にとっては重

たいメッセージになったかもしれない。

うけば　私も今日の授業はしんどかった。私も「1年後の自分への手紙」を書いた
んですが，その内容をクラスの他の人に読まれたくないと思ったんです。「いっ
たい誰に，いつ読まれるんだろう」と不安だった。手紙を読む人が，私が信頼を
置いている人であればいいけれど，自分の意志で，自分で選んで来たわけではな
い授業の場でそれをやるのはしんどい。手紙を書いているあいだは没頭してい
るんだけど，手紙の内容が外に出る段になってしんどくなったわけです。

おにつか　うけばさんにとっては，このプログラムには無理があると。自己開示を
過剰に迫るようなところがある？

いりの　「自分への手紙」というテーマだから，なのではないか？

うけば　それさえも開示できるような関係性が受講生のあいだに構築されていれば
問題ないのだろうけれど……

みなみ　もっと軽い内容を想定した手紙ならばどうでしょう？　そこまで自己開示
を迫るようなものではないテーマにするとか。それだと意味がない？

いりの　「自分への手紙」だとものすごくプライベートなものになる。

なかざわ　そこはあらかじめ説明しています。「この手紙はあとで読まれます。い
つ，誰が読むかはわかりません。そのことを前提に，読まれることを念頭に置い
て書いてくださいね」とは言っています。なんだけど，いままでやりとりを聞い
ていて思ったのは，うけばさんが要求している自己開示はかなりヘヴィなもので，
そうでないと喰い足りない（一同笑）。それは私も同感なんだけど，そこに至る
までの授業の仕立てをもう少し丁寧につくっていかなければ，と思いました。

いりの　「自分への手紙」だと，どうしても閉じたものと感じられるので，誰かに何
かを語るかたちにしたら？

なかざわ　でもそうすると，最後の5分間スピーチとかぶってしまう。私の思惑と
しては「自分への手紙」で自分の世界にぐっと潜って，潜ったうえで5分間スピ
ーチに取り組んでほしいと思ったんですけど，潜れない。

6-2　おにつかクラスの場合：概念地図法で振り返る

おにつか　なかざわクラスでやったことはおにつかクラスでやったことと近いと思
うので，おにつかクラスの報告を入れさせてください。私たちが行ったのは，①ア
イスブレイク，②社会人との対話振り返り，③物語創作ワーク振り返り，④概念地
図法を用いた②と③のまとめを個人ワークで，⑤④の成果をペアおよび全体で共

有，という内容でした。①はなかざわクラスの「今日のレジェンド」をパクリました。何でもない日常をわざわざ「物語る」ことで，ここに来るまでの軌跡に軽く思いをはせるワーク，という風に理解したんですが，それであってますか？

なかざわ　ドンピシャです！

おにつか　語りはそれぞれ違ったものが出てきて，なかなかよいなと。で，なかざわクラスが「自分への手紙」でやったことを私たちは概念地図法でやったわけですが，みなみさんの提案で，いきなり概念地図法に行くのは難しいだろうから，ワンステップ置くことにした。つまり，教室の真ん中にテーブルを寄せて大きな島をつくり，そこに受講生がこれまで作成した物語創作の成果物や他の受講生からのフィードバックシートなどを広げて置き，それを参照しながらこの授業で見えてきた自分をキーワードに書き出す作業をやった。キーワードのリストができたら，今度はそれを概念地図に落とし込む作業に移る。概念地図は，A3の紙を横にして，1本の対角線の両端に「大学」と「社会」，もう1本の両端に「過去」と「未来」を書き入れ，対角線が交わるところに現在の自分がいる，という体裁にしておき，そこにキーワードを書き入れつつ今の自分の見取り図を作成した。私は手ごたえを感じましたが，みなみさんはどうでしたか？

みなみ　私はグループに入って受講生と一緒に作業したのですが，あまり手ごたえを感じられませんでした。なぜかというと，結局自己紹介ワークになっていたので。授業で経験した具体的なことを，大学‐社会，過去‐未来という抽象度の高い軸に落とし込む過程が難しかったのではないか。そうなると，他の受講生と共有できるものといえば，話し慣れたこと，自己紹介的なものにならざるを得ない。授業との関わりは見えにくかったなと。

6-3　プログラムの意図をどこまで共有するか

いりの　物語創作ワークをキーワードに落とし込むところがむしろ難しかったのでは？　そもそもキーワードにすべきかどうか，という疑問もある。

おにつか　授業での経験をつなぐ場を提供するのが私たちの仕事ではないのだろうか？

いりの　そのつなぐ作業をキーワードで図式化する方向で行う必然性はないのではないか？

なかざわ　そこに迷いがありますよね。授業終了後しばらくして定期試験で授業での体験を文章化してもらう。そこでは受講生のとりとめのない経験の数々が授

業終了後の，学期終わりの段階でどっと互いに関連づけられ文章化されている例を私たちはたくさん知っているわけだけれども，まだ授業が終わっていない段階で授業体験を図式的につなげ，まとめることにどれだけ教育的な意味があるか，という問題なんだろうと思うわけです。確かに，教育工学的に考えても，プログラムＡとプログラムＢとがどう関わりあっているのか，たとえば物語創作で見えてきた自分の価値観と，社会人から聞き出した仕事観・キャリア観とを，どうつなげたらよいか，私自身教育工学が専門だし，ＡとＢをつなげずに放置しておくのはとても気持ちが悪い。受講生にとっても同じだと思うんです。が，ここは気持ち悪くしておかないといけないんじゃないか，とも思う。

おにつか　かわでさん，激しく同意してますが，その心は？

かわで　私はずっとそういう思いでやってきた。つまり，受講生が「言われるがまにやっちゃったけど，あれはいったい何だったんだろう？」という風な思いを抱くのは大事な経験ではないか，ということかな。

なかざわ　受講生が内面化している教員観のみならず授業観も崩す，ということですよね。「タスクＡとタスクＢは連続しており，何らかの合理的なゴールに向かって合理的に設計されたものである」という授業観。でもそれが授業のすべてではない，とこの授業は主張しているのではないか。

おにつか　いや，タスクＡとタスクＢは現実に連続しているのだけれど，それを受講生とどこまで共有すればよいのか，という問題なのではないか。現状は，受講生との共有は最小限に止め，学期末の試験の際に受講生のなかでつながることを期待しているわけですよね。そういう意味では，おにつかクラスのやり方はタスクＡとタスクＢをさっさとつなげてくれ，っていう押しつけになっている？

なかざわ　そう思うな。

おにつか　押しつけると，受講生はそれを読み取ってこちらに合わせてくるということが起きる？

一同　そうそう。与えられたことを「こなす」に止まる。

なかざわ　授業方針への「適応」を促すことにとどまる，ということかな。普段の授業だと，教員は教員の役を演じるし，受講生は受講生の役割を演じる。役割を演じることに「適応」している。しかしこの授業では，役割を演じているうちは本当の対話は始まらない，と私たちは考えている。でも役割を演じている状態，決められたステップで踊っている状態からどう抜け出せるかという問いに明確な答えはない。模索するしかない。だから疲れるのかな。

124

いりの　そう，疲れる。だからこの振り返りの場で「あー，疲れた！」って表明することも大事なんだと思う。

6-4　かわでクラス：委ねることの大切さ

おにつか　じゃあ，次はかわでクラスの報告をお願いします。

かわで　自画自賛します。13年間この授業をやってきて，こんなに「手放せた感」を感じたのは初めてかもしれない。受講生に場をあずけることができた。具体的にいうと，①社会人ファシリテーターやまもとさんからのメッセージ，②二，三人のグループ内対話，③この場にいる誰かに聞きたいこと，疑問に思っていることをフリップに書いて，全員で共有しつつ対話を深めていく，の三つ。どういう質問が出てきたかというと，「この授業を受けて，何か変わりましたか？私はあまり変わっていないです」とか「物語創作で自分の作品に満足した人はいますか？」とか「この授業に対して取り組む意欲がありましたか？」とか「自分は単位を取るために履修したが，毎週楽しみにして授業に来てる人はいますか？」……。ちなみに，最後の質問に対して手を挙げた人は，この質問を投げかけた人だけだった。すると別の受講生が「来るまではたいへんだけど，来たら勝ちだよね！」と返す。すると大多数の人が「来るまでは気が重いが，来ればイケテル授業」「対話ができる唯一の授業」などといった共感を示す。

ビリケン　ほとんどの受講生は，この授業が楽しいと感じている自分が恥ずかしいと思っている。授業が楽しいとなると，いい子ちゃんになってしまうから。模範的な学生というか。だからホントは楽しいけど，楽しいとは言えない。

かわで　ややこしいねぇ……

なかざわ　同調圧力ではないのか？そんなこと言ってはいけない，という圧力。

ビリケン　だから，だれか一人が「楽しい」って言いだすと，一気にあふれ出す。ぼくはそう思った。

きはら（担当職員）　確かに，大学生のあいだにはダルイと言わなければならない同調圧力がある。職員の目からみると，本学の学生は二極化していると見えますね。一部の「授業楽しい派」と多くの「授業ダルイ派」。この授業の受講生はほとんど後者だと思う。

いりの　ビリケンさんの言った「一気にあふれ出す」ですが，その瞬間に受講生は同調圧力の文化から解放され，ホンネで語りだす，自分と出会う，というようなことが起きたんだと思います。

しらたき この授業の自由について考えてみると，確かにこの授業では強制される
ことがあまりなく，ある程度自由に振る舞うことができて，それはそれで楽しい
ところもある。しかし，当然ながら場所と時間は決められているし，遅刻や欠席
もやかましく言われないから遅刻したり欠席したりすることもある。そうなる
と「自由で楽しい授業なのに行けていない自分はなんて不甲斐ないんだろう」と
いう屈折した意識が生まれて，余計に足が遠のいてしまう，そういうところがあ
るのではないかと思います。

おにつか 少し話を戻して，かわでクラスの導入のところで社会人ファシリテータ
ーのやまもとさんがお話しされた。そのお話が授業のなかにどう組み込まれた
のかをお尋ねしたい。

やまもと ここは私が語るより，かわでさんか社会人ファシリテーターのヨッシー
に語ってもらったほうが伝わるのかな？

ヨッシー やまもとさんはもともと，この授業のワーク，たとえば物語創作ワーク
の目的がわからないことにある種の不信感をいだいていた。そして合宿の授業が
始まるときにかわでさんに「物語創作の目的は何ですか？」と質問された。あと
になって，そう質問したことが受講生を動揺させたのではないか，運営する側に
対立があると思わせたのではないか，と反省しておられた。そういう背景があっ
て，やまもとさんからの提案で，今日の授業の冒頭にやまもとさんから受講生に
語りかける時間をもつことになったわけなんです。ただ私は，合宿でやまもとさ
んが質問したとき，受講生の反応はむしろ好意的だった，つまり多くの受講生は
やまもとさんと同じ疑問を抱いていたから，「よくぞ聞いてくれた！」的な雰囲気
だったので，今日やまもとさんが率直に釈明しているあいだ，受講生側にはむし
ろ「そんなツマンナイこと，もういいよ！」というような温度差を感じたんです。

なかざわ 謝罪したわけ？

やまもと いえ，謝罪はしていません。私が言ったことは，私のこれまでの経験か
ら，議論して闘って相手に勝つことより，対話を深め関係を構築することのほう
が大事だと思うし，この授業もそういう趣旨で運営されている。合宿での私の質
問も純粋な疑問から発したもので，かわでさんと対立してるとか，かみついたと
か，そんな意図はありません，という趣旨のことです。

いりの 私が気になるのは，そういった説明というか釈明というか，それは自分が
安心するためという側面もあるだろうということ。受講生側の疑念を振り払う
には授業中の振る舞いで示せばよいことのようにも思います。

やまもと　いま言われたことは，その後の授業のなかでも受講生から言われました。「自分は正直，単位のために来ているからやまもとさんとは温度差がある。が，自分も熱くなることがあるから，やまもとさんが熱くなっているのも理解できる」と。

うけば　ということは，最初から「自分の疑念を振り払うために説明させてください」という風に正直にきり出せば，受講生にはすんなり受け止められたのではないか？

おにつか　ただ，そうした受講生とやまもとさんとのあいだの，温度差ありのやりとりが，かわでさんが最初にいった「手放せた感」につながったわけですよね？それはどういう風につながったのでしょうか？

かわで　自分で自分のことを褒めるのは嫌なんですけど……

なかざわ　その前振りがウザイよ（一同爆笑）

かわで　私を含め四人のファシリテーターの個性を上手に引き出している感があって（一同騒然），学生ファシリテーターのビリケンさんが先ほど述べたやりとりを上手に引き取ってくれて，いくつか選択肢を提示しつつ受講生と同意のうえで決めるという段取りで②のペアワークに進み，そろそろ疲れたかなという頃合いを見計らって，個人ワークをやるか，ここにいる誰かに質問を投げかけることにするかを提示し，受講生の意向にそって③を運営していったという次第です。

おにつか　コンフリクト的なものさえ教材になっている感がありますね。その秘訣はどこに？

なかざわ　ヨッシー，ビリケンさん，やまもとさんからも一言ずつコメントをいただきたい。

ヨッシー　（醒めた口調で）かわでさんの「やったー！」感がどういうものかはわかりましたけどね……（一同爆笑）。

ビリケン　ぼくはかわでさんスゴイなぁ，って。

やまもと　私は今も混乱の渦中にあって，受講生の一人だったらどれだけよかったか，って思いました。ただ最後の，質問を投げかける場で受講生が何か言う度にドッと笑いが起きる。その笑いが，何の底意もない純粋な，全肯定の笑いだったのを聞いて，「ああ，この授業に参加できてよかった」と思うことができました。

なかざわ　まとめると，かわでさんの功績は，授業で何が起ころうと責任は自分にあると覚悟を決め，授業の運営はファシリテーターと受講生にゆだね，その態度を貫き通した，ってことかと（一同拍手）。

6-5　いりのクラス：ジェンダー差別発言とその対応

おにつか　最後に，いりのクラスから報告お願いします。

いりの　今日はようやく受講生と出会えた感がありました。①アイスブレイク（ジェスチャーゲーム），②教員による社会人との対話のフィードバック，③ペアワーク（テーマ：これまで／これから／生活／人）という構成でした。②では，差別的な表現が散見されたので，15〜20分ほど教員からミニ講義風にお話しした。それに対して受講生からのフィードバックから，誰か特定の人物が非難されていると理解したらしいことが伝わってきたので，起きた事実を言ったまでであり，非難の意図はないこと，差別的な発言は無自覚の刷り込みによって引き起こされるものであり，社会のすべての構成員に関わること，などを返した。

おにつか　実際に差別的なことが起きた？

いりの　ええ，社会人との対話の最中，女子学生のある発言に対して同じグループの男子学生から「そんなこと，結婚したらいいやないか，家庭に入ったらいいやないか」と不真面目でなく真剣に言ってた。これは明らかにジェンダー差別。だから，この振り返りの場でこういった情報を共有することがどれだけ大切なことか，って思います。

おにつか　なるほど。話し足りないところもありますが，すでに定刻を過ぎていますので，これでお開きにしたいと思います。どうもありがとうございました。

【引用・参考文献】
中西勝彦・川出健一・鬼塚哲郎（2020）「エッセーの作文と代読（朗読）を通した対話促進ワークショップの実践——低単位学生を対象とした授業を例に」『高等教育フォーラム』*10*: 53-64.

第
Ⅰ
部

第
Ⅱ
部

コラム 6　キャリア・Re-デザインに見出しているもの

川出健一

「大卒という学歴が食いっぱぐれない仕事につくために必要だと思い進学した。卒業するためには効率よく単位修得できれば良い。」そう考えている学生は少なくない。大学を就職までのひとつのハードルと考えているのだろう。

　一方で他者に秀でなければ，社会から認めてもらえない，良い会社に雇ってもらえないとも考えている。実際に大人の多くは，知識とスキル獲得を強く勧めるし，多くの人が教育の場はそのためにあると考えている。

> 　我々日本国民は，たゆまぬ努力によって築いてきた民主的で文化的な国家を更に発展させるとともに，世界の平和と人類の福祉の向上に貢献することを願うものである。
> 　我々は，この理想を実現するため，個人の尊厳を重んじ，真理と正義を希求し，公共の精神を尊び，豊かな人間性と創造性を備えた人間の育成を期するとともに，伝統を継承し，新しい文化の創造を目指す教育を推進する。（教育基本法前文より）

「民主的で文化的な国家の発展」と「世界の平和と人類の福祉の向上」に貢献するという，教育基本法に込められた願いに照らして，先の学生の考えはどうだろうか。はたして，「個人の尊厳を重んじ」る態度，「真理と正義を希求し，公共の精神を尊」ぶ，「豊かな人間性と創造性」につながっていくだろうか。

　中国の雲南省にモソ族という民族がいる。結婚のない母系社会を営んでいることで話題にもなったらしい。モソ族の社会には，性愛はあっても結婚はない。産まれた子どもは常に女系家族に属し，産みの親の下で生きていく。だから「父親」という概念がない。男も女も生涯，母親の下から自立する必要もない。結婚がないから婚外子の問題はもちろん養育費の問題や親権の問題は起こりようがない。母親は全員がシングルマザーという部族である。

　しかしながら，モソ族の平和と福祉の伝統文化は，貨幣経済が浸透してきた影響で，独占欲や格差が生まれたことで急速に失われつつあると聞く。

　その一方で，今現在，多くの識者が社会における分断や格差の弊害を語っている。不安や憎しみを助長し，信頼関係を失わせ，分断や格差を再生産するというのだ。

　現代のイデオロギーや社会構造は，不公正を永続させるような思考や行動を強化するようにはたらいているが，そうした不公正は最終的には全人類をおとしめるものだ。社会的な不平等を支えている制度・活動・社会的関係に参加している以上，私たちは否応もなく他者の人間性を奪う行為に関与しているのであり，私たち自身の自由も，信頼も，人間性もおとしめられている。（グッドマン 2017: 143）

　変わらなければならないのは社会の方ではないか。継承すべき伝統，創り出さなければならない文化が問われなければならないのではないか。社会の当たり前や常識が問われなくてはならないのではないか。

　「武装解除」は，キャリア・Re-デザインの特徴を言い表す一つのキーワードである。知識スキルを習得するための科目ではないという意味，「教員」「学生」「社会人」といった武具（社会的な役割）を外し一人の個人として場に会するという意味を込めている。

　「相互尊重」も大切なキーワードである。できるだけありのままの姿でいられる，思いのままの言動ができる「自由」を大切にしている。場にいるすべての人が，そのままで十分にユニークである。誰にも代えがたい存在として相互に尊重できるような場のしつらえに，授業に関わるファシリテーター全員が腐心している。

　現在，性的マイノリティや発達障害をもつ存在が広く認知されてきたが，キャリア・Re-デザインでは，15年前の授業発足当初よりその存在に配慮してきた。それは大学に生きづらさを感じている学生がいることを想定してきたことが背景にある。

　たとえば，本科目では「結婚」をテーマにした問いを受講生に向けることには，とても慎重な態度を取る。なぜなら，「結婚」という社会制度が包摂していない人々を意識するからである。

　この授業に参加していると，自分の見方の偏狭さや未熟さを発見してとまどうことが多々ある。理解が追いつかないこともある。立ち上がるのはすぐに正解の出せない問いばかりであり，普段使っている言葉の無力さを思い知らされる。でも，このような場だからこそ私はこの授業に魅力を感じている。

　自分の信念や社会の当たり前に対して距離を置くことができ，自分と価値観や考え方が違う他者に対して恐怖心ではなく興味関心を抱く，そういう姿勢や態度の育成こそいま教育の場に求められているのではないか。

第Ⅰ部

第Ⅱ部

【引用・参考文献】
グッドマン, D. J.／出口真紀子［監訳］田辺希久子［訳］（2017）『真のダイバーシティを
　めざして──特権に無自覚なマジョリティのための社会的公正教育』上智大学出版

07

7日目
5分間スピーチ

鬼塚哲郎・中西勝彦

【ねらい】受講生一人ひとりが，前回までの授業の成果をふまえ，今の自分はどのような状況にあるか，その状況をどうしたいと考えているかをスピーチにまとめ，クラス全員の前で発表する。発表を聴いた人たちは，発表をどう受け止めたかをコメントにまとめ，発表者に渡す。そうすることで，ある種の緊張や責任のニュアンスを帯びながら，スピーチを媒介とした感想・意見・価値観などのやりとりがなされる。
【到達目標】教員，ファシリテーターを含めクラスの全構成員が互いの人生観・生き様といったものを共有することで，自分がある種の「学びの共同体」の一員であることを自覚する。

プログラム	①	アイスブレイク クラスによりさまざま。受講生自身がシートをデザインすることをアイスブレイクとして利用するクラスもある。
	②	5分間スピーチ ○教員，ファシリテーターを含む全構成員が提示されたテーマにそって5分間スピーチをする。 ・テーマの例：「きょう，自分のことで，みんなに知っておいて欲しいこと」 ・テーマ設定，教室のしつらえ，発表順などはクラスの裁量となる。 ・共通のルール：5分間は発表者の持ち時間であり，話すことがなくなっても5分間は発表者席にとどまらなければならない。 ○スピーチを聴いている側は発表者のスピーチをどう受け止めたかをコメントシートに書く。 ・コメントシートをどの時点で発表者に渡すかもクラスの裁量。
	③	アンケート記入 ・授業の一環として行われるものと，研究目的で行われるものとがある。
	④	コメントシート交換 ・クラスによっては，発表者がスピーチを終わった際，コメントを書き終えた人から渡していく方法もある。

1 7日目のあらまし

鬼塚哲郎

　あらゆる学習活動にはオモテとウラの，二つの学習過程が同時に生起しているといわれるが，授業最終日に行う5分間スピーチと呼ばれるプログラムはその典型といえるだろう。オモテの，言語化しやすい意味は「現時点での自分を客観視することで見えてきたものをスピーチのかたちにまとめ，クラス全体で共有し，フィードバックをもらう。そうすることで，一つの「学びの共同体」の過程が完結したことを実感する」というものである。スピーチにまとめるためには自己内対話の深化が必要となるから，このプログラムは自己内対話を促す強力なきっかけを提供しているともいえる。

　これに対しウラの，意識に上りにくいもう一つの意味，埋め込まれた意味とは，「まとまった時間を使って自分の考えを述べることは，自己と他者に対するそれなりの責任を伴う行為であり，成長するための通過儀礼的意味合いを帯びる。責任を果たしたと感じる者，うまく言えず悔いを残す者，両者ともに成長の階段を一つ上がったと感じつつこの場を離れていく」というものである。

　私たちは，スピーチをうまくやれた者も悔いを残す者もどちらもそれなりに成長したと感じてもらいたいと考えている。しかし準備をしなかったためにシドロモドロになったり，時間配分がうまくできず手持無沙汰になったりした場合は，その事実をしっかり受け止めて欲しいとも考える。そうでなければ成長の階段を上がったとはとてもいえないであろう。そのために，「5分間は何があっても（たとえ沈黙が支配しようと）発表者席にとどまっていなければならない」というルールがあるし，教員やファシリテーターが書いて渡すコメントの中身がときとして辛辣なものとなるのも避けられない。いずれにしてもこのような措置が学習につながるためには，2日目で取り組んだ相互承認の場づくりが前提となる。

　スピーチをどう受け止めたかをシートに書いて渡す行為は，学びの共同体を意識させる強力なツールとなる。現在では多くのクラスが授業の最後の最後，もうこれでオシマイというときにコメントシート渡しを行っている。全構成員の手元には自分以外のメンバーへのコメントの束が残っているはずだから，いっせいに立ち上がり，相手を探しながらシートを渡していく。この場合のコメントシートは「修了証書」的意味を担っているのかもしれない。多くの学生があとになって「捨てられない。大事にとってある」と語っていることからも，シートが象徴的な意味合いをもつものであることがうかがえる。

　渡し終えた人から教室を去ることになるが，サッサと退出する者，去りがたいと

感じる者，LINE を交換して今後につなげようとする者，さまざまである。私たちもまた，「ああ，終わった！」という安堵感と「もうこれでオシマイなんだ」という一抹の寂しさを抱えながら教室をあとにする。

② 5分間スピーチの運営

中西勝彦

　授業最終日のメインワークは5分間スピーチである。受講生が5分間という時間をどう使い，何を語るのか。ファシリテーターはドキドキ，ワクワクしながら聴衆の中に混ざる。本節では，この授業の集大成となる5分間スピーチにおいて，私たちが工夫している点を述べる。

2-1　テーマを指定しないスピーチ

　最終日は授業のほとんどの時間を「5分間スピーチ」のワークに使う。これは文字通り，受講生が5分間を使ってスピーチする取組みである。最終授業でスピーチをするのは，キャリア教育授業の定番であろう。そこでは，「この授業で学んだこと，成長できたこと」や「これからの行動計画を発表しよう」，「将来の夢や目標を語る」といったテーマが設定され，学生は授業の集大成としてそれを語る。

　しかしこの授業では，そのようなテーマ設定はしない。私たちが受講生に伝えるのは「5分間を使って，このクラスメンバーに聞いてほしいことを何も見ずに話しましょう」ということだけである。これは一見するとテーマを提示しているようにみえるが，実際はそうではない。なぜなら，私たちが伝えているのは，時間（5分間）と対象（クラスメンバー）と行為（見ずに話す）であって，主題（何を話すのか）は指定していないからである。受講生は何を話すのかを自分で決めることになる。

　テーマを指定しない理由は二つある。一つは，テーマを指定すること自体が教室規範や学生文化を強化することにつながると考えているからである。もし教員が「この授業で成長できたこと」というテーマを設定したとすると，そこには「この授業で成長することは当然だ」という教員側のメッセージが含まれており，これを読み取った受講生は「教員が期待する成長ストーリーは何か」を模索することになる。

　私たちはそのような場の解体を目指して授業を行ってきたから，最終日に至ってもその方針に変わりはない。誤解のないようにしておきたいのは，私たちはテーマを設定することを否定しているわけではないということだ。授業の目的や教育目標

によっては，テーマを設定する方が妥当な場合もある。この授業でも，開講してしばらくの間はテーマを設定してきた。しかし，ここ数年，テーマの設定が対話の場を阻害しうること，そしてこの授業の目的にそぐわないことに気づき，テーマを設定しないことにしている。

　もう一つの理由は，受講生が話す内容を自分で考え，実際に話し，それを振り返るプロセスの中で自己内対話が生じると考えているからである。テーマを指定すると，受講生はその枠組みの中で話す内容を考えることになるが，その枠組み自体を疑う視点はもちにくい。たとえば，「この授業で学んだこと」というテーマの場合，学生は「何を学んだか」から考え始めるだろうが，そこに「本当に学んだのか？」や「そもそも学びとは何か？」といった問いを差し挟みづらい。しかし教養教育の文脈では，そのような疑いの眼差しを含めた自己内対話の場を創出することが重要であると，私たちは考えている。

　このようにテーマを設定しないスピーチとなると，「受講生はありきたりな話や表面的な話，世間話に終始するのではないか」，「授業としての秩序が乱れ，スピーチの場が混沌とするのではないか」，「本人でも受け止めきれないくらい重たい話が出てくるのではないか」などさまざまな懸念が生じる。このような懸念を低減するために私たちが行っていることは，スピーチのルールを強調すること，教室レイアウトを工夫すること，そしてファシリテーターも一人の参加者として「いま，ここ」での体験を大切にしながら参加することである。以下に，それぞれについてくわしく述べる。

2-2　ルールに埋め込まれたセーフティーネット

　先に述べた通り，この授業では受講生が何を話すのかを自由に決めることができる。表現内容を自身で自由に考えることができるという点では，物語創作ワーク（☞ 64-70 頁）と似ているが，以下の点において，その様相は異なる。すなわち，物語創作ワークは，フィクションを前提にしており，作品創作という外在化のプロセスを経てから発表するのに対し，5 分間スピーチはリアルな自分をライブで語ることになる。後者の方が，発表者本人のより率直な自己表現が期待できる一方で，ライブだからこそ起こりうるさまざまな懸念やリスクがある。たとえば，事前準備をせずその場をやり過ごそうとする者，アドリブで乗りきろうとするなかで言いたくないことをついつい語ってしまう者，その場の雰囲気やノリに流されて言いたいことが言えない者などが出てくることが考えられる。私たちはこのような懸念やリス

クを抑制するために，いくつかのルールを定めている。そのルールとは，「①この
メンバーに聞いてほしいこと」を「②5分間で語り」，それに対して聞き手は「③
コメントを書いて」，「④本人に贈る」が，この一連のプロセスや語りの内容は「⑤
成績評価にいっさい関係しない」というものである。①と②は重要な要素であるた
め後でくわしく述べる。③コメントを書くとは，各メンバーのスピーチが終わった
後，本人に対するコメントを紙に書く取組みである。そしてそれを④本人に直接手
渡す。この③と④は「このスピーチは双方向のやりとりである」ことを受講生に示
す役割もある。これによって受講生は独りよがりではない，聞き手の存在を意識し
たスピーチを構想するようになると考える。また，⑤はこれまでの他のプログラム
と同様に，教員の顔色をうかがったりするようなスピーチを抑制するための仕掛け
である。

2-3　「何を話すか」と「誰に話すか」の違い

　一般に，スピーチは話すテーマ（主題）が提示され，そのテーマの範疇で話す内容
を考えることになる。しかし，上述の通り，私たちはスピーチのテーマは提示せず，
代わりに5分間スピーチのルールとして上記①の「このメンバーに聞いてほしいこ
と」を話すように伝えている。つまり，「何を話すか」ではなく「誰に話すか」を示
していることになる。話す内容は受講生の裁量に任せるという自由度の高さは保ち
つつも，しかしそれによって生じるリスクや運営側の懸念を，関係性にフォーカス
したルールを定めることによって低減しようとしているのである。関係性にフォー
カスすることで，受講生は不特定多数の誰かに話すのではなく，この授業をともに
してきたメンバーに向かって話すという意識をもちながら，聞き手のことを想像し
てスピーチ内容を考えることになる。この「目の前にいる他者に話す」というルー
ルを示すことが，結果的に自分の言いたいこと，言えることを自由に話す場につな
がっていると私たちは考えている。ちなみに，このルールにはいくつかのバリエー
ションがある。それは，「メンバーに言いたいこと／伝えたいこと」，「メンバーに
知っておいてほしいこと」などである。また，「メンバー」の代わりに「みんな」や
「この場にいる人」とする場合もある。

2-4　「5分間」へのこだわり

　「5分間スピーチ」では，上記②の通り一人「5分間」でスピーチをすることがルー
ルになっている。私たちは，この「5分間」に強いこだわりをもっており，それは

受講生にも強調する。すなわち、「5分間で話してください。長くなりそうな場合も
できるだけ5分間で話せるようにし、また時間を持て余した場合も5分が経つまで
はスピーカーでいてください」と伝えるのである。

　なぜ「5分間」なのか。授業時間（2コマ＝180分）という制約の中で導き出され
る一人あたりの適当な時間が5分であるという側面もある。また、5分間はキリが
よい数字でもあるため、プログラムとして取り入れやすい。しかし、それとは異な
る「5分間」の重要な点がある。それは、「長すぎず短すぎない」である。5分間は、
話し手が話したい内容をある程度の密度で表現できる一方、あれもこれも話すには
足りない時間でもある。話し手は5分間で語りきれなかったことを後から振り返り、
自己内対話につなげることができるかもしれない。また、5分で強制的に終了する
ことによって、話し手が自身の世界に集中するあまり、ついつい本人も意図しない
語りを表出してしまうリスクを抑制する意味もあると考える。

　5分間という時間は、何も準備をしていない人にとっては簡単にやり過ごすこと
が難しい時間でもある。たとえ予定していた内容を話し終えたとしても、5分が経
つまではスピーカーで居続けなければならない。話し手が「こなす」だけではきり
抜けられない時間が5分間であると考えている。ちなみに、この残された時間は、
話し手の本音が吐露される機会になる場合もあれば、ただ沈黙が覆いかぶさるだけ
の時間となる場合もある。いずれの場合も、話し手の内省を促す契機になると同時
に、余った時間も含めて聞き手が話し手のことを理解する機会になっていると私た
ちは感じている。

　つまるところ、私たちはこれまでの授業実践のなかで、5分間という時間は、話
し手の人となりが密度をもって表現され、適度な準備を必要とし、本人が意図し
ない自己開示を抑制できる、最適な時間であるという手応えをつかんできた。ま
た、時間の長さとは別に、私たちは時間の区切り方にも留意している。5分間はタ
イマーによって計る。タイマーの機械音で時間を区切ることにより、人の情緒的
な判断を排除し、全員が「5分間」の権利を均等に引き受けられるようにしている
のである。

2-5　教室レイアウトの工夫

　スピーチの場を保つために、教室内レイアウトの工夫も重要である。工夫はク
ラスによってさまざまであるが、共通しているのは「スピーカーが誰なのかわかり、
そこに視線が集まる」ようなレイアウトにしている点である。一つの円で行うクラ

スもあれば，シアターのようにスピーカー席をつくり聞き手がそれを半円で囲むようにするクラスもある。また，聞き手は教室内の好きな場所に散り散りに座っているが，スピーカー席だけは見やすい場所に固定しておく，といった工夫もみられた。このことが重要なのは，スピーチ時にメンバーから「見られている」という意識がもてるからである。「見られている」という感覚は，注目されているという緊張感と，見守られているという安心感の二つの側面に分けられる。これらは，この場がパブリック・スピーキングであることを話し手に意識させつつも，話し手が語りたいことを自由に表現できる効果をもたらすと考えている。

　緊張感がないと，話し手は仲の良い特定のメンバーと会話的なやりとりを始めるかもしれないし，メンバーとの関係に甘えてウヤムヤな時間の使い方をするかもしれない。また安心感がないと，話し手は聞いてもらえているのか不安になり，聞き手の気を引くために自虐ネタを大げさに披露するかもしれない。もちろん，いずれの場合も本人がそのスピーチを振り返ることによって，自己の相対化につなげることはできる。しかし，それ以上に緊張感と安心感のない場は，教室規範を強化したり，学生文化を顕在化させたりして，そもそも対話が成り立たなくなる可能性の方が大きい。結果的にスピーチの振り返りにも至らず自己内対話にもつながらないものとなる。

2-6　「いま，ここ」を大切にするファシリテーター

　ファシリテーターの振る舞いも，場のホールドのために非常に重要であると考えている。しかし，ファシリテーターは場を仕切ったり，受講生一人ひとりのスピーチに対して口頭でコメントをしたりはしない。5分間スピーチでのファシリテーターの役割は，受講生と同じようにスピーチに参加するだけである。「受講生と同じように」というのは，ファシリテーターもスピーチを聞き，コメントを書くと同時に，話し手としてスピーチをすることを意味する。以下，ファシリテーターの「聴く」と「語る」について述べる。

　まず，「聴く」であるが，ファシリテーターは受講生に混ざって，話し手が有する5分間の権利の使われ方を他の聴衆と一緒に見届ける。上記ルールの⑤で受講生に示している通り，このスピーチ内容は成績評価にいっさい関係しないため，教員も一人の鑑賞者として自由にスピーチを堪能する。一人の鑑賞者としてスピーチを聴くということは，自然と各スピーチに対して「好き／嫌い」，「面白い／つまらない」といった個人的価値観に基づいて評価しながら聴くことになる。ここで重要な

のは，それらの評価は，教員として「良い／悪い」，「できている／できていない」と学生を評価するのとはまったく別物だという点である。スピーチ後には個人として感じたことをシートに記入し，本人へ手渡す。そのコメントは，教員やファシリテーターが書いたものというより，一人の鑑賞者が率直な意見を述べたものといえる。ただ一つ，ファシリテーターが鑑賞しているときに意識しているのは，話し手のスピーチや表現を最大限尊重し，それを受け止めることである。これまでの授業では，自分のことを雄弁に，丁寧に，とつとつと語る者もいれば，表面的にしか語らない者，世間話しかしない者もいた。また，5分間にわたって沈黙を貫く者や，終始聞き手との問答を繰り返す者もいた。しかし，いずれの場合であっても，ファシリテーターが彼らの5分間に口を挟むことはない。どんな内容であれ，どんなかたちであれ，それが話し手自身を表現していることに変わりはないと考えているからだ。ファシリテーターは一人の鑑賞者として，率直にスピーチを聴く。受講生の話が面白いと感じているときは前のめりに，不快だと感じている場合は眉をひそめながら，かもしれないが，いずれの場合も一人の人間として，「いま，ここ」で展開される彼らの表現に興味を持ち続けていることに変わりはない。

　また，「話す」についてだが，このプログラムではファシリテーターも受講生と同じ条件で話すことにしている。クラスによってはファシリテーターが最初に話すことで，例を示すところもある。ただし，この場合受講生とできるだけ立場の近い，学生ファシリテーターがその役割を担うことが多い。それは，教員が例を示すことで，逆にその場の規範を強固につくってしまう可能性があるからだ。その場の規範や雰囲気に配慮はするものの，基本的にはファシリテーターも一人の話し手として，自分がメンバーに言いたいことを率直に語ることになる。ファシリテーターだからといって，5分間をうまく使えるとは限らないし，みんなが感心するようなスピーチができるとも限らない。ファシリテーターも「いま，ここ」に身を委ねながら，語りたいことを語る。それだけでよいのである。そして，授業の最後にクラスメンバーからもらうコメントシートを読んで，さまざまなことを想う。それらの経験が，ファシリテーター自身の自己内対話へとつながることも，もちろん起こりうる。

3 7日目（最終）授業の振り返り会

鬼塚哲郎

　今回も2018年春学期7日目授業後の振り返り会を再現してお伝えする。各クラスの運営者および各クラスのスピーチのテーマは以下の通りである。

おにつかクラス	いりのクラス	かわでクラス	なかざわクラス
みなみ（社ファシ） うみんちゅ（学ファシ）	なかにし（社ファシ） しらたき（社ファシ）	ヨッシー（社ファシ） やまもと（社ファシ） ビリケン（学ファシ）	うけば（社ファシ） あいだ（社ファシ）
スピーチのテーマ： 「今の私についてみん なに知っておいてほし いこと」	スピーチのテーマ： 「今の私についてみん なに知っておいてほし いこと」	スピーチのテーマ： 「今、みんなに伝えた いこと」	スピーチのテーマ： 「今、みんなに伝えた いこと」

　今回の授業は5分間スピーチがメインのプログラムになっていて、2コマ授業の大半は受講生が5分間ずつテーマにそってスピーチし、他の受講生およびファシリテーター、教員がフィードバックを返すことに費やされる。

3-1　語りのスタイル

おにつか　今日はなかざわクラスから参りましょうか。

うけば　今期は意外と深い自己開示があり、面白いスピーチが多かった。受講生にとって、スピーチの機会が普段の授業ではほとんどない、ということを考慮に入れると、それなりに自分らしい言葉で語れているのではないか。

おにつか　私のクラスでは、最初の二人がとつとつと手探りしながら自分のことを語るというスタイルでスピーチしたので、そういうスタイルが定着したというか、そういうとつとつと自分を語るという経験そのものにも意味がある、自己開示や自己分析の度合いとは別の次元の意味合いが5分間スピーチにはあるんだ、と思った。

いりの　うけばさんのお話は、客観的なコンテンツの深さということより、何が伝わってきたかということを言ってるのではないか。

なかざわ　私のクラスには、明らかに自分のことは話したくないというスタンスの人が何人もいて、個人面談をした結果、理由があってそうしてるんだということがわかった。それは置いておいて、今回はとても和やかな雰囲気で推移したなぁと。遅れてくる受講生を温かく迎える雰囲気があったし、とつとつと話すスタイルの人たちがいたし、すでに友達になっている人たちというのも散見されて、つまり、ここにいるのは自分の気に入ってる人たちなので、聴いている人たちが不快に思わないよう配慮しながらしゃべっている感がありました。

いりの　それはあたりまえのことではないの？　防衛でもあるだろうし……

なかざわ　でもそれが防衛的に，身を守っている風には見えず，ある程度の自己開示をはさむことによって自然にそう見えるようになっている。要するに大人なんですよ。で，そのことに私はショックを受けてるんですよ。18から23歳くらいの人たちがこんなに大人って，スゴクない？　私はそうはなられへんワ，って思う。

うけば　大人って，どういう大人？

なかざわ　要するに相手に配慮して，相手に誠意が伝わるように，ただし激しい感情の動きが起こらないように，パブリックに話す，ということかな？

3-2　安全な場

あいだ　スピーチのなかには，「この授業のそれぞれのプログラムの意図はサッパリわからんかったし，自分には何の変化も起きなかった」というものもありましたが，そういうことを教員やファシリテーターの前で堂々と言えることが伝わってきた。それにそういう意見が出されたとき，みんながそれに同調するでもなく，自分の言いたいことが言える場なんやな，という空気が満ちていたように思いました。安全な場というのかな。

おにつか　「安全な場」というキーワードが出てきましたね。

うけば　そうかと思うと，「授業の意図は十分理解できました」と真逆のことを，でも反論というトーンではなく表明する受講生もいた。

なかざわ　そうそう，真逆の意見が穏やかに表明される。まあなんて大人な人たち，スゲエなぁって思うわけです。

おにつか　安全な場を構築できた，という成果が見えたってことですね。ではかわでクラスにいきましょうか。

かわで　今回感じたのは，スピーチの話し手にどうしても目が行きがちになるんだけれど，聴き手のなかに起きていることも大きいんではないかなぁ，ということですね。ただその成果がどこに出てくるか，って言われると，よくわからない。

なかざわ　私のクラスでは最後に車座になって一言ずつ感想を述べ合ったんですけど，そのときに一人の受講生が「話すことも難しいけど，話を聴くことが難しくまた大切だなって改めて思った」というのがあって，気になったので「どうして大切だと思ったんですか」って聞いてみた。そうすると「5分間スピーチをしっかり準備してきている人が少ないので，言葉遣いが適切でなかったり，話が飛んでしまったり，構成が複雑だったりする。なので相手が本当に伝えたいことは何

なのかなぁと考えながら聴くのが難しい」と。

いりの　私のクラスでは，みんな集中して聴いていて，話し手と聴き手の交流の深さを感じた。全員が一つの雲のなかにいるような。それと，「誰それがこう言ったけれども……」という風な引用がとても多かった。よく聴いてるんだなぁと。それから「安全な場」というものが初めて感じられました。あと，時間に余裕があれば自分も話すことになるけれど，どんな話をしようかなぁと考えたとき，「きっと学生と同じような話をするだろうな」って思えた。それは，受講生に気を遣うというより自分を守るため，というか。クラスの人数も関係してるかと。19人という人数は微妙で，完全に安全ともいえないけれど，それなりの安全な場的なものは築かれている。

なかざわ　安全な場ってことでいうと，受講生の一人が授業で起きた変化を「自分への肯定感，表現すること，また表現を遮られたり，拒まれたりせず，認めてもらうことで，自分を認めるようになったこと」と表しているんですよ。「安全な場」というのがこういうことを意味するのであれば，この授業は安全な場になっていると思うし，こう述べた学生は他の授業ではそういう場を提供されていないわけだし，プライベートな部分でも提供されていない可能性はあるので，「安全な場」を提供することに意味があることは間違いない。だとすると，1クラスの人数が22人になろうが25人になろうが安全な場を提供すべきだって話になるわけですね。一方で，今回20人前後の受講生を抱えて，その場の雰囲気が非常に大人的なものであったとしたら，人数というファクターがそこに働いている可能性はある。これまでのようなもう少し人数の少ない授業であれば，深い自己開示もありうるしそれに伴うリスクも大きくなる。しかし15名くらいまでのサイズだと対処可能なのです。たとえばある種暴力的な発言があったとしても，対処は可能。それが今回のように20名を超えるクラスになると，もはやそうしたリスキーなことは起きない，ということが証明されたのではないかと考えるわけです。

おにつか　いやぁ，私は人数のファクターよりは，受講生の履修動機が大きいのではないかと思ってます。最近キャリア科目が必修化されてる学部が四つほどあり，その影響でこの科目での低単位学生の割合は7割くらいに低下しているんですね。低単位だから，とか勉学にモチベーションがわかないとかではなく，キャリア教育の単位が必要なので，という受講生が3割くらいいる。その影響があるのではないか。どんな影響かって問われると，まだわからないんですけど……

いりの　私のクラスにも，声の大きい人たちに巻き込まれない人たち，クールに見てるだけの人たちがいた。

なかにし　いりのクラスのなかにしです。今日のスピーチは意外によかった。よかったんだが，それはこれまでのクラス運営とはあんまり関係ない気がする。聴き手を個人として捉えているというより一つの集団，言ってみればたくさんのカボチャを前にしゃべってる感じがした。なので，個人個人との関係をはかって，というよりは一つの集団を前にして自問自答していた。今までは，たとえば時間が余ってしまったとなったとき，聴き手の誰かに質問をしたり，ヘルプを求めたりするケースがあったのだけれど，今回はほぼなかった。集団に向けてしゃべっているからこそ，自問自答できるし，聴き手も「あ，この人ってこんなこと考えてたんや」とクールに反応する。だからようやく授業が始まった感がありました。

みなみ　私もその感覚はあって，おにつかクラスでも強い感情の表出というのはあんまりなくて，「それって本音なん？」と問いたいものが多かった。なんか話し慣れてるところがある。そういう意味で私にはもの足りなさが残ったので，飲み会を開きたいって提案したんですよ。普段はそんなこと言わないんですけど。なんか物足りない。

なかざわ　知り合った感じがしないってこと？

みなみ　いや，知り合ってはいる。

おにつか　知り合ってはいるが，距離感がある。そういう意味で大人な人たち。

いりの　今回聴き手が助け舟を出すということがみられなかったのは，私たちが「5分間はスピーチする人の持ち時間ですから，中途で終わったり途切れたりしても5分間は自分の持ち時間として尊重してくださいね」というメッセージをしつこいくらい出したってこともあるんじゃないかなぁ。5分間という決まり事なんだから，助け舟も茶々も入れられないと彼らは感じたのではないかしら。

なかざわ　話し手と聴き手のあいだにインタラクションが起こりにくかった？

なかにし　インタラクションはあったと思うんですが，別のスピーカーの話した内容に言及することのほうが多い。

なかざわ　普通のパブリックスピーチってそうだよね。

なかにし　なのでスピーチの順番があとになるほど時間をオーバーしていく。最後の四人ほどはタイマーが鳴ってもそれを止めて「話を続けます！」。

いりの　それと，途中で終わって時間を持て余した人がクラスで一番声の大きい人に視線を送って助け舟を求めるということも何回かあった。

なかざわ　儀式になってる感じがしますねぇ。困ったときにはその仕草をする，みたいな。しらたきさん，ビリケンさん，ヨッシーさん，どう思いました？

しらたき　初めの頃は不安を感じていたけれど，今日のスピーチはあるがままを見られた感があった。途中で終わった人も時間をオーバーした人も，自分の中にあるものを手探りで探しているという点では共通していた。

いりの　初めの頃の不安というのは？

しらたき　私は，この授業のことを「何かが起きる場所」というイメージで捉えていて，「何かが起きたときにはそれを楽しもう」っていうくらいのスタンスで関わってきたのが，今学期は受講生の側に防御の姿勢が強く感じられて，この最後の5分間スピーチでやっと自分のことを話せる場になったと感じた。逆に言うと，なんというか，受講生のそうした姿勢にそった運営がなされた，ということかな。これまでだと，声の大きい人がいて，その人が授業運営に挑戦的な態度で茶々を入れてくるということがあったが，今回はそういうこともなく……あと，なんか「いいこと言わなきゃ」という印象を今回は受けなかった。ネガティブな話をする人もいれば夢を語る人もいて，それぞれが思ったままにしゃべっている……みんなに聴かれていることから来る不安や緊張というより，自分の中から湧き出てくるものがないことから来る不安を抱えつつしゃべっている印象でした。

ビリケン　かわでクラスのことですが，初めの頃ちょっと注意して見てないとあかんな，と思ってた人たちが，今日のスピーチでは一番自己開示できてた印象でした。逆に，初めのうち「授業の場を荒らしたりはしないだろう」と思えた人たちのスピーチはありきたりで，あんまり面白くなかった。同じようなことを言ってた印象。それがなぜなのかはわからないですが……

ヨッシー　同じクラスのヨッシーです。私はもともと5分間スピーチが大好きで（一同「へえ〜〜〜」），とても楽しみにしてるんですけど，これまでそういう期待が裏切られたことは一度もない。今日もそうで，面白いスピーチも面白くないスピーチもたくさんあったけど，全体としてはとってもよくって，さっきから出てたいろんな意見，なに言ってるのかサッパリわからない。まあ，それは私が「大好き！」っていうフィルターを通して見てるからかもしれませんけど。ところで，他のクラスではファシリテーターの人たちもみんな5分間スピーチしたんですか？　かわでクラスは時間に余裕があったので，全員やったんですが……

3-3　ファシリテーターのスピーチ

なかにし　いりのクラスではやってません。

なかざわ　うちは全員やりました。受講生からのフィードバックももらいました。そのなかには「ファシリテーターも平等にワークに参加してくれたのがよかった」というコメントもありました。

みなみ　おにつかクラスでは私とうみんちゅが話しました。

ヨッシー　今回一つだけ「ムムム」と思ったのは，毎回授業の感想とかなぜ履修したかを語る受講生がいるじゃないですか，今回はそれがめっちゃ多くて，それを話すと2分くらいは経つ。その学生がかわでさんに「あと何分ですか？」と尋ね，「あと2分あるよ」「あー，あと何話そうかなぁ？」ってなる。そうすると趣味の話になったりして，さっきの話をもっと展開してくれたらいいのになぁ，なんて思ったりするんですけど……

みなみ　おにつかクラスではそういうのはなかったな。なんかもがき苦しみつつ話す人が多かった。

ヨッシー　かわでクラスも後半になるとそういうパターンが増えてきた。

いりの　5分間というのは結構長いので，最初に適当なことを言って，でもそれがたとえば2分で終わって，ウッと追い詰められたところから面白いものが出てくるっていうパターンがありますよね。でも今回はそのパターンは一人だけだった。

みなみ　そう，みんな話し慣れたことを話してる印象がある。

やまもと　個人的な感想ですが，この授業に参加して初めのうちは「受講生はみんな大人やなぁ」と感動して聴いていたんですが，だんだんと「ひょっとするとこちら側が喜びそうなことを言ってるんじゃないか」という疑念みたいなものを感じるようになった。スタッフの側は本音で対話したいのに受講生はスタッフが喜びそうなパーフェクトな発言をしてくる。それが悲しかったから，そのことを今日の5分間スピーチで言ったんですね。そうするとフィードバックシートに受講生それぞれがコメントを書いてくれたので，最後の最後になってようやく本音の対話が少しできたのかな，と。ただ，20歳そこそこの人たちが大人の意向を先回りしてパーフェクトな受け答えをするようになってるというのは可哀そうというか，そういう風にさせている私たち大人の責任でもある。話が大きくなってますけど。だから「学生さんたち，ごめんなさい」という感じでした。

なかにし　いりのクラスは時間がなかったのでファシリテーターはスピーチしなか

ったんですが，これまで13年間この授業に参加してきて5分間スピーチをやらなかったことは一度もなかったにもかかわらず，スピーチできなかったことが少しも残念でなくて，こりゃヤバイなと。

おにつか　ヤバイ，というのは，授業にコミットできていなかったことがヤバイ，という意味？

なかにし　そう。斜に構えていた。

なかざわ　受講生と同じ目線に立ってない，ってことね。

おにつか　そろそろ時間ですが，結論としては，受講生層に変化がみられるけれども，どう変化しているかはもう少し時間をかけて見ていく必要があるだろう，というところで終わりにしたいと思います。

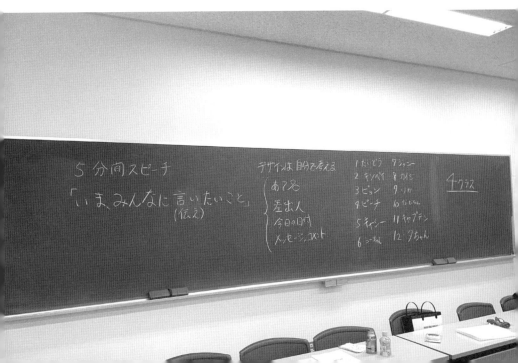

コラム7 「キャリア・Re-デザイン」という思想
：答えの出ない問を問う

山田創平

本書の執筆に関わりながら，私はこのキャリア・Re-デザインという授業を担当するなかで経験したさまざまな出来事を思い出していた。授業を担当した期間は10年に及び，その間に出会った学生も数知れない。私はこの授業に関わりはじめた当初，そしておそらく現在も，キャリア・デザインという概念を信用していない。キャリアなどデザインできるはずがないし，「デザインできますよ」という語りがあるとすれば，それは嘘である。ましてや「リ・デザイン」など，おこがましい話である。それは一歩間違えばこの世に「正しい人生」と「間違った人生」があるような語りになりかねないし，「今までのあなたの人生はいまいち」だったから，デザインし直して「良い人生にしていきましょう」という話にもなりかねない。いうまでもないことだがそのような実践があるとすればそれは教育ではなく，いつの時代にもある手垢のついた自己啓発のたぐいである。それらはもちろん学問などでもありえない。大学は学問の場であるから，キャリア・Re-デザインという実践も思弁的でなければならない。

キャリア・Re-デザインの現場は，議論の場でもあったので，意見が異なる教員やファシリテーター，学生と長時間にわたって，ときには朝まで話し合うことも少なくなかった。こう書くと話し合いの場が何気ない日常の一コマのように感じられるが——そして実際そうだったのだが——このことは，昨今の大学にあって，いくら強調してもしすぎることはないぐらいに貴重なことである。そもそもまったく意見の異なる人たちが，一つの教育プログラムの運営のために集まり，一から議論するなどということ自体がまれである。キャリア・Re-デザインを担当していた10年間にも記憶に残る議論の場面がいくつもあった。ある社会人ファシリテーターは人生には成功する人生と，みじめな人生とがあると語っていたし，また別の社会人ゲストは，挨拶の角度や目上の人の言うことを素直に聞く態度こそがその人の価値を決めると語っていた。それはそれで一つの意見だろうが，根拠を示さずに価値や意味を定め，答えらしきものを示しているという点で，私にはそれらの発言は学問以前であると感じられたし，そのような人間観は，人という存在をあまりに矮小化していると感じられた。だからそのような意見が示されると，その都度私は異議を唱えることになったわけだが，そのせいで面倒な人と思われていたふしもある。本稿はコラムなので，私の考えを自由に書くことがで

きる。せっかくなので，今まで考えてきたことを書いてみたい。

　私はキャリア・Re-デザインを担当している間，人がこの世に存在するということは，どういうことなんだろうかと考え続けていた。そしてその答えはいまだに出ていない。この種の問いに関して，大学院で哲学史を一通り学び，すでに自分なりの解答をもった気になっていた時期もあったが，授業を通じて多くの人生にふれるなかで，その自分なりの解答は揺れ続けた。それゆえ今この時点においても答えは出ていない。そしてキャリア・Re-デザインという経験が何だったのかもまた，よくわかっていない。ただ，そのようななかにあっても，自分のなかにずっとあり続けた思いのようなものは確実に存在していた。それは一言でいうなら，人をはじめとした「存在」は常に「無限の可能性に開かれている」という認識の重要性だったように思う。それは善悪ではなく，単に現象として，人が生きてこの世にあるということは無限の可能性に開かれているということでしょうという事実認識に過ぎない。「無限の可能性に開かれる」という言い方はやや前向きな響きをもつが，それは言い換えれば，あなたは明日死ぬかもしれないし，明日世界は滅亡するかもしれないという意味も同時に含む。そしてその可能性は高くはないかもしれないが，決してゼロではないということだ。私が生きる世界はそういう世界だ。私自身を含みつつ私が生きるこの世界はそのようにあいまいで，不確実で，無限の可能性に開かれているからこそ，私はこの世界を生きるに値すると実感する。今になって思うと，授業では，手を変え品を変え，そのような私の考えについてどう思いますか，と学生や同僚に問い続けてきたように思う。このような考え方は，もちろんキャリア・Re-デザインの担当者の間で共有されている考え方ではない。ただ私にとって「キャリアを考える」とはそういうことだったのだと思う。

　一つ例を挙げよう。私の出身地である群馬県高崎市に，かつて山田かまちという，絵を描き，詩を書く少年がいた。彼は多くの水彩画やスケッチ，詩や文章を書き残し，1977年の夏に17歳で死んだ。その12年後に，かつて彼が通っていた高等学校と同じ学校に入学した私は，彼の話を人づてに聞いて強い興味をもった。その数年後，無名だった彼の詩や文章がたまたま出版され私はようやく彼の作品にふれることができた。そしてその作品群は，今でも私の人生の支えの一つであり続けている。人はどこかの時点でこの世に生まれ，いつか必ず死ぬが，それがいつ，どのようにもたらされるかは誰にもわからない。そしてあるとき誰かが死んだとして，その死が周囲の人たちにどのような影響を与えるかもわからない。おそらく私は彼の作品に影響を受けた一人だが，もちろんそれは山田かまちが意図したことではない。私が彼

の作品から影響を受けたとして，そのきっかけは「同じ高校に入学した」という事実だろうが，それも単なる偶然に過ぎない。それらはすべてたまたまであり，そこには何の「予定」や「計画」も存在しない。しかしその偶然の出会いは，確実に私という人格や私の人生を深淵から決定しているように思えてならない。

　大学院で私の修士論文の副指導教官をつとめた三浦玲一先生と話をしていたとき，そのような感覚を「偶有的」とか「偶有性」というのだと教えられた。偶有性はアリストテレス以来，哲学の歴史上さまざまな切り口から説明されてきたが，ごくごく単純にいえば，なにか出来事が起こったとき「これは確実に偶然だけど，でも必然としか考えられないよな」という感覚，あるいは逆に「これは必然的に起こったことだけど，考えてみれば偶然とも言えるよな」という感覚に近い。考えてみるとこの感覚はその人の人生を決定するような出会いや出来事といった「大きなこと」に関してとくに感じやすいが，日常のささいな出来事についてもいえることがわかる。たとえばいつもは机の右側に置くコップをその日だけ左側に置き，その結果コップに手があたってそれを落として割ってしまったとする。その一連の出来事は偶然だけれども，しかし同時にその出来事にはどこか必然の影も感じる。中世神学ではそこに神が創造した世界がもつ「予定性」をみるだろうし，精神分析であればそこに無意識をみるかもしれない。だがいずれにせよ偶有性の感覚は人が生きるときに逃れがたくつきまとうものであり，偶有性について考えることは，人が存在し生きるとはどういうことなのだろうかという問いとそのまま重なる。ジル・ドゥルーズはそのような世界のイメージを「卵」を例に説明しようとする。卵（卵子）について考えるとき，私たちはそれがひよこの「もと」であるということはわかるのだが，そのどこの部分がクチバシになり，どの部分が羽根になるのかはわからない。その意味で卵子は流動的で不確定で曖昧でよくわからない偶然性にあふれた可能体として存在している。しかし同時に，私たちは「卵はやがてひよこになるよな」という必然的な感覚も同時にもつし，実際にそれはひよこになる。「存在」は原理的につきつめると，一本の物語のような一貫性と，いかようにも別の存在になり得た無限の可能性の，その双方の面をもつ（ドゥルーズ 1992：371-375）。

　私は日々，教育に携わっているので，ある種の責任としてこの世界を「生きるに値する世界」と信じているし，本当にそう思っている。だから学生には元気で長く生き，想像もつかないような素晴らしい経験をたくさんしてほしいと思っている。だが同時に，これも教育に携わり，人文諸学に携わる者，つまり原理的に思考することを旨とする者の責任として，あなたはいつ死ぬ

かわからないし，世界はいつ破局するかわからないとも語る。私が大切だと思うのは，その無限の可能性の間合いで生きるという自覚である。そのあいまいで頼りない世界を生きるための，強度をもった原理的な思考力や世界観こそが大切なのではないか（ハンナ・アーレントであればそれを「複数性に耐えよ」と言うかもしれない）。私たちは世界のほとんどの事柄をいまだ知らない。宇宙の果がどうなっているのかも，時間がいつ始まったのかも，きちんと理解してはいない。その何もわからない世界を生きるという現実を，苦しいと思うのか，楽しいと思うのかは，まさに紙一重の違いであろう。生きていると，病気になったり，大好きな人が死んでしまったり，災害にあったり，困難なことが次から次へとやってくる。偶有的な世界観に立つとき，それは必然であり運命であり，また同時に偶然であると言える。しかし少なくとも私の場合，困難な状況に陥ったとき，それを一方的に「偶然」と捉える傾向が強いこともまた自覚している。だがその偶然のできごとはまた，必然でもある。いわゆる「死の五段階」で知られる精神科医のエリザベス・キュブラー・ロスは自伝のなかで「逆境だけがひとを強くする」と語っている（キューブラー・ロス 2003）。その逆境を，人は偶然起こった不幸なことと捉えるかもしれない。しかしその人の人生においてその逆境には必然的な意味もまたあるはずである。自分がその「意味」を実感するのは，自らの経験を他者に語るときであるかもしれない。その時，ただただしんどい「偶然の」出来事であったそれは，自分の人生において一つの物語になり，意味あるものとなる。それは単に幻想や錯覚でそう感じるのではない。世界が偶有的に存在する以上，そこには実際に必然があり，その出来事は自分の人生において意味があったのだ。それは世界のもう一つのリアルな側面，必然性，世界が存在することの意味が回復され，取り戻される瞬間のようにも思う。それは自らの経験を他者に語ることで，自らの人生が原理的に無限の可能性に開かれた，いかようにもあり得た存在であることを知ると同時に，他者の人生と自らの人生がいまこうして交わっていることを感じ，そこに逃れがたくある「めぐり合わせ」や「運命」，「物語」にもまた気づかされるという経験である。私はキャリア・Re-デザインという授業のなかで，まさに運命としか言いようのないさまざまな出会いを通して，ずっとそれをやり続けてきたように思う。そしてこのような出会いのなかで実感するのは，くっきりとした輪郭をもって立つ一人ひとりの存在と，その存在感の確かさである。カントはかつて「人間性ならびにすべての理性的本性一般は，目的自体そのものである」としたうえで，あの有名な言葉，「理性的存在者のおのおのが，じぶん自身とあらゆる他者たちとを，けっしてたんに手段としてのみではなく，つねに同時

に目的自体そのものとして取りあつかうべきである」（カント 2013）と語った。いま，新自由主義的な社会動向のなか，他者を単に利益を得るための手段として捉える動きが加速している。そして大学もまたこの動きに，完全に巻き込まれつつある。産業界の要請によって，大学が「有為な人材」の養成機関となること，学生を学費を払う「顧客」として扱うこと，教員や職員や学生が，それぞれの利権を守ることに汲々とし，それゆえにそれぞれの役割を忠実に演じてその枠組みから踏み出さず，それぞれの人そのものと「出会おうとしない」こと。人を手段として扱うとは，こういうことである。そうではなくて，たとえ何の利益がなくとも，人は出会うものではないか。その出会いを，そのままそっと受け止める，ただそれだけの授業があっても，またよいではないか。

　私に偶有性という言葉を教えてくれた三浦玲一先生は 2013 年に 40 代の若さでこの世を去った。死の前年に，幸運にも私は三浦先生と共著で一橋大学から書籍を出版する機会に恵まれた。彼はいつもあまり人を褒めなかったが，私が書いた章について「いいね」と言ってくれた。私は今でも学問上の岐路に立つとき，三浦さんだったらきっとこう言うだろうなと想定して考える。20 年前に朝まで居酒屋で話し続けたときに彼が言っていたことを，学生だった当時の私はよくわからなかったが，今さらながら思い出し，じつはその一言が私の人生に深い影響を及ぼしていたことに気づく。人との出会いはまた，このようにして成し遂げられることがある。つまりそれは，ときを経て，死者ともまた出会うという経験である。古典を読む（つまり著者が死んでいる）ということの意味を，そのとき私ははじめてきちんと理解したように思う。それは死者と出会い，死者の声を聞くという経験であって，授業のなかで人々が出会うという経験と，基本的には同一線上にある身体的な経験なのだ。人と人との関係は，教員とか学生とか社会人とか，年齢とか性別とか，そういった枠組みで整理するにはあまりに過剰で豊かなものであるし，現時点での人間関係が，今後も同じ意味を持ち続けるとも限らない。ここでもまた人の存在や，人と人との関係は，一つの物語のように必然的であり，また同時に，まったく意味のわからない無限の可能性，豊かな可能性に開かれている。

　私はキャリア・Re-デザインという授業を通して，私という存在のリアリティを恢復してきたと感じている。授業・大学という限られた時間と空間のなかで，教育というシステムや技法の名を借りつつも，それらを徹底的に疑い，自壊に導くような実践が可能なのだと実感できたことは，私の教員人生において大きなことであった。そのような実践が可能となった背景には，自由に

自らの意見を言うことが許される授業運営の環境があったことはいうまでも
ない。この授業で，教育という名を借りつつ，ずっと学び続け，考え続けて
いたのは他ならぬ私自身であったのだろう。それだけはおそらく疑いがない。

【引用・参考文献】
カント, I. ／熊野純彦［訳］（2013）『実践理性批判・倫理の形而上学の基礎づけ』作品社（原
　　著は 1785）
キューブラー・ロス, E. ／上野圭一［訳］（2003）『人生は廻る輪のように』角川書店（原
　　著は 1997）
ドゥルーズ, J. ／財津理［訳］（1992）『差異と反復』河出書房新社（原著は 1968）

第Ⅰ部

第Ⅱ部

第Ⅱ部

「キャリア・Re-デザイン」を考える

08 授業評価を考える

鬼塚哲郎・中沢正江

1 評価方法

中沢正江

　この授業の評価項目は，現行のシラバス（2019年度現在）では，「授業参加への意欲40％，成長の度合い20％，定期試験40％」と設定されている。

　この授業にとって評価方法は非常に繊細な問題を抱えている。本書でいう「学生文化」の一部である「単位を取ることのみが授業に参加する目的である」という単位至上主義は，成績評価と密接に関係しており，受講生とファシリテーターの関係を常に脅かし続けている。この意識的・無意識的な単位至上主義の圧力から逃れることが，この授業で「対話の場」を成立させるためにもっとも重要なことの一つなのである。

1-1 定期試験

　定期試験は，第Ⅰ部で紹介した全7日間の授業期間後，間を置いて大学の設定する試験期間内に実施される。定期試験は，次節に述べるシンプルな2問によって構成されており，受講生は自由記述（1問につき，500文字〜1000字程度が多い）によって回答する。定期試験の実施・採点のタイミングは，計7日間の授業実施期間とは独立しており，受講生とファシリテーターとの対等な関係性に影響を及ぼさない。このため，採点時のファシリテーターは，評価者としての視点から，受講生の記述を問題なく評価することができる。このタイミングでは，教員ファシリテーターは通常の授業における教員の役割意識と同様の意識となって差し支えない。試験答案の採点は，まずクラス担当の教員ファシリテーターが1問20点で，記述内容を評価し，全受講生分の評価を終えることから始まる。このとき，教員ファシリテーターは7日間の受講生の振る舞い・発言を思い出し，それが本心からの記述であるかどうか，表層的な取り繕いやリップサービスでないかを考えつつ，内省の深さ（記述上の自己内対話の深度）を中心に評価する。すべての評価を終えた後，他クラス担当の教員ファシリテーターと答案を交換し，他クラスの受講生について同

様に評価する（ピアレビュー）。授業に関する価値基準を議論によって共有してい
るせいか，ルーブリック[1]があるわけでもないのに，評点がばらつくことはほとん
どない。しかし，クラス内に数例，評点に差が出る場合もある。その場合は，評点
が異なる二者間で，なぜそのような評価になったのかについて議論して評価結果を
吟味し，議論の結果によって修正を加えることがある。このような定期試験の評価
結果の擦り合わせを「採点会議」と呼んでいる。なお，定期試験に出席しなかった
場合は，試験の棄権により単位が修得できない制度になっている。

　当然ながら，「前向きな記述が望ましい」とか「他者に対し好意的である記述が
望ましい」といった基準はこの授業では共有されない。一見，自己防衛的であった
り自暴自棄にもみえる結論についての受講生の論述から「こういった深まり方もあ
るか」と教員ファシリテーターが驚きを覚えることもある。あくまで自己内対話の
「深さ」を重視するのである。そのような事例は採点会議で，しばしばポジティブな
驚きとともに共有されている。

1-2　授業参加への意欲と成長の度合い

　「授業参加への意欲」は，単純に授業の場を「どの程度経験したか」を評価する。
すなわち，参加時の態度や発言はあえてまったく考慮せず（この「まったく」とい
うことが徹底されていないと受講生が感じている場合は，単位至上主義が持ち込ま
れ対等な関係性が崩壊しやすい），授業への参加時間を基準として評点を付与する。
なお，面談に「出席したか否か」もこの項目に含まれている。「成長の度合い」の
20％は，クラスによって運用の仕方が異なっているが，最近は授業参加への意欲と
同様の意味合いが強いため，授業参加への意欲と合算して授業への参加時間で評価
するクラスが主流である。授業の参加時間は，基本的に自己内対話・自己－他者対
話に費やす時間であるので，自己内対話・自己－他者対話をどの程度実施したかを
時間によって擬似的に計測しているという意味合いがある。

　授業実施期間は「評価者」としての意識を受講生・教員ファシリテーター本人と
もにできるだけ遠ざける必要があるので，初日授業にこれらのことは受講生に開示
される。授業が実施される7日間において教員ファシリテーターが何かを「好まし
い」とか「好ましくない」といった態度表明をしても，それは評価者による評価基

1）評価基準の合意結果をまとめたもの。一般的には複数の評価項目について，各項目の各グ
　　レード（不可，可，良，優，秀）の要件をマトリックスのかたちでまとめることが多い。

準の表明ではなく，単に一人の人間の嗜好の問題として受講生が受け入れることは授業内の対話において重要なことである。このため，「授業参加の意欲」については，「単純に時間で評価している」ことは明確に伝え，受講生と共有しておく必要がある。

2 試験答案から読み取れる受講生の変化

鬼塚哲郎

　もともとこの科目は開講以来 2012 年度まで，試験というものを実施してこなかった。当初の授業の目的は，受講生がグループワークや社会人との対話を通じて多様な価値観を知り，そうすることで自身が内面化してきた価値観を相対化し，新たな自分の将来に向けて一歩を踏み出すところに置かれており，一歩を踏み出す，行動を開始するというようなことを試験で測ることはできないと考えていたわけである。

　ところが近年，授業のプログラムを受講生への一連の刺激と捉え，刺激に対して受講生が応答していく，その応答がとりもなおさず授業のコンテンツであること，そして，この刺激と応答は自己 – 他者対話と自己内対話というかたちを取ることもみえてきた。だとすれば，授業終了後，数週間経った時点で実施される定期試験において授業体験をもう一度振り返ってもらうことは，とりもなおさず受講生に自己内対話の機会を提供することになるのではないか，試験の答案によって受講生を評価することはもちろん大切だが，試験は自己内対話を引き起こす強力なプログラムともなりうるのではないか，と私たちは考えた。「一歩を踏み出す」とは，「自己内対話の精度を高めることで主体的に行動できるようになる」ことを意味するのではないか，と。

　こうして実施されるようになった試験の問題はきわめてシンプルなもので「授業で体験したことをできるかぎり正直かつ具体的に書いてください」「授業終了後に起きた，自分の行動における変化についてできるだけくわしく書いてください」の 2 問だけである。「正直かつ具体的に」「できるだけくわしく」と言っているのは，個々の受講生が体験したことそのもののリアリティを伝えてほしいからである。

　ここで自己内対話が深化したとみられる答案例をいくつか紹介したい。すべて，研究発表などに利用されることに同意した 2018 ～ 2019 年度受講生の答案である。

2-1　対話を通して経験したこと

　A さん

　私はもとより，「言葉を使ったコミュニケーションの大切さ」を軸にして生きてき

ました。この授業を受けることによって，私のなかで自己研究を積み重ねてきたことが専門用語として存在することを知り，ますますコミュニケーションに対する興味が湧き出たような気がします。その用語は「自己内対話」と「自己－他者対話」なのですが，私のなかでより明確な新しい見解が生まれたように感じています。

このような分野の学問に大きな関心が生まれた一方で，私は人と出会うことを長らく避けてきたことに気がつきました。私事ですが，私は貧しい家庭環境に身を置いていますので，考えることから常に逃げたいと思う反面，逃げられない現状に疲れていたようにも思います。本来，人といることが好きではあるのですが，ここ数年は一人でいることも多かったような気がするということにこの授業で気がつきました。強制的に行わねばならない授業の会話の時間は，何か私のなかで薄れていたことを思い出させてくれたような気がします。それがきっかけとなったのか，今私は就職活動をしているのですが，対話における必要な軸を見つめ直すことができ，今の私が対話において欠如していることや，抜きんでているところを客観的に考察する力に大きな影響を及ぼしてくれたように感じられます。

Bさん

僕は最初の授業（☞第2章）でグループワークが苦手と気づきました。お題が出てみんなで絵を描いて，その絵を完成させるワークや，自分の歴史を話す授業はとても恥ずかしかったです。しかし合宿（☞第4章）でこの恥ずかしいという気持ちに変化が起きました。合宿でどんどんグループワークをやるたびにグループワークは元々恥を忍んでやるものだとわかりました。なぜこのようなことがわかったかというと，発表のために文章を作っているときに，僕が「こういうグループワーク本当に無理だわ，恥ずかしい」と発言したら，この授業でできた友人に「恥ずかしいのはみんな一緒だよ，おれもめっちゃ恥ずかしいし」と言われ，気づきました。僕はこの大学でグループワークの授業を取るたび「みんなしっかり恥ずかしがらずに発表しててすごいな」と思っていましたが，意外とみんな恥ずかしがっているというのに気づけて，今は少し苦手意識が取れました。5分間スピーチのときはもう苦手意識はあまりなく，みんなの前でスラスラしゃべれてたのではないかなと思いました。そして苦手意識が取れた僕は休みがちだったグループワークのある授業に行くようになり，単位が取れました。

2-2　合宿で経験したこと

Cさん

　合宿（☞第4章）では本当に多くの人と対話，活動ができ，私の心境の変化が大きく出たイベントになりました。また，気を遣えるようになる努力をするようになりました。良い意味で気を遣い，気配りすることでお互いに良い関係を築くことができ，「もっと早く出会いたかった」と思える友人に出会えました。そんな友人も，他の出会い方をしていたらきっとこんなに打ちとけることはなかったと思います。無関心では発展しませんでした。きっと私だけが変わったのではなく，このキャリア・Re-デザインを通じて，たくさんの人と人との関わり方，対話力が上がり，コミュニケーション能力を一つ，二つ上げてくれたのだと思います。一番憂鬱だった合宿が，今思い返すと一番の思い出です。

2-3　合宿の物語創作で経験したこと

Dさん

　私はこの授業を通して以前と比べ，自己の開放ができるようになったと思います。初めのアイスブレイキングから始まり，お互いをあだ名で呼びあうこと（☞第3章）で，より近いキョリで対話をすることができるようになったと思います。そのおかげか，次に迎えた合宿（☞第4章）では，物語を作るという過程では，臆することなく自分と見つめあえたと思います。物語を作成するうえで，まずは自分の経験を掘り出そうと考え，自分の人生の分岐点を考えました。それは過去に経験したチアリーダー部の活動であることがわかり，そこを中心に話を進めていきました。チアリーダー部の活動で，自分が何がくやしかったのか，何をすることが苦しかったのか，なぜ自分はがんばれたのか，そのような観点から自分を見つめ直し，物語を作成するようにしました。始めは，自分が元々表面上で考えていたような答えが当てはまるだろう，そのように考えていましたが，一つひとつの行動になぜを掘り下げていくうちに，自分が表面上では考えていなかった答えがでました。苦しかった点では，先輩に怒られた日々が苦しかったと思っていましたが，そうではなくみんなの前で先輩に怒られたことがくやしく，同期に遅れをとっている自分が苦しかったのだと理解しました。そのことから自分には負けず嫌いな一面があるとわかり，そしてがんばれたのは自分だけの力ではなく，友人の応援があったからがんばれたのだとわかりました。その2点が自分にはあるということがわかり，自分は物事において，苦しいのは誰かに遅れをとっていること，やりがいは誰かの支えがあり，誰かの為になることが好きなんだと理解しました。

2-4　社会人との対話で経験したこと

Eさん

「社会人との対話」（☞第5章）では，初めの質問タイムではなかなか質問することができなかったのですが，その場にいたメンバーが次々と話していくのをみて，自分も質問していかないといけないと思い，行動することができました。そのときに，私は「人のがんばり」を見ることによって自分自身がすごくその人と同じように努力しなくてはいけないと思い行動することができるんだと思いました。

2-5　5分間スピーチで経験したこと

Fさん

正直，この授業は単位取得のためだけに選んだものだったので，合宿やスピーチは嫌だった。しかし，全日程の終わりには気持ちが変わっていた。合宿（☞第4章）では，いきなり見ず知らずの人たちと一泊二日，気持ち的にはしんどかったけど，少し面白かった。大学に入ってから，サークルを辞めた自分にとっては，他学年，他学部との交流はあまりないことで貴重なものだった。単位に対する自分とは違った感覚，就活に対するさまざまな姿勢。この話を聞いて自分に吸収するのは楽しく，気づいたときには自ら色々な人に関わろうとしていた。そして5分間スピーチ（☞第7章）がとくに私は印象に残った。どこか恥ずかしく面倒だったので，最初は簡単に終わらせようと考えていたが，他の人の発表を聞いていくうちに気持ちは変わり，自分の番では割と赤裸々に話してしまっていた。どんな人でも色々考え，もがいてその人なりに突き進んで生きているのだと感じ，そこにある，彼らの価値観を知ることが私には楽しく思えていた。自分のことを他人に話すなんて機会はめったになく，この経験は自分にとって良いものになったと思う。

2-6　授業全体で経験したこと

Gさん

私はこれまで対人関係における自己肯定感が低くて，自分の意見や感覚に自信が無かったり，誰も私には興味が無いだろうし，興味をもたれるのも怖くて嫌だと思うことがありました。それは普段私が半分無意識で半分意識して他人から好かれやすい私像をつくり上げているから，その化けの皮のようなものがはがれて，実際の私を知られて相手を不快にするのが怖いからだと思います。この授業ではほとんどの人が初対面のところから始まって，今後この授業が終われば会うことも無いだろうという思い

もあって，割と自分の素を出せるようになっていました。でも，同じクラスの人たち
と想像以上に仲良くなれて，またいつもの嫌われたくない精神が出てきている部分も
あります。ブロリー（注：教員のニックネーム）との面談でも少し話しましたが，ま
わりに合わせるようにテンションを上げて後で少ししんどくなったり，こういう臆病
な部分は簡単には変われなかったかな，と思います。ただ，自分が負担を感じない程
度にまわりに合わせる能力は大切なときもあるので，今後そこの感覚をつかめるよう
になりたいです。合宿中の川柳づくりやお話作り（☞第４章）など，この授業では自
分の考えやアイデアを全員に発表する機会がたくさんありました。私は基本的に人の
目を気にするし，自分とまわりがズレているととても不安になる人間なので，自分の
考えやその日の感想などを誰かに話すのがとても苦手でした。ですがこの授業を通し
て自分の考えをまわりに話すという経験をたくさんして，少しだけですが自分の意見
というものに自信がもてるようになりました。いつも正しいことは何だろうか，この
質問には何と答えるのが正解だろうか，などと考えていましたが，素直な自分の考え
も大切にしようと思いました。また，ニックネームをつけるとき（☞第３章）に色々
な質問をされて，自分は意外と自分自身のことを知らないんだな，と思いました。し
かし，授業のワークとしてではあっても，改めて色々な質問をされて興味をもたれて
いる，というのは割と新鮮でした。ただ，ニックネームづけワークのときも，社会人
の方々とお話させてもらったとき（☞第５章）も，自分はあまり何を聞いてよいのか
わかりませんでした。社会人との対話のときには，この話の流れならばこの質問がよ
いかな……などと先述したような正解を見つけようとする考え方で質問が出てきたの
ですが，私はもしかしたら基本的に他人に興味が無いのかもしれない，と思いました。
正直これが良いことなのか悪いことなのかは今の自分にはわからないのですが，改め
て自分のそんな部分を知りました。

　Ｈさん
　この授業を通して，私は，人と話すことは得意だと思っているが，興味をもって初
対面の人や大学の人となかなか話せなかった自分から，常に興味をもちつつ，相手の
立場に寄り添って話すことを意識するようになり，私が２回～３回生だった頃と照ら
し合わせながら，下級生と話をしたりすることで，自己－他者会話により得られるこ
との多さに気づくことができ，この授業で教わったことは，大学生活だけでなく，社
会人になっても生かすことができると考えました。〔…〕自分の考えだけを一方的に
伝えて自己満足の会話では，自己－他者会話は正しく成立していないと思います。相

手の言葉に一生懸命寄り添って自分の意見をもてるかが大切で，この授業を通して，自分の意見や考えていることを曲げない力がついたと思っています。他の人が企業の方に質問していたときも，今しか聞けないことを聞こうと頭をフル回転させ，さまざまな視点から物事を捉えることができるようになったと思います。そして，他人を傷つけない程度の言葉遣いや配慮も自然と力が身につき，人としての心構えが身についたと思います。私は就職活動を終えたものの，単位が多く残っているため，不安しかなかったのですが，この授業で単位だけでなく，自己－他者会話，同じ大学の多くの生徒と話す機会が設けられることで，不安なのは自分だけじゃないし，多くの人の人生観のようなものを知ることで，自分からアドバイスや意見を出して，自然と自己－他者会話として成り立っていると気づくことがありました。授業が終わってからは，今まで友達とは普段の会話でニュースのことなどしか話してこなかったが，自分の思っていることや考えていること，将来こうなりたいと思っていることを自分から伝えました。「変わったね」と言われましたが，自分から話すことで，友達が自分の話に耳を傾けてくれて，アドバイスや質問をくれて，自己－他者会話による，自分にとっての意義を改めて知りました。〔…〕

Iさん

　私がキャリア・Re-デザインの科目で経験したことは大きく分けて二つあります。一つめは，人との対話です。相手だけもしくは自分だけの発表・発言ではなく，相手の発言・発表を聞いてからの自分の返答，自分の発表・発表を聞いてもらってからの相手からの返答というのがありました。最初に行った四人で一枚の絵を完成させる作業や全員との自己紹介ワークなど（☞第2章）がこれにあてはまると思います。この対話の経験を元に私のなかで人と話す力や相手の気持ち，考えを知り，それを尊重する力を身につけられたと思います。

　二つめは，大勢の前で発表することです。一つめと同じように感じるかもしれませんが，私のなかでは違う意味があります。これらのことは，5分間スピーチ（☞第7章）や物語創作ワーク（☞第4章）で経験することができました。対話との違いは，相手の反応があまりないことです。多少のうなずきや，声が出る場面はあるかもしれませんが，それ以外はまったくの無です。そんななかでしっかりと自分の発表をやりきるには自信が必要です。幸いにも，発表内容の指定がなく，すべて自分で考えなくてはいけなかったので，嫌でも自分の発表内容には自信や裏づけのようなものを自分のなかに感じることができていました。好きな物や得意なこと，自分の過去について

など，とても活き活きした気持ちでいられました。逆に自分の知らないことや苦手なこと，できないことについての発表は同じようにはいかないと思いますが，どんなことでも人前で堂々と発表できるようになりたいと思います。

2-7　授業終了後に考えたこと

J さん

　今まで自分は生きてきたなかで得た知識や経験を元に自分なりの思想をもっていて，それが絶対とまではいかないものの正しいと思って他の考え方などあまり考えず生きてきた。そんななか，他の人や先生の話を聞いているうちに自分がわかったつもりでいたことがほんの一部でしかなかったことに気づき，世の中にはもっと無数の考え方があることを知った。この授業を受けて関わった人の数が多ければ多いほどそのまんま自分の成長につながっていると感じた。なぜこのように思ったのかというと，誰と話をしてもその人は自分の知らないことを知っていたし，普通にしゃべってるだけでは気づかないが，この授業のようにより深く相手と関わろうとしたときにむしろ共通の知識の方が少ないのではないかと思った。だからみんな最初に共通点探しをしたときにはほとんどの人に当てはまるようなものしか出てこなかったんだと思う。でも，今もう一度同じことをやったら他のグループでは絶対に当てはまらない共通点を見つけることができると思う。これから残りの学生生活を終え，社会に出ていくうえでこの授業で学んだ人との関わり方，違う考えをもつ人がいるということ，知ろうとする意識を大切にしていきたい。

K さん

　授業を終えて一番初めに感じたことはさびしさだった。クラスの人たちと仲良くなり，食事に行くまでの仲になった頃に授業が終わってしまい，その人たちと会う機会が減ってしまうからだ。同時に後悔も生まれた。もっと早く自分から話しかけていれば，もっと早く食事に行くなど行動しておけば，そんな後悔が生まれた。けれども，このような感情が生まれたのは，この授業を通して，自分の考えに変化が生まれたからだと思っている。もし授業開始当初の気持ちのままでいたら，きっと後悔やさびしさは生まれてこなかったと思っている。しかし同時にここまで楽しいと感じた時間や，友人たちも得ることができなかったとも思っている。そしてそう思ったからこそ，他の授業でも少しずついろいろな人と話すようになった。どの授業も終わりが近く出席などの行動面では難しいと感じることも多かったので，まずは話すことから始めよう

と思った。今までの自分から考えると信じられない行動だと自分でも思う。けれども，この授業で経験したことがあったからこそ，他の授業でもそれができると思い行動した。今では，授業内で前よりも発表するなど取り組み方も少しずつだが変化してきている。元々の性格もあり，全部が全部変化したとは言えないが少しずつ前に進めているような気がする。そしてこの授業を取ってよかったなとそう思っている自分がいることがこの授業を通した一番の自分の変化だと思っている。

コラム8　キャリア教育の視点からみる
　　　　「キャリア・Re-デザイン」の特色

松尾智晶

　このコラムでは,「キャリア・Re-デザイン」という科目（以下, 本科目）を
キャリア教育の観点からながめてみます。このユニークな科目は, その到達
目標である「自立に向けて一歩踏み出せる状態」を, どのように実現しようと
しているのでしょうか。先取りしていえば, この科目は自分を大学不適応ま
たはその予備軍として自覚している学生の, 自己概念の形成に関わっていま
す。そして, その結果, 受講生の行動促進と自立支援を果たしていると筆者
は捉えています。すなわち, 筆者の専門であるキャリア教育と親和性の高い
科目だといえます。では, その親和性とは何でしょうか。近年, 日本におい
て学生の大学不適応が問題となり, その概念は対人関係・心身・行動面など
多くの要素を含むと指摘されています（文部科学省 2008）。また, 大学等学
生の中退理由のうち「学校生活不適応」は 4.4%と大きな値ではありませんが
（文部科学省 2014）, 経済的理由には奨学金, 学業不振には初年次教育の充実
などの直接的な対策が講じられるなかで, 多様な要素を含む大学不適応の改
善に資する有効な対策はいまだ明らかではありません。さらに, 大学生を対
象としたある調査では, 注目に値する結果がみられます。回答のうち「大学
の授業に興味関心をもっていない」が 68.7%であり,「大学生活を総合的に判
断して, とても満足している・まあ満足している」が 51.1%（ベネッセ教育
総合研究所 2016）であることから, 高等教育機関である大学での学びに関心
をもてないまま大学生活に満足している学生が少なからず存在する可能性が
示されています。若者が自ら選択して大学生という立場を得ながら, そこで
の学びに適応できない状態や不適応を解消できないことは, 個人, 大学ひい
ては卒業後に彼らを受け入れる社会にとっても問題ではないでしょうか。そ
れでは学生が環境に適応すべく行動し, 不適応を解消できるようになるため
に, 大学教育ではどのような試みが考えられるのでしょうか。その試みの一
つが, 本科目であると筆者は考えています。

　まず, キャリア教育と本科目の親和性を, 定義と概要からながめてみま
しょう。本科目が誰を対象にして何を目指しているのかをシラバスで確認す
ると, 授業概要は以下の文言で始まり, それに該当する学生の受講を促して
います。

　　「とりあえず大学に来たって感じがぬぐえず, 勉学への意欲が湧かない」

「偏差値で学部を選んだので専門科目の授業に関心がもてない」「大規模講義が多く，なかなか友達ができないので，大学に居場所がないと感じることがある」「人見知りな自分をなんとかしたいと思うが，行動に移せない」……こんな気持ちになったことはありませんか？（2018 年度シラバスより）

　この文章からは，大学という環境への適応に困難を感じている学生像が想起されます。また，この科目の開講初期には，受講推奨対象者として「低単位・低意欲の学生」と明記されていました。大学に不適応な学生は低単位という結果を招くことが多く，2018 年度までは科目登録において制限単位外登録措置が認められていた（2019 年度より廃止）ため，受講生の過半数は卒業単位が不足している上回生でした。
　さらに，授業概要の説明は以下のように続きます。
　「受講生がそれまで自分をしばっていた価値観を問い直し，自立に向けて一歩踏み出すことを支援します。ここでいう「自立」とは，自分の将来に向けて行動を起こす際，流れにまかせるのではなく，自分で考え自分で決めて行動することを指します」。さらに，授業の到達目標は「自立に向けて一歩踏み出せる状態になっていること」とされています。すなわち，受講生として想定されているのは大学不適応もしくはその予備軍たる自覚をもつ学生ですが，授業のねらいは大学生活に限定されず受講生の将来も視野に入れた，自立に向けた行動促進であるといえるでしょう。これらの内容と，文部科学省によるキャリア教育の定義には類似性がみられます。2011 年に文部科学省中央教育審議会答申で示された定義は「一人一人の社会的・職業的自立に向け，必要な基盤となる能力や態度を育てることを通して，キャリア発達を促す教育」，そして「キャリア発達は，社会の中で自分の役割を果たしながら，自分らしい生き方を実現していく過程」と説明されています。キャリア教育は社会で役割を果たす自分と自分らしい生き方を実現する自分の両者の統合を促し，「社会的・職業的自立」を目指しているのです。キャリア教育は学校現場への導入初期に若者の雇用対策の一環として推進されたことから，就職をさせるための教育とか，夢を見させて現実を直視させない傾向のある教育などと誤解されがちですが，就業や職業に関わる範囲だけに収まる教育ではありません。自分らしい生き方を実現していく過程を促す教育なのです。これは本科目が「自分の将来に向けて行動を起こす際〔…〕自分で考え自分で決めて行動すること」を自立と定義する点と，類似した考え方であるといえます。

　次に，筆者が注目している，キャリア教育に用いられる考え方とこの科目の実践との関わりの近さについてみてみましょう。

　一つめは，「社会構成主義」です。社会構成主義とは「人は，客観的な事実の世界ではなく，自らや周囲が意味づけた世界に生きている」という考え方です。この考え方に基づくと，私たちは生きていくにあたり，他者や環境との相互行為による学習によって，自分自身や自分を取り巻く環境を意味づけし，それを再構成し，それに基づいて行動するといえます。たとえばある学生が「私は良い学生ではない」と意味づけしていると，その意味づけに即した小さな物語を用いて自分自身の意味づけを正当化し，自分の大きな物語を構成していきます。この場合の小さな物語を具体的に示せば，「今日も朝起きられなかった」「提出物が間に合わず単位を落とした」「親しい友人ができない」などが挙げられます。その結果，その学生が「私は良い学生ではないので，ゼミやサークルには入らないほうがよい」「私は良い学生ではないので，相談窓口に行っても相手にされないだろう」「私は良い学生ではないので，目立たないように大学で過ごすのがよい」などと考え，そのように行動する可能性が高まります。ただし，「朝起きられなかった」「親しい友人ができない」などの事実・経験が同じでも，意味づけが違っていれば，その後の考えや行動は変わります。「私はこの大学には合わない学生である」と意味づけしていれば，転部や転学，または大学以外の活動に熱心に取り組む可能性がありますし，「私は積極的な学生である」と意味づけしていれば，本来の自分とは異なる状態に気づいて適切な相談や支援を受けるという行動を選択する可能性があります。社会構成主義を用いたナラティブ・カウンセリングを提唱したサビカス（2015）は，このようにして形成されたアイデンティティ（自己）には語られるものと語られないものがあると主張しました。語られなかった自己は他者との啓発的な出会いや体験などをきっかけとして本人が気づくことがあり，そのことで，自分の意味づけが変わる可能性もあります。自分自身のことをネガティブに意味づけている場合，このような啓発的な体験や他者との出会いによって語られなかった自己を見つめ直すことができると，自分自身に対する意味づけが変容して場に不適応な状態から適応的になるきっかけとなりえます。この科目は，まさに「対話」を通じて，そのようなきっかけを提供していると考えられます。

　二つめは，「職業教育主義」です。「Vocationalism」といわれるこの考え方は，「Vocation」が単なる仕事（job）ではなく「使命感をもって行う職業」であり，職業キャリア（career）や天職（calling）を意味する英単語であるという理解に基づいています（ローダーほか 2012）。職業教育主義とは，国

家が望む競争力や成長と個人が望む出世や社会的成功の両方の実現が目指される場合，学校教育の主な目的が職業準備に変化する現象のことをいいます。個人は競争に勝つことでよりよき生活を営み，そういう個人が増える国家は成長し続けるという考え方は，戦後日本の高度経済成長をも支えてきました。いっぽうで，教育社会学者のグラブとラザーソンは，この考え方に警鐘を鳴らしています。彼らは職業教育主義が過熱すると，「まず学校教育と大学教育の失敗を強調し，続いてより経済的で功利主義的な目標をもった改革を主張するようなレトリックが採用されはじめる」「高等教育のより広範なアクセスは，均等なアクセスを意味してはこなかった」「（わが子に利益をもたらそうという）政治的闘争においては，地位が高く教養のある親たちが非常に有利である」（グラブ＆ラザーソン 2012）と指摘しています。すなわちこの考え方に基けば，強い者がより強くなり，そうでない者は強くなれる機会をよほどの努力と幸運がないかぎり得られなくなる可能性を高めます。教育のもつ本来の意図や目的とは異なる現象が，起こりかねないともいえます。もはや誰もが大学に入学することが容易になった社会は，大学に入りさえすれば誰もが等しく豊かな生活を送れることを保証しません。物質的な豊かさに満たされている私たちは，自分にとっての豊かさの質を考えなければ幸福になれない時代に生きています。大学教育においても，何のために学ぶのか，個人の幸福とは何か，それはどのようなキャリアで実現できるのか，どのような社会にしていきたいのかについて考え議論できる場の存在が望ましいといえるでしょう。実際にこの科目では，そのような議論を実践しています。すなわち，これら二つの主義・考え方が示す重要な指摘にも，応えうるのがこの科目だといえます。

　日本において教育の目的は，教育基本法第一条「人格の完成をめざし，平和的な国家及び社会の形成者としての国民の育成を期しておこなわれなければならない」と示されています。個人と社会の両方に着目し，人が社会の一部を形成し，社会は人で成り立っていることを表すこの文言は，私たちが完成した一人の人格をもつ自分と社会の形成者たる自分の両方を意識しながら生きることを示しています。「自己は実際には自己構成的ではなく，能動的で協働的なプロセスを通じて共に構成されるものである」とサビカス（2015）が表したように，人は自ら他者と関わり，協働することを通じて，自らの意味づけや価値観，大切にしている考え方を見出し，それに基づいてキャリア形成・進路に関する意思決定を重ねてゆきます。この科目は，教養教育であると同時に，キャリア教育としても高い有効性を備えた科目であると，科目担当ファシリテーターの一人である筆者は強く実感しています。

【引用・参考文献】

グラブ, W. N. & ラザーソン, M.（2012）「レトリックと実践のグローバル化——「教育の福音」と職業教育主義」ローダー, H., ブラウン, P., ディラボー, J. -A., & ハルゼー, A. H.／広田照幸・吉田　文・本田由紀［編訳］『グローバル化・社会変動と教育1——市場と労働の教育社会学』東京大学出版会

サビカス, M. L.／日本キャリア開発研究センター［監訳］乙須敏紀［訳］（2015）『サビカス　キャリア・カウンセリング理論——〈自己構成〉によるライフデザインアプローチ』福村出版

竹端佑介・佐瀬竜一（2015）「大学生の不適応について——不適応状態の判断と過剰適応の視点から」『国際研究論叢』*28*(3)：65–71.

ベネッセ教育総合研究所（2016）『第3回 大学生の学習・生活実態調査報告書』p.50.

文部科学省（2008）『中央教育審議会大学分科会第71回議事録』

文部科学省（2014）『学生の中途退学や休学等の状況について』

文部科学省中央教育審議会（2008）『学士課程教育の構築に向けて（答申）』

文部科学省中央教育審議会（2011）『今後の学校におけるキャリア教育・職業教育の在り方について（答申）』

文部科学省中央教育審議会（2012）『新たな未来を築くための大学教育の質的転換に向けて〜生涯学び続け, 主体的に考える力を育成する大学へ〜（答申）』

文部科学省中央教育審議会（2014）『新しい時代にふさわしい高大接続の実現に向けた高等学校教育, 大学教育, 大学入学者選抜の一体的改革について〜すべての若者が夢や目標を芽吹かせ, 未来に花開かせるために〜（答申）』

ローダー, H., ブラウン, P., ディラボー, J. -A., & ハルゼー, A. H.／広田照幸・吉田　文・本田由紀［編訳］（2012）『グローバル化・社会変動と教育1——市場と労働の教育社会学』東京大学出版会

第Ⅰ部

第Ⅱ部

09 ファシリテーターの多様性を考える

鬼塚哲郎・川出健一・中西勝彦・入野美香・松尾智晶・中沢正江

1 多様な属性のファシリテーターが参加する意義

中西勝彦

　この授業では，多様な属性のファシリテーターが授業運営に参加している。本書での属性とは，教員／学生／社会人／職員など大学内での役割の他に性別，年齢，国籍などのことを指すが，本章では大学内の役割に絞って記述していく。

　本節では，本章の導入として，多様な属性のファシリテーターが参加することで，それが授業運営や受講生にどのような影響があるのかを述べる。

　この授業では，立ち上げ当初から教員以外の者がファシリテーターとして授業に参加してきた。第1期から学外のキャリア教育の専門家である社会人が参加し続けているし，第2期からは元受講生の学生，第3期以降は職員が参加するようになる。これまでずっと多様な属性の者が授業に参加し，複数人で一つのクラスを担当してきた。事前打合せや事後の振り返りを通した情報共有の機会を多く設けることになるため，負担は決して軽くない。しかし，それでもこのやり方にこだわるのは，多様な属性のファシリテーターがいるからこそ，実現できることがあるからだ。それは大きく二つに分けられる。一つは受講生に対する影響，もう一つはファシリテーターに対する影響である。

　受講生に対する影響として，これまでの授業実践で私たちが手ごたえとしてつかんでいるのは，「学生－教員」の二項対立の図式を緩和する働きである。立場に関係なく一人の個人として互いに尊重し合うことを大切にしているこの授業において，「学生－教員」の二項対立はそれを阻害する。なぜなら，この二項対立は教室規範，大学規範そのものだからである。多様な属性のファシリテーターが参加することで，教員一人と学生多数という構図を切り崩し，フラットな関係を築く素地が教室内に拓かれることを私たちは目指している。具体的には，教員にタメ口で接する学生ファシリテーターや，教員よりもたよりになる社会人ファシリテーターなどを受講生が教室内で目撃することによって，彼らが抱く教員や授業に対する一般的なイメージがくつがえされ，結果として属性を取り払った個人同士の関係だけが残る

172

ことを目指しているのである。

　ファシリテーターにとっての影響は，多様な属性の人たちと共に授業を運営することで，互いの価値観，経験知，専門知が共有され，ファシリテーター自身の学びにつながることである。また，授業に多様な視点が入ることで，現場で起こっている複雑でダイナミックなプロセスを多角的に捉えながら，起こったことをより精緻に共有していくことが可能になっている。授業の場で真に起こっていたことを私たちは決して知ることができない。しかし，多様な属性のメンバーで議論し合うことによって，私たちはその場で本当は何が起こっていたのかを，可能な限りつかもうと努めている。それは，多様な属性の存在を認めつつもそれを脇に置き，互いに一人の人間として関わり合えているからこそ，実現できているのかもしれない。

　次節以降では，各属性のファシリテーターがどのように参加してきたのかを見ていく。

2 学生ファシリテーター

中西勝彦

　この授業では，2006年度より学生がファシリテーターとして授業運営に参加している。学生ファシリテーターが授業に参加するに至った経緯については，第11章（☞212頁）を参照頂きたい。本節では，彼らをどのように募集しているのかを説明した後，彼らがもつ機能を三つにまとめて紹介する。そして，最後に筆者自身が学生ファシリテーターとして活動していたときに感じた葛藤を紹介したい。

2-1　学生ファシリテーターの募集方法

　学生ファシリテーター活動は，広い意味で「学生による学生支援活動」，ピアサポート活動と呼ぶことができる。そのなかでも，学生ファシリテーター活動の特徴は，授業の場づくりに直接関与していることであろう。支援を必要とする学生と個別に関わりながら知識や情報をアドバイスするというよりも，学生ファシリテーターはあくまで授業の場づくりという役割を担っている。

　学生ファシリテーターの活動は無償のボランティア活動であり，授業化・単位化もされていない。これまで，毎学期1〜9名の参加があり，2022年度末の時点でのべ141名の学生がファシリテーターとして参加した。学生ファシリテーターの募集は主にこの授業の受講生に対して行っている。授業の最終回に来期のファシリテーター参加を呼びかけたり，教員が個別に学生を誘ったりして人員の確保を行う。も

ちろん，活動を行うか否かの判断は学生自らの意思に任せており，無理強いはしない。しかし，最近は思うように人が集まらなくなっているため，この科目の受講生に限らず，他の科目でファシリテーターの活動経験を有する学生にも声をかけている。

　ファシリテーターとして参加する学生には，学期が始まる前に90分間の研修会を行っている。そこではこの授業の趣旨やファシリテーターとして参加する際の留意点などが説明されるが，ファシリテーションに関する具体的なトレーニングは行っていない。ファシリテーターとしてどう振る舞うかは，基本的に授業実践を通じたその場，その場で学ぶことになる。

　これまで学生ファシリテーター活動に参加した人の多くは，学内に居場所がない人，新たなコミュニティを求めている人，対話や議論ができる場を探している人，この授業が楽しいと感じた人，この授業のファシリテーターたちともっと関わりたいと思った人であった。一方で，他の学生を支援したいと考えている人やファシリテーションのスキルを高めたいと考えている人はほとんどいなかった。ここに学生ファシリテーター活動を行う学生の特徴がみえる。すなわち，学生ファシリテーター活動に参加する学生の多くは，この活動を行うこと自体が目的と捉えているのだ。反対に，別の目的（学生を支援したい，ファシリテーションを学びたい）がある人はこの活動にあまりコミットしていない。第11章でも述べる通り，そもそも学生ファシリテーター活動は学内に新たな居場所を求める学生や，受講後も引き続きこの授業に関わりたいと希望する学生の要望に応えるかたちで始まった活動である。つまり，この活動は創設以来ずっと学生の居場所として，あるいは授業の続編として機能してきたことになる。

2-2　学生ファシリテーターのもつ機能

　私たちは，学生ファシリテーターが以下の三つの機能を果たす存在であると考えている。すなわち，(1) 受講生を対話の場に巻き込む機能，(2) 学生文化と教員文化の翻訳者としての機能，(3) 自身の学びを深める機能，の三つである。各機能はそれぞれ，対受講生，対教員／ファシリテーター，対自身というように対象が異なっている。以下でくわしく見ていく。

(1) 受講生を対話の場に巻き込む機能

　学生ファシリテーターは，同じ学生として受講生と接することができるという

大きな特徴がある。つまり，受講生は教員よりも自分たちに近しい存在として学生ファシリテーターのことを認識するわけである。教員には言えなくても，学生ファシリテーターになら言えることがあるし，同じ学生がファシリテーターとしてそこにいることで緊張せずに参加できる場面もある。また，学生ファシリテーターが元受講生であれば，この授業に対する疑問や不安をぶつけることもできる。元受講生はこの授業がどのような授業で，何をどう行うのかを一通り経験している。その経験は，これからどのようなことをさせられるのかと不安に思っている受講生に対し，安心感をもたらす役割を果たすだろう。彼らが受講生に対して語るこの授業の体験談は，他のファシリテーターには真似できないほどリアリティに満ちたものであり，説得力があるはずである。

　以上のことから，学生ファシリテーターはさまざまな不安や懸念をもつ受講生がこの授業に安心して参加するよう促す機能，言い換えれば対話の場に受講生を巻き込む機能を有していると考えられる。

(2) 学生文化と教員文化の翻訳者としての機能

　学生ファシリテーターは，学生文化と教員文化の翻訳者としての機能も持ち合わせている。それは，学生文化を教員や他のファシリテーターに伝える機能であり，教員文化，すなわち教員の意図やファシリテーターのスタンスを受講生に伝える機能である。後者に関しては，(1) の機能と重複するため，ここでは前者に関して述べる。

　学生ファシリテーターの強みは，学生にしかもちえない感覚を有している点である。とくに，学生文化に象徴されるような学生の間に働く同調圧力は，教員やファシリテーターには捉えづらい。しかし，そこに受講生心理を翻訳してくれる存在としての学生ファシリテーターがいることによって，教員や他のファシリテーターが受講生をよりよく理解するための手助けになる。実際に，ファシリテーターの振り返りの場面で学生ファシリテーターが発言すれば，みんな彼らの意見に耳を傾ける。それは彼らにしか語り得ない情報があるからであり，そのことを他のファシリテーターは暗黙のうちに理解しているのである。

　学生という役割を背負っているからこそもちうる視点，また授業を実際に受講した経験があるからこそわかる受講生の気持ちを，他のファシリテーターと共有することによって，授業を振り返る視点に厚みが増す。学生ファシリテーターは，受講生が有する学生文化を翻訳して教員文化のなかに提示するという，非常に重要な機

能を果たしている。

（3）自身の学びを深める機能

　学生ファシリテーターは，授業運営のサポートをするためだけの存在ではない。学生ファシリテーター自身も，教職員や社会人と同様に，ファシリテーターとして参加することを通して多くのことを学んでいる。授業を受ける側から行う側に立ち位置が変わったことによって，これまで見えていなかったことが見えたと語る者や，自分が受講したときと比較してまったく違うクラスの様子に驚いたと語る者，これまで関わったことのない学生と関わることができたと語る者，授業を運営することの難しさを語る者など，学生ファシリテーターの学びを表す語りを挙げると枚挙に暇がない。

　最近では，学生ファシリテーターが卒業後もファシリテーターとして参加するケース（卒業生ファシリテーター）が出てきている。久しぶりに授業に関わることで，自身の変化を感じる者もいるし，職業世界の中で抱える疑問や課題をこの授業を通して相対化する者もいる。そのような彼らの存在は，ファシリテーターもまたこの授業を通して学び続けていることの証左であるといえよう。

2-3　学生ファシリテーターが抱える葛藤

　最後に，学生ファシリテーターが置かれる立場の難しさについて記す。筆者は2006 年度から 2008 年度まで学生ファシリテーターとして活動した。その経緯や体験は第 12 章に記したため，くわしくはそちらを参照いただくとして，ここでは筆者が学生ファシリテーター時代に経験した葛藤を記す。それは「あっち側」と「こっち側」の間に起こる葛藤である。

　学生ファシリテーターは，「学生」と「ファシリテーター」の二つの立場をもっている。そのことが大きな強みである（たとえば，先述した機能（1）や（2）のこと）と同時に，難しさの要因にもなる。

　受講生は，教職員や社会人の前での言動と学生同士で接する際の言動とを使い分けることが多い。単位目当ての受講生の多くは，授業中やファシリテーターの前では従順な学生として振る舞う一方で，休憩時間や授業後など受講生だけの場になると，授業に対する冷めた態度を互いにアピールし，同調し合う。この両面性もまた学生文化の一つの側面であるが，学生ファシリテーターはそのような受講生の両面の言動に「学生」と「ファシリテーター」という二つの立場で接することを迫られ

第Ⅰ部

第Ⅱ部

る。単位のために教室内で従順な学生を演じる彼らの気持ちは同じ「学生」として
共感できる。しかし，従順な学生を演じながらこの授業に参加するのはもったいな
いと「ファシリテーター」として思う。

　ただ，そのときに積極的に受講生の素を引き出そうとすれば，「意識高い系の学
生」と見なされ，彼らと距離ができてしまう。つまり，「あっち側（ファシリテー
ター側）」の人間だと見られてしまう。一方で，従順な学生を演じる彼らの言動に迎
合し「こっち側（受講生側）」を強調し過ぎることは，かえって彼らの参加意欲を削
いでしまい，ファシリテーターとしての役割を果たせていないと感じる。

　筆者は，実際に喫煙所で受講生と接したとき，以下の三つのパターンのいずれか
の振る舞いに遭遇することがほとんどだった。一つは，学生ファシリテーターが会
話の輪の中に入ると，話が急に停滞し，よそよそしくなるパターンである。彼らは
学生ファシリテーターを教員側の人間と考え，聞かれたらマズい内容を口にしない
よう注意しているようだった。二つめは，授業についてあれこれ聞いてくるパター
ンである。「何回休んで大丈夫か」，「なにで評価されるのか」，など，授業内容の精
通者たる学生ファシリテーターに彼らは色々と尋ねてくる。この場合，彼らは学生
ファシリテーターのことを学生側の人間として捉えているように見えた。最後は，
「この授業ダルくない？」や「（ファシリテーターが）めんどいわ」など，授業やファ
シリテーターに対する愚痴を漏らすパターンだ。彼らは学生ファシリテーターに同
調を求めると同時に，学生ファシリテーターがどちら側の人間なのかを詮索してい
るようでもあった。

　これらの言動に象徴される「こっち側」と「あっち側」の狭間に立つ経験は，学
生ファシリテーターだからこそできるものである。この授業では「こっち側」と
「あっち側」の二項対立を乗り越え，互いに一人の人間として尊重し合える関係の
構築を理想としているが，それは簡単なことではない。しかし，この経験は，学生
ファシリテーターこそがこの二項対立を切り崩すキーパーソンとして存在している
ことを示すものでもある。すなわち，「こっち側」と「あっち側」とを巧みに使い分
けながら，最終的には「こっち」も「あっち」も存在しないことを示す可能性を，学
生ファシリテーターは秘めているのだ。実際に，筆者が学生ファシリテーターだっ
た頃，いかにして「こっち」でも「あっち」でもない自分を示せるのかについて試行
錯誤した記憶がある。もちろん，すべてがケースバイケースだったのだが，しかし，
この葛藤と試行錯誤は学生ファシリテーターだからこそできた貴重な経験であった
ことに変わりはない。

3 社会人ファシリテーター

川出健一

　この科目では，大学規範や学生文化といった枠組みの相対化を実現するための授業構造にとって非常に重要な存在として社会人ファシリテーターを位置づけている。この社会人ファシリテーターはこれまで，外部組織であるG社から配置された社会人と，一定以上の社会人経験を条件に卒業生が関わってきた経緯があるが，ここではG社が手配した社会人ファシリテーターを取り上げて説明する。

3-1　社会人ファシリテーターの基本姿勢

　この科目の社会人ファシリテーターは，一般に言われている社会人としての規範や常識を身につけているということは重視されておらず，大学規範や学生文化を相対化する視点を持ち込むこと，教員に対しても，学生に対してもフラットな視点をもちやすい存在として期待されている。

　もともとこの授業はG社からの提案を元に授業プログラムが構成され，授業発足当初より各クラスに1名G社の手配で社会人ファシリテーターが配置されてきた。彼らは主に大学や専門学校で，キャリア関連の授業の講師やキャリアセンターのキャリアコンサルタントを務め，あるいは企業で各種社員研修の講師として活動している人々で，その多くがキャリアコンサルタントの国家資格を取得している。このような講師活動を行っている者は，以前は一般企業に勤めていたり，秘書やアナウンサーの経験をもっているなどさまざまなキャリアを有している。

　この科目に参加するうえで留意してもらうのは，彼らから見れば大学生は未熟に映るかもしれないということである。とくにこの授業においては単位不足を理由に受講している学生が多数であるから，救済や指導の対象として関わりかねない。受講生から見れば，このような大人の目線や関わり方はネガティブに捉えられるリスクとなる。このことに自覚的であることが，この授業における社会人ファシリテーターには求められている。ファシリテーターは，観察（見守り）とフィードバックを基本スタンスとしており，受講生に対しては承認や受容といった肯定的な姿勢が必要であり，不真面目に見える授業態度を，短絡的に叱責するような指導的なアプローチはこの授業ではふさわしくないというのがこの科目の運営に関わるファシリテーターの共通認識である。

3-2 社会人ファシリテーターの役割と意義

　社会人ファシリテーターは教員ファシリテーターや学生ファシリテーターと協働して授業運営に携わることになっている。そのため，各クラスで授業前の打合せや授業の振り返りを互いの都合をすり合わせながら実施し，実際の授業に臨んでいる。また，授業の前後に行われるファシリテーターによる全体打合せにも参加する。

　この授業に社会人ファシリテーターが関わる意義は，一つに，教室の中に完全に評価者ではない立場の大人がファシリテーターとして関わる点，もう一つに，大学の外側の一般社会に軸足をもち，教員とは異なる文化や文脈に生きており，もっている価値観や視点が違う点にある。

　この科目では「多様性」が一つのキーワードである。社会人ファシリテーターを通して，社会における多様な働き方，多様な価値観にふれることは，受講生にとって鵜呑みにしたり当たり前にしたりしていて相対化することが難しい自分の価値観，他者や社会に対する先入観に気づき，それらを見直すきっかけになると考えている。社会人ファシリテーターは受講生にとって多様性の一つのサンプルとして存在することになる。

　仮に，教員一人によって運営される授業であったならば，教員と受講生の関係性が「評価者－被評価者」，「教える者－教えられる者」という枠組みを超えるのは難しい。受講生は教員を評価者として絶対視し，その教員の評価軸を読み取り，単位を落とさないようにあるいは高評価を得られるように，その評価軸にかなった言動を意識的にあるいは無意識的に取ってしまいがちである。「教員」であることが，教員も学生と同じく一個人であり，人として対等であるという認識を阻害する「足かせ」になり，それは受講生の自立を遠ざける要因にもなりかねない。

　ところが授業運営に大人が二人いて，それぞれが異なる経験や価値観を背景に，違う視点から自分の意見を言う場面があれば，その違いを意識し自分はどちらの考えに近いのか，共感や違和感を頼りに見つめなくてはならない。また仮に二人の意見が同じであっても背景にあるものの違いに気づく機会になるだろう。

　補足すれば，各ファシリテーターにとっても同様のことがいえる。授業内で起こった出来事，受講生の様子をどう捉えてどのように解釈するかは人によって異なる。同じ場にいても，まったく正反対の評価，善し悪しの解釈をすることもある。どこからそのような受け止め方が生じたのか，お互いに対話することで，ファシリテーター自身も自分の価値観，つまり見方の偏りを発見することもしばしばある。あるファシリテーターが見落としている点を視点や立場の異なる別のファシリテー

ターが気づいて情報共有できるという点も見過ごせない。

　この授業は，教員が受講生に対して知識，スキルを一方的に伝達するというものではない。その場で起こっていることや受講生の言動に各ファシリテーターはそれぞれ異なるアンテナを張っている。授業後に行われる全体振り返りの場でも，学生ファシリテーターや社会人ファシリテーターからの素朴で率直な意見に新しい知見がもたらされることがある。この授業は，ファシリテーターにとっても新しい発見や他者と出会う場であり，自分と向き合う学びの場であるといえよう。

3-3　社会人ファシリテーター自身にとっての学び

　この科目に参加することは，社会人ファシリテーターにとっても学びの機会になっている。授業内での学生との関わりや他のファシリテーターとの関わりのなかで，社会人自身の価値観も揺るがす出来事が少なからず起こるのがこの授業の特徴である。大学規範や学生文化といった枠組みにとらわれている学生を支援するこの科目の性質は，そのまま，社会人に対しても自己内対話を促し，ビジネス規範や社会人文化にとらわれていた自分に気づかせる作用をもっている。その後，ボランティアでのファシリテーター参加を希望したり，この授業で得られた気づきから少なからぬ積み立てを自己研鑽に振り替えたりした方も現れた。

3-4　今後の課題

　私の担当クラスは従来，3名のファシリテーターで運営していたが，2018年度の秋学期は，学生ファシリテーターと2名での授業運営となった。大人が教員である私一人になったことに無自覚であったことを学生ファシリテーターからの指摘で気づかされた。輪になった受講生がお互いに意見を交わす対話の場面で「学生が私の目を気にしながら話している様子が見えた。立ち位置は発表者の視野に入らない位置だった方が良いのではなかったか」という指摘である。無自覚だったのは無自覚でいられたということでもある。

　2019年度からは，G社からの社会人ファシリテーターの配置はなくなった。現在，かつて学生ファシリテーターだった卒業生との情報交流をはかる場を設け社会人ファシリテーターとしての協力を仰いでいるが，定職に就いているなどの理由で運営への参加は難しい。SD（スタッフ・ディベロップメント）の取組みとして職員の運営参加を検討しつつも，まずは教員が教員であることの足かせを意識することが，これまで以上に，この授業にとって必要となるのではないか。

4 職員ファシリテーター

中西勝彦

　この授業では，開講間もない頃より大学の職員がファシリテーターとして参加してきた。ここでいう職員は大きく二つに分けられる。一つは大学の事務職員であり，もう一つはファシリテーションの専門職員である。ともに職員という立場ではあるものの，事務職員と専門職員とでは授業に参加する背景や授業内での関わり方に大きな違いがみられる。

　本節では，それぞれの職員がこの授業に参加するに至った経緯を紹介した後，この授業にとっての意義と課題を記述する。

4-1　事務職員が参加するに至った経緯

　まず，事務職員がこの授業に参加するようになった経緯について説明する。事務職員は授業開講当初より授業に参加している。それは「低単位指導」を職員が行っていたことと関係する。京都産業大学では伝統的に，低単位の学生に対して「低単位指導」を行ってきた。低単位指導とは，単位が取れていない学生をリストアップし，主に事務職員が彼らと面談をして履修指導や生活指導を行う制度である。その履修指導の一環として，この授業の受講を勧めている。

　低単位指導で勧められてこの授業を受講する学生は毎学期一定数おり，事務職員は自分が面談した学生の様子を見るために，開講当初から時々この授業を見学していた。しかし，ただ授業の様子を見ているだけだと，受講生にとっては監視役のように見えてしまう懸念があったため，たとえ見学であったとしても，その場ではファシリテーターとして見守りながら参加するかたちの方がよいと考えた。これが職員ファシリテーターの始まりである。そもそも，京都産業大学のキャリア教育では，その立ち上げ時より教職協働が謳われ，事務職員が授業に深くコミットすることは珍しいことではなかった。そのような学内文化も手伝って，事務職員がファシリテーターとして授業運営に関わる体制は自然に広がっていった。やがて，さまざまな部署の事務職員がファシリテーターとして授業に参加していくようになる。それは職員の人事制度の一環として，この授業への参加がファシリテーション研修に位置づけられたからである。この制度は数年間行われた後，現在は廃止されている。

4-2　専門職員が参加するに至った経緯

　次に，ファシリテーターの専門職員がこの授業に参加することになった経緯を述

べる。京都産業大学では，2009 年度より学内にファシリテーションセンター（F 工房）を開設し，ファシリテーションの学内普及や，学生ファシリテーターの育成を行っている。F 工房は，この授業で蓄積されたファシリテーションに関する知見を広く学内に発信するために設置された部署であるため（くわしくは第 11 章を参照），その設立当初からこの授業との関わりが深かった。F 工房には 2 名のファシリテーション専門職員がおり，彼らは設立当初からこの授業にファシリテーターとして参加している。彼らは，この授業と学内のさまざまな授業／活動とを行き来するなかで，ファシリテーションの知見に関する学内のハブ的な機能を担っている。彼らはファシリテーターとして授業に参加するだけでなく，コアメンバーとしてプログラムの開発や授業運営のコーディネート，学生ファシリテーターのリクルートなども担当してきた。この授業の中心的な役割を担ってきたといっても過言ではない。

4-3　職員が参加する意義（受講生にとって）

　それでは，職員がファシリテーターとして参加することは，受講生にとってどのような意義があるのか。ここでは，事務職員と専門職員とを切り分けずに記述する。

　受講生の側からみると，職員ファシリテーターは一人の職業人であり，一人の大人である。学生が普段の大学生活の中で職員と接することができるのは，窓口やガイダンス，課外活動などの限られた場面だけである。そして，それらの場面では往々にして形式的な関わりしかもてない。互いに明確な役割を演じながら接する場に対話は起こりづらいため，職員がどのような考えで働いているのか，どのようなキャリアをたどって今そこにいるのか，などということは普段の関わりのなかでは共有されないのである。しかし，この授業での関わりを通して，大学の職員がどのようなかたちで働き，何を考えて仕事をしているのかを知ることができる。職員との対話を通じて職員のキャリアを知ることで，受講生が自身の価値観や生き方について相対化する契機になりうる。同時に，大学の制度内に存在するスタッフとしてではなく，一人の職業人として，他者として，人間として，職員のことを捉え直す経験にもつながるだろう。

　また，関係性という点でも受講生にとって意義がある。受講生は，この授業を通して職員と顔見知りになる。すると，学内ですれ違ったときに挨拶をしたり，困ったことがあれば相談したり，学内のリソースや情報を教えてもらえたりすることができる。しかも，単なる顔見知りではなく，この授業を通して自身の状況やありよう，価値観などをある程度共有できているため，その関係は顔見知りをこえた特別

なものとなっている場合が多い。学内に自分のことを知ってくれている，気にかけ
てくれる大人がいることは，大学への関与がとぼしい場合が多い低単位学生にとっ
て，大学とのつながりができることを意味する。これは授業の副産物ではあるのだ
が，職員ファシリテーターが参加することの重要な意義の一つであろう。

4-4 職員が参加する意義（職員にとって）

　職員がファシリテーターとしてこの授業に参加することで，職員自身にはどのよ
うな意義があるのか。ここでは主に事務職員の場合にしぼって記述する。

　職員ファシリテーターを経験した事務職員複数名に話を聞くと，大きく以下の二
つの点において意義があったことがわかった。一つは，授業の場の観察や受講生と
の対話を通して，学生のリアリティを把握できる点である。普段，学生たちが限ら
れた場でしか職員と接することができないのと同様に，事務職員も限られた場面で
しか学生と関わりがもてない。低単位指導をしている職員は面談の場で，それ以外
の職員は窓口や課外活動での関わりしかない。もちろん，学生との関わりがまった
くない部署の職員もいる。そのような職員が，対話を重視した授業というインタラ
クティブな場で学生と関わることによって，学生のリアリティを知ることができる。
「学生と関わることで今の学生の姿を見ることができた」，「さまざまなことを考え，
悩みながらも，自分なりの言葉や生き方を導き出そうとする学生の姿を見ることが
できた」などの語りがそれを象徴している。また，学生との対話や関わりを経験する
ことで，「自らの業務のモチベーションがアップした」と語る者や，「低単位のラベル
ではなく，学生を一人の人としてみることの大切さに気づいた」と語る者もいる。こ
の授業での経験が，自らの業務や考え方に何らかの影響を与えているようだ。

　もう一つの意義は，教職協働を通して，ファシリテーションの技法が実践的に学べ
ることである。先に紹介した事務職員のファシリテーション研修という位置づけも，
この意義によるところが大きい。「この授業の支援的な関わり方は窓口対応の参考に
なった」，「自身の業務でアイスブレイクを取り入れた」，「自分の関わっている課外活
動のミーティングで取り入れている」という語りからも，その意義がうかがえる。

4-5 職員ファシリテーターを通して顕在化した課題

　最後に，職員ファシリテーターの参加を通して明らかになった，この授業の課題
を紹介する。これまで明らかになった課題は，限られた時間のなかで，新規参加の
ファシリテーターとどのようにしてこの授業の趣旨や理念，ファシリテーターとし

てのスタンスを共有するのか，である。この授業に参加した事務職員からは，とまどいや不満の声も聞かれた。「職員ファシリテーターに求められているものがわからなかった」，「見守るというスタンスが自分に合わず歯がゆかった」，「一般的なマナー（授業中の脱帽など）についての指導がなかったことに違和感があった」などである。これらは，この授業の目的や理念，ファシリテーターとしてのスタンスが十分に共有できなかったことを示す語りである。また，「授業後の振り返り会は時間的な負担が大きかった」という語りが示すように，通常業務と並行して授業に参加している事務職員にとって，時間の確保は非常に難しい。第10章で紹介しているが，この授業の理念や意図，スタンスなどは明文化されているわけではなく，授業実践と振り返り会を通して共有される仕組みになっている。したがって，ファシリテーターは振り返り会まで参加することを求められる。しかし，先に紹介した通り，職員は時間の確保が難しく授業時間だけの参加になる者も多くいた。

　このような，限られた時間のなかでいかにこの授業の要点を新規参加のファシリテーターに伝えるかという課題はいまだ解決し難い課題として抱えこんだままとなっている。考え得る対策としては，事前研修をパッケージ化する，振り返り会を代替する場を別途設定する，複数学期の参加を前提として募集する，などがあろう。いずれにしても，時間の制限はこの授業の抱える大きな課題である。

5 教員はファシリテーターになれるのか
鬼塚哲郎・入野美香・松尾智晶・川出健一・中沢正江

　この授業では，少なくとも授業中に受講生と対峙しているとき，教員はファシリテーターとして振る舞うということになっている。しかし教員は，当然のことながら，期末試験を採点し，最終的な評価を下す役割も担っている。評価者としての教員，ファシリテーターとしての教員。この二つの，相矛盾するような役割にどう折り合いをつけるかについて，統一的見解はない。あまりにも大きな問題であるため，議論を避けてきたといってもよいかもしれない。そこでこの問題に取り組むために以下の4名の教員に執筆をお願いした。これをきっかけとして議論が深まることを期待している。

5-1　折り合いはつかないままである（入野美香）

　私は「評価者」が，教員ファシリテーターの役割の一部であることに葛藤を感じている。

　この授業には，担当教員が受講生に求める，進むべき道やゴールはない。した

がって授業時間内，個人面談の場においては，自分を「評価者」だとする意識はなく，評価の視点で学生を見ることはない。執筆にあたって改めて振り返り，なぜここには迷いがないのか考えてみた。多様な考えが浮かぶが，そのなかから二つ，言葉で表現できそうなものを挙げる。

一つめは，科学者であり，Analytical Psychologist（ユング派分析家）である体験を通して実感し，自分の軸になっている姿勢があること。それは対象に正面から向き合い，虚心坦懐に見ようとする態度である。この姿勢なくして発見はなく，また（心理臨床の場において）クライアントその人と真に出逢うことは望めないことを経験として知っていること。

二つめは，私自身とこの世界との関係から得たものである。ジェンダー差別には，幼いころから敏感だった。他者や社会の期待は，自分の望むものではないと感じていた。少数派なのだという意識があった。長じてたどりついたのは，「折々のことば（鷲田清一，2020年5月2日朝日新聞）にあった「個が強烈に個でいられる。マイノリティに約束された境地です。加藤淳」という言葉に共感を覚える私だ。そんな私自身の「マイノリティ意識」から生れた，個としての人間への興味関心が中心にあるということ。

「評価」するためには，あらかじめ評価者が定めた基準があるはずである。しかし前述の二つの立場には，受講者を評価するあらかじめ定められた基準は見当たらない。その代わり，すべての出来事は，今ここでの新たなもの（その人であり，私自身であり，他者と私の関係でもある）として立ち現れる。つまり未知のものに向き合う「私」と「評価者」は明らかに立ち位置が異なっており，未知のものは「私」をひきつけるのだ。

しかし，一方で，試験の採点は違う。「評価」することを意識する。まず，「自分の言葉で書く」ようにと受講生に「評価者」として評価の基準を告げる。この時点で，すでに気持ちの上で乖離が生じる。

そして確かに，受講生の中心から語る「自分の言葉」には力があり「評価者」の胸を打つ。「評価者」はそれに加点する一方，どこか借り物のアリバイ的な文章に対しては「自分の言葉」ではないと判定して減点する。しかし，いずれの答案も，その受講生の教室での姿と重なり，受講生の今のありようを表すことに気づいている。それを評価するということは，受講生の人格を，生き方を，不遜にも評価しているような気分になる。

基本点（出席点）は授業としての枠をかたちづくり，受講生との約束事として捉えることができると理解している。また他クラスの教員ファシリテーターの評価も

参照し，評価者の判定は「妥当」だと納得を試みるが，釈然としないものが残る。このように，授業と成績評価をする私の間には相当な距離があり，「評価者」との折り合いはつかないままだ。

5-2　教員ファシリテーター雑感（松尾智晶）

　この授業では教員と授業支援者を「ファシリテーター」と呼び，授業参加者全員が「ニックネーム」で呼びあう。私はこのルールに，当初強い違和感があった。私が「ちあばー」「ちあさん」などと受講生に呼ばれることがなんだか不自然で嘘っぽく感じたのは，教員が授業の責任者であることを呼称の変更では隠せないと考えたからだ。しかし，ルールの意図を理解しなければ，科目独自の教育効果は得られない。私は心底悩み，ルール説明時に一言添えることにした。「この授業では，いつもの自分のキャラクターをいったん横に置いてください」である。キャリアとは人が生涯果たす役割の積み重ねだという考え方があり，我々は教員，学生などの社会的な役割をいわば「コスプレ」しているといえる。ニックネームで呼び合うことは，コスプレを脱ぐためのルールだと説明するのだ。そうすると疑似的な「フラット（対等）な関係性」ができ，授業に参加する者の人間性があらわになる語りが自然発生しやすくなることがわかった。敬愛する韓流スターに逢いに渡韓し，桁外れのファッション知識をもち，旧家である実家の相続を考え，東京での起業を計画し，単位取得に命をかけ，ギター演奏をYouTubeで発信し，家族のあり方を深く省察する，などそれぞれの受講生の姿がくっきりとみえてくる。誰の語りもじつに鮮明で力があり，強くひきつけられる。その人の人間性があらわになる語りは力をもち，本人にも他者にも正の影響を与えることを，私はこの授業を通じて実感した。こうして，参加者がフラットな関係性の上で語り合い，議論することが教養教育の原初的なあり方ではなかったかと，今ではそう考えている。

5-3　何度も何度も足踏みし続けるような場所（川出健一）

　人や人生に優劣はない。優劣を評価できるとすれば本人だけだ。人は赤の他人に自分の生き方や価値観を評価されたくないし，自分を意図的に変えられたくもない。他人の生き方や価値観をよりよいものに変えられると考えるのは思い上がりだ。

　そんなことを何度も思い直す授業であることが，この授業らしさかもしれないと私は考えている。

　「教員＝評価者（単位認定の命運を握っている）」である私の存在を意識した学生

の態度を見つけると居心地が悪くなる。つまり，この授業では教員であるという立場が，もどかしかったり邪魔だったりする。一方で，私が教員としてそこにいるからこそ成り立つ場でもあり，やっかいである。

授業において，他人の評価目線を気にしないで受講生が本音を語ることができる場づくりを心がける一方で，ことさらバカを演じたり，特有の悪ノリで場全体を占有したりする受講生にも配慮する。

受講生と関わる際には見守りの態度を基本としているが，実際には，受講生の真面目な態度に安心し，反対に不真面目な態度にはイライラする先生としての自分と，受講生と人間的に対等に接したいと思っているファシリテーターとしての自分との間で揺れていることも多い。つまり手も足も出せずにいる。その点，学生ファシリテーターや社会人ファシリテーターとの協働によってずいぶん救われてきた。授業の統治者としての教員の顔がかなり薄まるからである。とくに，学生ファシリテーターの偽りのない素直な参加に助けられることがしばしばである。

普段の授業において受講生は，教員からの評価を気にして態度を変えたり，まわりの受講生に対して「こんなことを話したらどう思われるだろうか？」と思いながら発言したり，発言を控えたり，調子を合わせたりしている。そういう側面は私にも間違いなくある。それでよいか？

この授業における，アートコミュニケーションから始まる一風変わったさまざまなワークや，ファシリテーターの見守りを基本とする関わりは，これまで受講生をしばってきた外的な評価基準を解体する役割を果たしている。だからこそおのずと，受講生に対して評価目線になっていないか，受講生の間で何が起こっているかに神経を使うことになる。

相手に自分がどう受け止められるかなど気にせずに表現された言葉や姿勢にふれたときに，人は人をリスペクトするし，自分自身を素直に見直すのだと実感する。冒頭に述べたように，改めて，他人を単純な優劣でみたらいけないなぁと思い直すのである。

5-4　教員ロール（評価者ロール）から逃れる為の悪あがきの一方法（中沢正江）

私はこの科目にいきなり「教員ファシリテーター」として関わることになった。つまり，受講生としてこの科目を経験したことがないし，社会人ファシリテーターとしてもこの科目に関わったことがない。「この授業において，成績評価をする人でありながら，科目を運営する人である」という状況から，一度も逃れたことがな

い一人だ。

　最初はシンドイもよいところだった。当時の私は，どれだけ自戒したところで，己は「評価」的な視点から逃れられないだろうと考えていたし（学期末には成績評価をするのだという頭がある以上はそうなるだろうという予想），その状態で「授業時間はファシリテーターとして関わり，成績評価は気にしません」と表明することは詭弁でしかないと考えていた。

　しかし今は授業時間中も，試験の回答を読む時間も，ある意味気楽な気分で過ごすことができるようになった。それは，自分なりに「説明を尽くす」ことで，この科目に関する評価について，受講生から一定の了解が得られていることが実感できるようになったからである。

　具体的には，以下のような説明を第1回授業で行う。その後の授業でも折にふれ，この説明を繰り返している。

　担当クラスでの授業評価はシラバスに記載している比率に基づき，「6割は平常点」「4割は試験評価」によって行う。

　まず初めに以下の通り，大前提を共有する。

　「この科目は「選択科目」です。ごく当たり前のことですが，みなさんの人生にとって「学士を取るかどうか」「卒業するかどうか」は，一部分の問題でしかなく，これが大きい問題か小さい問題かは人によって全然違います。そのうえ，この科目は「選択科目」，つまり取っても取らなくてもかまわない科目です。だから，この科目が「性に合わない」とか，そういう場合は，無理をする必要はありません。いや，俺は無理したいんだ，という人もいるかもしれません。無理したい人はしたらよいと思いますが，その場合は，無理する価値があるか，よく考えて納得してから無理をしてください。もう一度言います。この科目は「選択科目」です。無理に取る必要はありません。このことをよく了解してもらったうえで，成績評価，つまり「この科目でどうやったら単位が取れるか」について説明します」。

　平常点は次の通り説明する。

　「我々ファシリテーターは，みなさんの態度や性格の「よさ」は評価できないし，しません。でも，大学の「科目」として運営する都合上，どうしてもあなたがたに点数をつけなければいけません。かといって，この授業では何かの「知識」や「能力」と関連がある訳でもありません。ただ延々と自己表現を相互に繰り返すだけです。そこで一番無害そうな評価方法として「時間制」を導入します。我々ファシリテーターは，みなさんが「何時何分」に教室に現れたかを記録します。単純に，クラス

メンバーと場を共有してくれた時間が長ければ長い程，点数は高くなります。この方法は「ただの時間で評価？　そんなの評価になるかよ」と思われるかもしれませんが，この授業の土台として受講生全員にも，我々ファシリテーターにも，重要な役割を果たします。我々ファシリテーターも人間ですから，苦手な人や得意な人がいます。仲良くなれるタイプも，なれないタイプもいます。当然です。でも，みなさんは我々ファシリテーターの顔色をうかがう必要はありません。私たちも，「平等に接しなきゃ」と思う必要がありません。

　私と超仲良くなったＡさんと，明らかに険悪な仲のＢさんがいたとして，Ｂさんの方が教室で過ごした時間が長ければ，Ｂさんが高評価になるという評価方法だからです。これで，私は安心して「あなたの表現面白い！」とか「ちと不快に思った。なんでだろうな～」とか一人の人間として気楽にレスポンスできるようになりますし，みなさんも別にそれを深刻に受け止める必要がありません。単位に関係ない，ただの一人の人間の反応だからです。これは，この授業をやるうえで，お互いにできるだけ気楽に，素でレスポンスし合えるようになるために考えた工夫の一つです。私たちは，多くの時間を一緒に過ごすかどうかのみが評価の基準で，どのように過ごすかについては，評価という枠組みから共に自由になれます。

　この科目が「選択科目」ということを理解したうえで単位が取りたいと思う人は，できるだけ教室に早く来て，長く時間を過ごしてください。笑顔でいるか，不満げな顔でいるか，ワークに積極的か，非協力的かはまったく関係がありません。ファシリテーターと仲がよいかどうかも，まったく関係しません。私も他のファシリテーターも，いちいち，あの人は態度が良かったとか悪かったとか記録しません。

　よい発言をしたかどうか，発表がよかったかも記録しません。一人の人間として「スゲー」と思ったらそう言うし，「え，なにそれ？」と思ったらそう言いますが，評価にはいっさい関係しません。もちろん，私も人間だし，みなさんも人間なので，居心地が悪いのはきっと辛いことです。できるだけ多くの人が，居心地よくこの教室での時間を過ごせるように願っていますし，他のファシリテーターとみなさんの様子をみながら，可能な限り工夫もします。苦行のような時間は減らしたい。でも，あなたが居心地よく感じるかどうか，にこやかに授業を受けるかどうかは成績にはまったく関係しません。

　平常点は，ただ単に，あなたが教室で過ごした時間の問題です。これが成績の6割を占めます。言うまでもなく，単位が取りたい人にとって，この6割は大きいです。最後の5分間スピーチが象徴的ですが，この授業では私自身が，受講生の発言

に感動することがあります。授業が終わっても，ずっと覚えていて，私の人生に影響を与える程印象深いスピーチもあります。でも，よいスピーチをしようがしまいが，クラスのメンバーが感動しようがしまいが，その人の成績にはいっさい関係しません」と。

そのうえで，残り4割の成績について，次の通り説明する。

「残りの4割は，定期試験期間に実施される，二つの設問に対する自由記述によって決まります。先程言った通り，授業時間中は，いっさい私は評価者としてみなさんの態度や表現してくれたものを評価しません。ただ人間として感心したり，感動したり，共感したりできなかったりするだけです。でも，定期試験は最終授業終了後，およそ1ヶ月後に行われます。このとき私は授業を離れて，純粋に評価者として自由記述を読みます。長い時間が経っているので，授業の場の当事者という感じも，この頃には大分抜けています。

設問は二つあり，一つは授業期間中にあなたが変化したり，しなかったりしたことについて述べて下さい，という主旨のもの。もう一つは，授業期間終了後に，あなたが変化したり，しなかったりしたことについて述べて下さいというものです。受講生が書く文章は，極端に短かったり，すごい長文だったりしますが，長さは関係ありません。ただ，その人が「その時書ける範囲で」「その人の言葉で」書いているかどうかという点で評価します。勘のいい人はわかったと思いますが，いわゆる「この授業がためになりました」とか「先生のお陰で……するようになりました」といった内容は，「定型文」であって，「あなた自身の言葉」から遠い文章ですので，評価点はゼロに近くなります。つまり，定期試験は「試験勉強は必要ない。思ったことを，自分の言葉で書けばよい。それが私に伝わればよい」です。一つ安心材料があって，定期試験の答案は全クラスの担当教員で回し読みされます。私に伝わらなくても，他のクラスの教員が「これはこの人の言葉だ」と気づけば，評価されます。授業中，授業前後であなたは変わってもよいし，変わらなくてもよい。変わらない自分について「あなたの言葉」で書かれていると全教員が納得し，高評価になった例はいくつもあります。変わらない人の方が評価が高いとか低いとかいうことはありません。「あなた自身の言葉」かどうかです。長く書かなきゃ私にはわかるまいと思う人は，長く書いて下さい。短くても伝わると思う人は，短くて結構です。読めない字は困りますが，綺麗な字かどうかも関係しません。漢字の書き取りテストでもないので，漢字が間違ってるかどうかも関係ありません。

もう一度言います。この科目は「選択科目」です。あなたがこういうタイプの授

業や試験が精神的に嫌だとか不快だと思ったとき，無理をする必要はありません」。

　ここで，受講生の顔を見回し，「今の時点で，「この授業やーめた！」という人が
いれば，席を立って下さい。またどこかで，縁があればお会いしましょう」と離席
を促す。離席があってもなくても，「では，とりあえず，お試しでここに残っている
メンバーは，第1日目の授業は受けてみるということで，授業を進めます」と続け
て，ワークに入って行く。

　この説明が終わると，受講生の顔がしかめ面であっても，そうでなくても，説明
前とは全然違った気分で，受講生の表情を見ることができるようになる。私と目が
合って，その学生が微笑んでも，目を逸らしても，私はそれを純粋に「今，目の前
に見ていて，場も共有しているけれど，まだ名前も性格もわからない人」の反応と
して受け止められるようになっている気がする。不思議なことに，この説明をする
と，ものすごく表情が明るくなる受講生がいる。一方で，「俺はほだされませんの
で」といった反発の態度が明らかになる受講生がいる。無反応のままの受講生もい
る。どの反応も私にとってなぜか一様に「安心」につながっている気がする。

　不思議に思うのは，ひどく事務的な話を懸命にしていると思うのだが，この事務
的な説明が，なぜか私にも，同席しているファシリテーターにも，安堵感をもたら
し，一定数の受講生からも安堵感を得られているように感じることだ。どういうメ
カニズムでそうなっているのかは自分でもよくわからないが，私はこの方法で，「非
常に気楽に」この授業の場に関われるようになったし，受講生それぞれに純粋な興
味を覚えることを恐れなくてすむようになった。

　私は，「見知らぬ人」が苦手で，今も道端で関西人のノリで気さくに話し掛けら
れると，どう答えてよいのかわからず，距離感の計り方もわからず，ドギマギして，
うまく行かないことが多い。見知らぬ誰かに「純粋な興味をもつ」ことは，本質的
には悪いことなのではないかとも感じている気がする。

　だが，この説明をすると，なぜか「そうであってよい」という子どもの気分に帰
ることができる気がする。「あの人，なんで今しかめ面したの？」「なんで笑うの？」
「あの人がいると笑わないね，嫌い？　苦手？」「この話，好き？」といった単純な興
味をもっても，いつか聞ける機会があったら聞いてみようと思えるし，場合によっ
ては実際に聞いてみることができるほど気楽な気分でいられるのである。

　このようなやり方（ひとまず現状を言語化して伝えられる限り伝える手法）を導
入するきっかけとして，授業の中での体験があるように思う。

　典型的な事例として，以下のものがある。

　私は元から男性に対して漠然とした苦手意識をもっていたが，授業の場で時折現れる男子学生のある種の意見や態度にはっきりとした恐怖心をもっていることを自覚することになった。この恐怖心から，今振り返れば当時の授業運営では特定の話題を避けようと変に緊張したりしていた。しかし，自覚が進んだことで，善し悪しはともかく，どのような態度・発言に不快感を感じるか，脅威に感じるかを，あらかじめ受講生に伝えようと思うに至った。当時の私は，特定の受講生に対し苦手意識や，あまつさえ恐怖心を教員が抱く等あってはならないと暗黙的に思い込んでいた。そして自覚に直面したときには，そのような「受講生差別」とでも呼ぶべき感情をもつ自分に当惑していた。しかし，よく考えれば，人間同士が率直に己の価値観について開示しあうなかで，暗黙的に同調を求めようとしたり，防衛的な態度を取ろうとするのは当然のことである。教員も当然例外ではない。振り返りと授業実践を往復し，他のファシリテーターや受講生から自身の運営や態度について批判されたり，共感されたりを繰り返すなか，そのようなある種の開き直りに至った。

　そこで私は「男性の下らない下ネタに「笑え」と同調圧力をかけられ，つき合わされるのが苦手で，嫌悪感もあるが，一方で，長年慣らされてもいるので，自分でも不本意に（衝動的に）流されることがある」というような表明を授業内で折にふれ行うようになった。結果，女子学生が眉を顰めるような下ネタは教室では見られなくなった。これは一例だが，じつはこの授業に関わるまで，私は自分を「男性の下ネタにもつき合うノリのよいやつ」とすら思っていたのである。女性が圧倒的マイノリティである環境に長年いるなかで，そういった無理を自分に知らずしらず強いて来たのだと気づくことは，みじめで滑稽な自分に蓋をする自分を見つけてしまったようで，やるせないことでもあった。気づかないよりよかったと思えるのは，たまたま，この問題が私のなかですでに消化されつつある問題だからである。渦中にあるときは，感情を掻き乱されていることはわかっても，何が問題なのかすらわからず「モヤモヤ」するはめになる。他にも，自分のなかの気づいていなかった差別意識に直面させられたり，深刻な自問自答が，この授業では引き起こされる。このような経験は，少なくとも筆者は他の科目の運営で経験したことがない。

　このような経験は，第10章に述べる「ファシリテーターの信念体系の更新」の一つの典型例であるとともに，この授業において，授業の場で生じうる葛藤に対し（できれば事前に）準備する方法としての「言語化」に至る経験の一つであった。

10 授業の質保証

中沢正江

　本章では，この授業の質保証の取組みについて述べる。筆者は，教育工学分野の研究者である。教育工学は「より適切な」「より効率的な」教育実践を実現するための工学分野である（2節で詳述）。教育工学は学際領域であるので，別の考え方もある。たとえば，教育工学を教育学の一分野と位置づける人もいる。筆者は，教育学分野よりは情報工学分野から教育工学にアプローチして来た立場である。これを前提とし，そのような者が執筆しているという理解で，以下を読み進めていただきたい。

1　用語の確認

1-1　質保証

　まず，基本的な語彙として「質保証」とはそもそもどんなことを意味するかを確認する。一般的に「質保証」とは，ISO9001 等に代表されるように，製造現場などでも使用される質に関する考え方である。ごく簡単にいえば，現状分析し，その分析した現状に基づき改善策を立て，実施することを繰り返す取り組みである（品質マネジメントシステム規格国内委員会（2016）を参考にされたい）。質が改善しているかどうかは，①現状分析が正しく行われ，②合理的な改善策が立てられ，③それがキチンと実施されたかどうかを確認する，という①〜③の一連の流れを繰り返し続けられているかどうか（質保証システムが機能しているかどうか），で判断される。この一連の流れを繰り返し続けていれば，少なくとも改善前よりは良いはずである，という前提である。このような「適切なプロセスを踏めば，現状を「よりよくする」という意味で質が向上するはずである」，あるいは「このような取り組み（プロセス）をキチンと続ければおのずと質は高まって行く（高品質になる）」という考え方を「プロセス品質」による保証と呼ぶ。

　授業実践における質保証もこの「プロセス品質」の考え方を基礎としていることが多い。典型的には，インストラクショナルデザイン[1]の基礎として参照されるADDIE モデル（2節で紹介する）もそうである。プロセス品質の考え方を採用する

うえで重要な点は，プロセスが適切に続いているかどうかが検証可能であることである。たとえば，「その現状分析は正しく行われたか」「立てられた改善策は現状をどのように改善しようとするものだったか」「改善策は計画通りに正しく実施されたのか」といった点が誰にでも確認できる（検証できる）ようにしておくことが重要となる。改善のためのプロセスをキチンと踏んでいるということが，質を保証しているので，それが確認できないということは，つまりプロセスがキチンと踏まれているかが誰にもわからない……すなわち，質保証できていないということになってしまう。

　以上をまとめ，「質保証」について，本章では以下の通り合意しておきたい。

> ① 一般的な質保証では「プロセス品質」の考え方が採用されている。つまり「キチンとした改善のためのプロセスが継続されていること」をもって質を保証するという考え方が採用されている。
> ② ①ができているかどうかを確認するには，「キチンとした改善のためのプロセスが継続されていること」を確認する必要がある（検証可能にすることが必要である）。
> ③ 教育実践における質保証においても，①②の通りである。

1-2 エビデンスに基づく改善

　教育関係者ならば，教育の質保証において「エビデンスに基づく改善」という言葉をよく耳にすると思うが，「エビデンス（証拠）」が質保証において重要な役割を担うのは，前述の通り，基本的に「プロセス品質」の考え方を採用しているからである。つまり，改善のためのプロセスを検証可能にするためである。「現状分析はどのように行われたか」という問いに対しては，教育の現場なら「学習者の理解度を小テストで測定した結果をまとめたデータ」とか「教室環境についての質問紙調査の結果のデータ」などが「現状分析におけるエビデンス」になりうる。このようなデータに対して，「合理的な改善策を立案したか」は立案した改善策を文書に記録しておけばよい。理解度に関する測定結果や，学習環境などに関する調査結果はデー

1）インストラクショナルデザインは，教授設計や教育設計と訳され，学習コンテンツをより合理的・効果的に設計するためのプロセスについて検討している分野である。

タを見れば誰でも確認することができる。改善策が合理的だったかどうかも，結果のデータと改善策の記録を見れば，誰でも確認することができる。すると，改善した結果をまた「測定（小テストや質問紙調査）」することができ，その結果得られる「新たな現状」について，「合理的な改善策を立案する」ことが繰り返せるだろう。このようなやり方で改善活動を進めて行くと，「改善のためのプロセスがキチンと踏まれている」ことが確認できる（プロセスが検証可能である）。つまり，プロセス品質の考え方から「健全な教育改善活動をし続けることができる」といえる。質保証できるという訳だ。

　上記のような記録（エビデンス）を積み重ねておけば，複数開講クラス等で，受講生の理解度にバラツキがあるときも，エビデンスに基づいて適正に対応策を講じているかどうかを他クラス担当教員と議論したり，改善策をさらに洗練したりすることができるだろう（これらの議論のプロセスが合理的であったかどうかを確認できるように，議事録（エビデンス）を残しておくとよいだろう）。多くの教育現場では，このようにプロセス品質を明示的に，あるいは暗黙的に重視し，上記のようなエビデンスに基づく改善活動が，すでに取り入れられているはずである。

　ここでも，本章の議論のためにまとめておこう。

　「改善プロセスがキチンと踏まれている」ということを確認するため（プロセスを可能にするため）に，「エビデンスに基づく改善」が重要である。

　この授業では，用語集（☞ vii–xi 頁）にみるように，「教室規範（の解体）」「自己内対話」「他者性」「人間の尊厳（に光があたる）」などといった言葉が飛び交う。語感から「エビデンスに基づく改善」と相性が悪そうである。果たしてエビデンスに基づく改善は可能なのであろうか。

　まずは，(1) にて述べた「教育実践における質保証」について，続く 2 節で基本的なモデルを確認することにする。その枠組みを下敷きにして，この授業における質保証を概観し，どのようなエビデンスに基づき，どのような改善が行われるのか，確認してみたい。

第Ⅰ部

第Ⅱ部

2 教育実践における基本的な質保証モデル

2-1 ADDIE モデル

まず，非常に基本的な質保証モデルとして，ADDIE モデルを読者と共有し，こ
のモデルとの比較を通じてこの授業の質保証モデルについて検討したい。

大前提として，教育工学分野は「より適切な」「より効率的な」教育実践を実現す
るための工学分野である。このなかで，インストラクショナルデザインは，教授設
計や教育設計と訳され，学習コンテンツをより合理的・効果的に設計するためのプ
ロセスについて検討している。「実践者が経験や勘だけに頼るのではなく科学的な
裏づけをもって教育を実施するための手法」ともいわれる（鈴木 1987，傍点は筆者
による）。ADDIE モデル（図 10-1）は，インストラクショナルデザインの基礎的な
モデルの一つである。教育工学者が学習コンテンツの設計・改善についてどのよう
に眺めているかを理解するのに適したモデルである。ここでは，普段 ADDIE モデ
ルやインストラクショナルデザインといった言葉になじみのない読者を想定し，こ
の授業における質保証モデルを検討するために必要最低限の解説に絞って紹介する。
より詳細な情報はインストラクショナルデザインに関する解説（たとえば，『インス
トラクショナルデザインの原理』（ガニェほか 2007），『インストラクショナルデザ
イン入門』（リーほか 2003））を参照されたい。

ADDIE モデルの手順はおよそ次のようなものである。以下では，リーほか
（2003）の解説にそい，後にこの授業の質保証との比較考察を行うため，授業実践に
寄せた記述を行って紹介する。

ADDIE モデルでは，図 10-1 に示すように教育設計のプロセスを規定している。
まず図 10-1 一番左の「分析」では，学習者・学習者を取り巻く環境のニーズ分析を

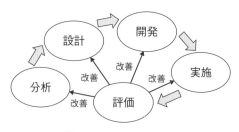

図 10-1　ADDIE モデル
ガニェほか（2007）を元に筆者改変

行う。学習者は何を学ぼうとしているのか，学習者を取り巻く関係者は学習者に何を学ばせたいのか。これらから学習プロセス終了後の学習者の「到達目標（事後状態）」を明確化し，学習プロセス前の学習者の「現状（事前状態）」とのギャップを明らかにする段階である。次に「設計」が行われる。ここでは，「分析」で明らかになったギャップを埋めるための学習コンテンツの洗い出しと系列化（順序化）が行われる。次に「開発」である。この段階では，「設計」で明らかになった学習コンテンツを実際に現場で実施するために必要な教材・教示方法（教材の解説・示し方）を開発する。次に「実施」である。「開発」段階で作成された教材や教示方法を実際に学習者に適用してみる段階（教育実践）である。最後に「評価」である。ここでは，「分析」「設計」「開発」「実施」の各段階についてエビデンスに基づく評価を行い，各段階の手順や成果物（分析結果，コンテンツとその系列，教材・教示内容，実施における工夫）の改善点を検討する。

　ここまで読んだ読者の多くは「俗にいう「PDCA サイクル」のことではないか？」と感じるかもしれない。1 節で述べたように，教育実践に限らず，工業製品の製造等を含む一般的な質保証においてプロセス品質の考え方が導入されている。このため，本書では，ADDIE モデルは「教育版 PDCA サイクルのモデル」と大まかに理解して差し支えない。ここで共有したいのは，教育工学分野では，学習者の事前状態と事後状態とのギャップに着目し，そのギャップを埋めるために合理的な学習コンテンツと学習プロセスを設計し，その設計に基づいて教育実践を行い，関係者が参照可能なエビデンスに基づき評価し，改善活動を行うという基礎的なスタンスを明確にもっているということである。

2-2　形成的評価と総活的評価

　次に共有したいのが，教育工学における基礎的な評価の考え方である。教育工学分野では，学習コンテンツの評価において，形成的評価と総活的評価を行っている。「形成的評価」という概念が出て来た経緯や当初の意味合いについては『CAI 教材の開発における形成的評価の技法について』（鈴木 1987）が参照しやすい。本書では，ここでも授業実践の文脈における大まかな理解を優先して紹介する（図 10-2 参照）。

　形成的評価とは，学習者の各段階の状態を評価し，コンテンツを改良・修正することである。授業実践においては，各コマにおいて，授業終了時の振り返りシート（俗にいうミニッツペーパー）等で学習者の各段階の理解状態を把握し，その深度に応じて次コマの内容を改良・修正することが典型例といえる。

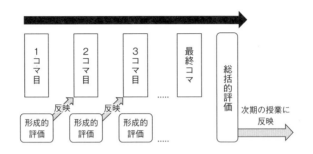

図10-2　科目運営を例とした形成的評価と総活的評価の関係（筆者作成）

　一方，総活的評価とは，一連の学習活動を終えた学習者の事後状態を評価し，教育設計全体を改良・修正することである。授業実践においては，授業期間の終わりに期末テストや授業の満足度に関する質問紙調査を実施し，その状態に応じて，次の期の授業を改良・修正することが典型である。

　これらは，わざわざそのような概念を持ち出さずとも，多くの教育実践者が実践していることであろう。ここでこれらの概念を共有するのは，質保証モデルを検討するうえで，「評価」という言葉が改善対象の異なる二つの意味で用いられていることを共有し，無用の混乱を避けるためである。

3　「キャリア・Re-デザイン」における質保証モデル

　すでに第9章で見た通り，授業の運営者は教員ファシリテーター一人ではなく，社会人ファシリテーターや学生ファシリテーターが存在し，1クラスにつき2名以上，理想的には3名の運営者によって実施される。この授業では，受講生の「反応」「様子」「態度」等と表現される教室内での振る舞いをインプット（改善材料）とした質保証が行われている。毎授業後に実施される「振り返り」と呼ばれる場で，ファシリテーターが集合し，自分の観察結果を共有するのである。この振り返りは，一見するとタイミング的に2節で紹介した「形成的評価」を行い，次の授業コマの運営内容を洗練するものであるようにみえる。もちろんその意味もあるが，振り返りの役割を考えてみると，それだけに留まらないことがわかる。このことは後に詳述する。

　ここでは振り返りで共有される「エビデンス」にあたるものについて先に検討しよう。振り返りで共有される，改善材料（受講生の「反応」「様子」「態度」などと

表現される教室内での振る舞い）は「単独の視点」からではなく，「複数の視点」から一つの現象について共有される。つまり，主観を持ち寄って相対化してインプットすることで，質保証を行うのである。これは研究者のある視点からの観察結果を知見の導出のための根拠として積極的に採用する質的研究の考え方に，似ているといえば似ている。

　一方で，これらの持ち寄った「主観」は一般的にはエビデンスとして機能しにくいとも思われている。しかし本書でみるように，振り返りは有志で録音され，議事メモも取られている（第2-7章の振り返りの様子に関する記述はその録音データに基づいたものである）。であるならば，質的研究を行うように，我々は「どのような観察から何を結論したか」がトレース可能である。つまり，小テストやミニッツペーパーのようにわかりやすい「触れる」エビデンスではないが，鈴木（1987）の言う「科学的裏づけ」に該当するエビデンスに基づく改善活動を行っているといえる。

　しかし，仮にそうだとしてもまだ，この授業の改善活動には欠陥があり，プロセス品質が保証されていない。その重要な欠陥とは，この授業では「能力Aと能力Bと態度Cを○○できるレベルにまで到達することを目標とする」といった，測定可能な学習到達目標が合意されていないことである。目標が測定可能なかたちで共有されていないということは，すなわちPDCAサイクルの「P」がないということである。「人間の尊厳に対する敬意」「他者性の獲得」などは授業の目標として掲げられるが，それは測定可能な目標とはいえない。ADDIEモデルでいえば，初期のニーズ分析（分析フェーズ）において，学習者の「到達目標（事後状態）」が定まっていない（あるいは定められない）ということである。これが定まっていない，測定可能な状態で合意されていないということは，教育工学の観点からみて大問題である。なぜなら，形成的評価にしろ，総括的評価にしろ，「あるべき状態」が不明であれば，私たち教育実践者は評価基準をもつことができない。「まさか「経験と勘」でその場その場で，なんとなく評価すると言い出すのではないか」……これが筆者がこの授業に関わりをもった当初，強く感じた疑念・違和感である。読者のために結論を先に述べると，筆者の分析する限り，この授業でも科学的裏づけに基づき，プロセス品質は保たれている。ただその質保証システム（一連の循環するプロセス）は，かなり変わったかたちをしており，一般的なものではない。以降，この授業独特の質保証のあり方を紹介する。

　この授業では，本書の第2-7章で紹介されたように，授業運営に関わるファシリテーターに大まかなコンテンツが共有されている。一方で，教授マニュアルのよう

な授業手順を理解できる文書は本書執筆時まで用意されていなかった。ADDIE モデルでいう「分析」「設計」は曖昧で，すでに「開発」されたコンテンツのみがあり，その設計意図や教授方法なども共有されていなかった。それらはこの授業に関わる既存のファシリテーター間で暗黙的に共有されており，新規ファシリテーターには「授業実践の場」と「振り返りの場」において，経験を通じて伝わっていくという状況である。そのうえ，既存のファシリテーターの間でも，根本的な部分（たとえば「何のためにアートコミュニケーションを実践しているのか」など）で個人間の理解や認識にたびたび齟齬もみられた。

　このような状況のなか，各授業日程終了後の「振り返り」は，筆者が関わり始める以前から現在まで，時間をかけて情熱的に行われている（第 2-7 章末尾の振り返り会を参照）。新規ファシリテーターとして筆者が関わり始めたときには，この「振り返り」で何を語るべきかも理解できなかった。しかし，関わって 5 年目となる現在，教育工学的視点からこの場で起こっていることを理解するに，「「メタ的な質保証」をこの授業では行っている」と捉えることができる。詳細についてはこの後具体的な発言例をみながら解説するとして，「授業実践の場」と「振り返りの場」を図式化すると図 10-3 の通りである。

　ここでいう「メタ的な質保証」という独自の語は，コンテンツや教材・運営方法

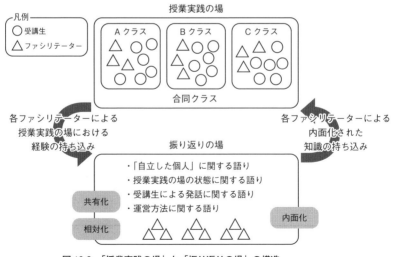

図 10-3　「授業実践の場」と「振り返りの場」の構造

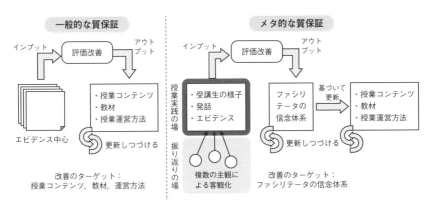

図10-4　一般的な質保証とメタ的な質保証

を改善する活動である一般的な（ADDIE モデルでみるような）質保証に対し，それらコンテンツ・教材・運営方法等を取り扱う「ファシリテーターの信念体系」を改善する質保証を指している。質保証の一般的なターゲットであるコンテンツのみを質保証のターゲットとするのではなく，通常の質保証のターゲットであるコンテンツを取り扱う人間の方をも質保証のターゲットとする，という意味で，「メタ的な」と呼ぶことにした（図10-4 参照）。

　まず図10-3 を用いて，「授業実践の場」と「振り返りの場」におけるファシリテーターの実際のアクティビティに着目した分析を試みる。図10-3 は，大きく上部と下部に分かれている。上部は授業実践の場である。図中では三つのクラスが示されているが，実際にはより多くのクラスに分かれる場合もあるため，概念的な図として理解いただきたい。ファシリテーター，受講生の数も同様である。すでに示したように，授業のうち，1 日目の 2 コマと 3 日目（合宿 1 日目）の 3 コマ目の，合計3 コマは合同クラスで実施され，合宿中は受講生・ファシリテーター共に時間外にインフォーマルな交流が発生するため，クラスの垣根を越えて交流することがありうる。各クラスを包括する枠線は，このことを示している。下部は振り返りの場である。すでに本書で示している通り，全クラスのファシリテーターが集い，各日程の終わりに実施されるものである。

　授業実践の場では，ファシリテーターは各受講生の観察を行いながら，その状態に応じた「運営方針・コンテンツの変更」をリアルタイムで行っている。その後，振り返りの場において，各ファシリテーターの視点から受講生の観察に基づく「学

習者状態の推定」や「運営手法（教示内容や教室環境の作り方など）」が情報として
交わされる。このとき，受講生の作成したフリップや作品といった「触れる」一般
的なエビデンスが参照されることももちろんある。この授業ではこれに加え，「振
り返りの場」で，「授業実践の場」を共有しているファシリテーター間（つまり，同
クラス担当者）で「学習者状態の推定」について多角的な検討が行われる。

　ここで，第Ⅰ部第1章にて示したファシリテーターおよび受講生像を前提として，
仮想事例を述べる。ファシリテーターAが，「今日のクラスは受講生Aの「……」」
という発言に象徴されるように，かなり緊張感のある場だった。自己開示を必要以
上に阻害する場になっていたと思う」と言うと，同クラスのファシリテーターBが，
「これまでのクラスの様子からすると，自己開示を阻害しているというよりは，今ま
で急速に関係が深まり過ぎていた（仲良くなり過ぎていた）部分が，「揺り戻し」て
いたように感じた」と言う。また同クラスのファシリテーターCが，「全体ではな
く，個別の話だが，受講生DとEは，これまで発言が少なく特徴的な受講生だった
が，今回に限ってずいぶんと発言していた。その意味では，ファシリテーターAは
自己開示を阻害する場というが，逆の側面もあったのでは」と続く，といった具合
だ。これは「場」を共有している複数人の視点から「主観」による受講生状態の見
立てが「多角的」に行われている状況であるといえる。このように，主観による受
講生の見立てを複数視点から検討することで，相対化しながら「何がその「場」で
起こっていたのか」という状況の把握が行われる。

　インストラクショナルデザインは，前述のように「実践者が経験や勘だけに頼
るのではなく科学的な裏づけをもって教育を実施するための手法」（鈴木1987）で
ある。振り返りの場における，同クラスの複数人のファシリテーターによる議論は，
「触れる」エビデンスで評価活動（受講生状態の推定）ができない部分を，多角的に
複数人の主観を相対化することを通じて「あの場では結局何が起こっていたのか」
の解釈を検討し，「科学的な裏づけ」としていると考えられる。

　このように，多様な立場から関わるファシリテーターがそれぞれの見立てを共有
し，各自の「受講生状態の理解」を深めることができるのは，振り返りの場の重要
な役割といえる。

　さらに，他のクラスのファシリテーターとの情報共有では，自クラスの運営と似
た手順でも受講生やファシリテーターによってまったく反応が異なることを確認し
たり[2]，似た現象に対する見立てが真逆であったりすることに気づくことができる。
多様な状況，多様な授業の運営方法，多様な解釈についての情報は，ファシリテー

ターにとって，自身が担当している授業実践の場について，さらなる相対化を行う
材料となっていると考えられる。

　ここまでの分析は，一度整理してしまえば，「科学的裏づけ」がこの授業の振り返
りでは「（物質的）エビデンス」だけでなく，「複数の主観」によっても担保されて
いるということであり，「主観を重視した質的な形成的評価を，複数人で時間を掛け
て行っている」という程度の話で済む。

　振り返りの場の特徴は，上記のような主観のやりとりのなかに，各ファシリテー
ターが振り返りの場にもたらす情報（語り）には，自身でも言語化しきれない感情
の揺れ動きに関する中途半端な吐き出しや，一見合理的でない自身の判断について
の吐露（告白）などが含まれていることである。通常の授業運営に関する議論であ
れば，それらは授業に直接関係がない情報であり，共有には値しないと判断される
こともあるだろう。けれどもこの授業の振り返りの場ではこのような情報はかなり
意識的に，積極的に交換されている。

　これは，この授業において，授業運営の具体的実装やコンテンツの内容そのもの
だけでなく，「ファシリテーターの信念形成」に質保証の重点が置かれているからで
あると考えられる。これを，「ファシリテーターの人格形成」とは表現しない。なぜ
なら，ファシリテーターの人格形成と表現した場合，本書の別の章でもふれられて
来たように，「人間は不完全である」とか「「正しい大人」は存在しない」「人生に答
えはない」「あなたと私は同等に大切で，けれども違う」といった信念に反し，「人
格とは向上できるものである」というスタンスにつながるという信念に通じてしま
うからである。つまり，各ファシリテーターの内部では，「人格が形成されて行く」
というような成長実感を伴う感覚とは逆に，「わかったつもりになっていたが，わ
かっていなかった」「知らずしらず決めつけていた」といったかたちで実感されるこ
とが，ファシリテーターの信念形成につながっている。わかったと思ったら，やは
りわかっていなかった，実践していたつもりでしていなかった，ということの連続
である。このような「できていなかった」という実感を繰り返すことが，「人間は不
完全である」「「正しい大人」は存在しない」「人生に答えはない」といった信念を
「本音で」（鮮度を保って）持ち続けるために必要な体験であるといえる。この終わ

2）第5章4節の，いりのとなかざわのやりとりがこれに当たる（☞101頁下から4行目〜
　☞102頁5行目）。同じ資料を同じような口調で説明しても，誰が説明したかによって
　受講生の受け取り方が異なる現象に言及している。

りなき信念形成に授業運営者であるファシリテーターが取り組み続けている，というプロセスが，メタ的に授業運営の質保証となっていると考えられる。

　なぜ，この授業では一般的な質保証だけでなく，このような質保証をするのだろうか。答えは単純で，到達目標を測定可能なかたちで明記しようがないからである。この授業では，「自己内対話，自己－他者対話を深める」「人間の尊厳に対する敬意をもつ」「他者性の獲得」を目指しているが，自己内対話がどのように行われれば，「深まっている」のか，他者・自己の尊厳を尊重している状態とはどのような態度を指すのか，定義するということがまずナンセンスである。これまでの章でみたように「これが理想的な自己内対話」「こうすれば他者の尊厳を尊重しているといえる」というような一概な規定を試みることが，そもそも自己内対話を阻害しているし，多様な他者への想像力を失っている状態であるからだ。事後状態（到達目標）を定義できないということは，当然，達成度を測定することも不可能である。このような「測定可能な到達目標を設定できない学習」を教室授業で成立させるために実施されているのが，上記で述べた「複数の主観をつき合わせることによる場の解釈」をエビデンスとして，「ファシリテーターの信念体系が更新され続けている（変化し続けている）」というプロセスを保証する仕組みである。

　こう考えると，「到達目標が必ずしも明確でない」とか「あるコンテンツの理想的な事後状態が，クラスによって変更されうる」ということが，決して無責任ではないことがわかる。一見すると，ファシリテーターの経験や勘に頼って運営方法が現場でころころと変更されているように見受けられる点についても，「ファシリテーターの信念形成」が質保証のターゲットであると解釈すると，その信念に基づき授業実践の場でリアルタイムに場の見立てが行われ，少しでも（その場にいる複数人のファシリテーターの場の解釈と信念体系に照らし，相談しながら）場にフィットした運営方法へと柔軟に変更されうると理解できる。そしてクラスごとの場に合わせて変更された運営の結果は，1日目〜7日目の振り返りにみられるように，同じクラスを担当するファシリテーター，他クラス担当のファシリテーターから，批判的に再解釈される。これにより，各ファシリテーターはさらに自身の信念体系を更新していく（図10-4右）。

　この授業はファシリテーターにとって，ある面では楽しく刺激的で，別のある面では非常に精神的に重たい仕事である。楽しく刺激的な面は，この授業に関わり受講生や他のファシリテーターとのやりとりを行うなかで，自身のそれまでの常識を日々覆され，知的好奇心が満たされる感覚を味わうことができること，人間につ

いて新たに知見を得る喜びを感じられることである。一方，精神的負担となる面は，このような「信念体系の揺さぶられ」を，延々と授業実践の場，振り返りの場と交互に体験することである。つまり，「信念体系の揺さぶられ」「信念体系の更新」は，それまでの信念体系の破壊を伴う。「自分とは，このような人間だったのか？」と，深い自問自答を呼び込むことにもつながる。場合によって，自己の存在を脅かされているような気分になることもある。

　このような楽しく刺激的な面と，精神的に負担を強いられる面との両面がファシリテーターにもたらされることは，ファシリテーターにとって良いことなのか悪いことなのかはわからない。ただ，この授業では，受講生である大学生たちに，己の人生を振り返って「今後，どのように生きるのか」について，自己内対話・自己-他者対話を通じた深い自問自答（自身の価値観が揺さぶられるような自問自答）を促している。このような授業である以上，ファシリテーターのみがそのような「揺さぶられ」から逃れている方が不自然であり，このような質保証のかたちに「授業の構成上ならざるをえない」ということなのかもしれない。

　このように各授業日ごとに，形成的評価とその評価に基づく次回授業の運営方針の更新（通常の質保証でも行われるもの），および授業運営者のファシリテーターが次回の授業に持ち込む信念体系の更新が行われる。授業期間終了時には，全ファシリテーターが集まり，半日かけて授業期間全体の振り返りを通して総括的評価を行う。形成的評価のときと同様に，総括的評価に基づき次期の授業の運営方針やコンテンツの見直し（通常の質保証でも行われるもの）および次期の授業に持ち込むファシリテーターの信念体系の更新を行っている。

4 二つの質保証モデルの利点と不利点

　最後に，二つの質保証モデルについて，図10-4を参照しながら利点と不利点を検討したい。

　まず，図中左の一般的な質保証モデルである。一般的な質保証モデルでは，図の単純化のために物質的エビデンスのみを評価改善活動のインプットであるかのように示しているが，実際には観察可能な受講生の具体的な発話内容・振る舞いなども含めて検討している場合もあることが前提である。これを前提としたうえで，一般的な質保証モデルを図10-4右のメタ的な質保証モデルと比較したときの利点は，教育観・学習観の異なる多様な授業運営者たちが合意しやすいモデルであることで

ある。同一科目名複数クラス開講の授業運営において教育改善を議論する場面でも，授業運営者はあくまで測定可能な到達目標に照らし，授業の結果としての受講生のアウトプットを対象に，授業コンテンツ・教材・運営方法などを洗練する議論をすればよく，教育観・学習観を始めとした授業運営者各自の信念をどの程度持ち込むかどうかは自由である。授業という複数人の人間がコミュニケーションを行う場で，授業運営者が感情的な揺らぎをまったく覚えないことはありえないとは思うが，そのことを授業運営に関する議論において，取り扱いを最小にし，授業が対象とする学問分野に論点を絞って，多くの授業運営者が安全に安心して議論することができる。一方，不利点は授業運営者にとって自身の信念体系の更新があくまで（質保証のメインターゲットではない）副次的なものであることで，場合によって「ただの仕事」の範疇に留まってしまいかねない点である。

　図10-4右のメタ的な質保証モデルの利点は，この授業のような到達目標を測定可能なかたちで設定するのが不可能な授業に適用可能な点である。さらに，質保証のターゲットは授業運営者（ファシリテーター）の信念体系そのものでもあり，授業運営者の信念体系の更新を期待できる。ファシリテーターの信念体系の更新は質保証の前提であるが，「変わりたくない」と俯瞰的に現状に留まることを自身に許可する視点をもてるようになれば「信念を変えない自由」もそこにはある。こういったレベルの授業実践者の自己内対話の経験がこのモデルの質保証プロセスには含まれており，この質保証モデルにおいては，授業の質保証活動は「ただの仕事」の範疇を越え，自身の人生を変えるような信念体系のドラスティックな転換も授業実践者にもたらすことがある。不利点は，同一科目名複数クラス開講の授業運営の議論において，多くの授業実践者が慣れ親しんだ教育観・学習観，ひいては科学観なども根底から揺らいでしまい，深刻な葛藤を引き起こしてしまいかねない点である。現場の言葉で言い換えれば，メタ的な質保証モデルにおいては，授業実践・振り返りの場の当事者としての感情の揺らぎを抜きにした議論だけでは収まらず，感情の持ち込みを最小化することは困難である。

　どちらのモデルにも一長一短があるが，多くの現場で安心安全に運用可能なモデルが一般的な質保証モデルであることは検討するまでもないと考える。一方で，我々は一般的な質保証モデルにおける安心・安全な議論と同様のレベルの安心・安全を感じながら，メタ的な質保証モデルでの議論に対応可能な態度形成を迫られている可能性はあるだろう。本章でも他章でも述べてきた，自己内対話・自己 - 他者対話によって常に自身の現在の信念体系を相対化して捉え，俯瞰的に感情面の葛藤

を含めて安心・安全に（落ち着いて），ときには楽しんで取り扱いができるようになることは，現代に生きる私たちに今，必要な素養ではないのか。

　おおげさにすぎるかもしれないが，筆者が胡散臭いと当初感じていたこの授業の質保証システムのありようについて整理を試みたのは，このような点から，新たな教養教育に関する議論の土台を提供しうると考えたからである。

【引用・参考文献】

ガニェ, R. M., ウェイジャー, W. W., ゴラス, K. C., & ケラー, J. M. ／鈴木克明・岩崎　信 ［監訳］（2007）『インストラクショナルデザインの原理』北大路書房

鈴木克明（1987）「CAI 教材の設計開発における形成的評価の技法について」『視聴覚教育研究』*17*: 1–15.

品質マネジメントシステム規格国内委員会［監修］（2016）『対訳 ISO 9001：2015（JIS Q 9001：2015）──品質マネジメントの国際規格』日本規格協会

リー, W. W., & オーエンズ, D. L. ／清水康敬［監訳］日本イーラーニングコンソシアム ［訳］（2003）『インストラクショナルデザイン入門──マルチメディアにおける教育設計』東京電機大学出版局

11 授業の沿革

中西勝彦

　本章では，「キャリア・Re-デザイン」の立ち上げ時の動向とその背景にあったものを紹介した後，この授業の歴史を三つの期間に区切ったうえで紹介する。三つの期間とは，①ファシリテーション開拓の時代（2005-2008 年度），②グループダイナミクスを促すファシリテーションの時代（2009-2014 年度），③個人の自立を促すファシリテーションの時代（2015 年度 – 現在）である。なお，本書第 1 章 3 節に記した「本科目のファシリテーションのあり方」（☞ 11 頁）と読み比べると，各期のタイトルが異なっている（区切っている年度は同じである）。これは担当筆者が違うことによるものであるが，その認識について大きな差異はない。本章では，ファシリテーションのあり方の変遷以外の要素も踏まえて，この授業の歴史をくわしく記述する。京都産業大学でこの授業がどのように立ち上がり，どのような変遷をたどってきたのかを，以下の各節で記述する。

1 科目の立ち上げ

　筆者は授業が立ち上がった経緯や背景にはくわしくない。そこで，科目立ち上げ時の担当課長であった林誠次さんにインタビューを行い，科目立ち上げ時の経緯を聞いた。以下に記す経緯や背景は，そのインタビューの内容をまとめたものである。
　低単位の学生を対象とした特殊な授業が立ち上がる背景には，京都産業大学（以下，京産大）が有する三つの特徴が影響し合っていたことがわかった。それは，(1) 就職支援とは一線を画す「キャリア教育（コーオプ教育）」を文部科学省の補助金事業として推し進めていたこと，(2) 低単位の学生を担当職員が面談し，履修指導や生活指導を行う「低単位指導」がかねてから行われていたこと，(3) 教員と職員が協働してプログラムの企画立案や運営を行う「教職協働」がキャリア教育において実践されていたこと，の三つである。
　(1) を推進するうえで，(2) での知見が活かされ，(3) の文化と結びついて，この授業が構想されたわけである。以下でくわしく整理する。

　京産大は 1990 年代後半よりインターンシップを中心としたキャリア教育に取り組んできた。その特徴は，担当部署が就職課ではなく教務課であったことだ。就職支援を目指した教育ではなく，広く社会で活躍できる学生を育てることを目指す教学発のキャリア教育を本学の特色の一つとして推し進めてきた。そこで推進力となったのが，文部科学省の補助金事業だった。京産大は，2004 年に文部科学省「平成 16 年度「現代的教育ニーズ取組支援プログラム」（現代 GP)」に採択される。これは，既存のインターンシップとは異なる大学主導型のインターンシップを核とした授業を通して，学生の 4 年間一貫教育を目指す新たな産学連携教育（コーオプ教育）プログラムである。大学主導型のインターンシップとは，学内での学び（On-Campus）と学外での体験（Off-Campus）とを繰り返すことによって，現代社会のニーズに適合した創造力のある人材の育成を目指す教育プログラムのことである。この補助金事業が採択されたことによって，ドラスティックに，そしてスピーディーに，キャリア教育が学内に展開していくことになる。

　そのようにしてキャリア教育の拡充と体系化が進むなか，意欲の高い学生やキャリア意識の高い学生だけでなく，キャリア意識の低い学生を対象とした科目も構想される。構想に至った背景の一つに低単位指導があった。低単位指導とは，単位が取れていない学生をリストアップし，職員が彼らと面談をして履修指導や生活指導を行う制度である。京産大では 1990 年代以前から低単位指導が行われており，それを事務職員が担当していた。低単位指導で接する学生は，大学にほとんど来ておらず，このまま社会に送り出すことに不安を覚えるような者が多かったようだ。同時に，彼らに何らかの気づきやきっかけがあれば，状況は好転するのではないかという感覚をもつ職員も多かった。社会や自分自身を見つめることによって低単位の学生をエンパワメントする機会の必要性が感じられていたのである。他方，学内には留年率の高止まりという目に見える課題が存在していた。このようなデータで示される課題と，低単位の学生と向き合ってきた事務職員の経験とが結びつくかたちで，この授業が構想されたのである。

　そして，その構想から開講に至る推進力となったのが正課内における教職協働の文化である。京産大では，教育のなかに職員が入って，教員と共に授業やプロジェクトを企画・運営するケースが当時から存在していた。たとえば，就職課では就職ガイダンスを授業化したり，職員が社会人をゲスト講師に招く授業を立ち上げたりして，職員が積極的に授業に関与していた。もちろん教務課も例外ではなかった。先述の現代 GP の採択も教職協働によってプログラムを構想し申請書を作成したと

いう経緯がある。教職協働によって，教員と職員とが問題意識や理念を共有しなが
らプロジェクトを進める文化が存在していたわけである。そうしたなかで，低単位
指導の経験がプログラムに反映され，この授業が立ち上がるに至ったわけだ。

　担当教員の選定にあたっては，キャリア教育の授業経験があり，かつ低単位学生
に理解のありそうな教員に依頼することになったという。そして，第1章1節の冒
頭部分（☞3頁）の一幕に至る。

　授業の構想から開講まで，かなりのスピード感で進められたため，第1期となる
2005年度秋学期は，卒業要件単位に含まれない随意科目として開講することになる。
また，この時点では低単位の学生に向けた授業のニーズは本当にあるのか，受講生
は集まるのか，どのようなプログラムが適切なのかなど，多くの課題を抱えていた
こともあり，随意科目として試行的に開講されることになった，という側面もある。

　当時，授業のコンテンツについて特段のアイデアはなかったため，授業プログラ
ムは一からデザインされることになる。低単位の状態におかれた学生に対して，ど
のようなプログラムを提供するのがよいのか。その問いの答えを明らかにするた
め，開講前に単位が不足している学生へヒアリングを行い，単位不足の要因や彼ら
のニーズを調査したうえで授業がデザインされた。授業デザインと授業運営に関し
ては，独立行政法人雇用・能力開発機構（当時）が運営する「私のしごと館」の担
当者とのつながりが大きな役割を果たした。別の授業で関わりのあった当該機構担
当者の紹介で，キャリア教育事業を展開する民間企業G社とつながった。同社と業
務委託契約を結ぶことによって協働が実現し，同社が有するノウハウがもたらされ，
この授業のコンテンツがデザインされたのである。なお，「私のしごと館」担当者と，
G社の担当者は，第1期の社会人ファシリテーターとして授業に参加している。

　このような経緯を経て，2005年度秋学期に「キャリア・Re-デザイン」が開講す
る。随意科目としての開講であったが，初回授業には20名ほどの学生が集まった。
履修ガイダンスや学生寮などで広報を行ったり，低単位指導との連動を図ったりし
ながら，開講を実現するために何とか受講生を集めようと教職協働で精力的に動い
た結果だった。林さんは当時の様子を振り返り，「最初は，本当に学生が集まるのか
という不安があった。しかし，結果的に多くの学生が参加してくれることになって，
あのときは本当にうれしかったなぁ」とインタビューでしみじみ語った。

2　ファシリテーション開拓の時代（2005-2008 年度）

　2005 年度秋学期は，担当教員 1 名と，社会人のファシリテーター 3 名での運営となった。他に，担当課の事務職員が毎回の授業に参加し，授業の後方支援や記録などを行いつつ，運営にも関与した。また，ゲストスピーカーとして，先輩学生や他部署の事務職員のほか，学内のコンビニや官公庁，民間企業で働く社会人が参加した。

　第 1 期授業の最大の成果は，受講生の発案によって 2 回目の合宿が開催されたことである。授業の最終回に，受講生の有志数名が「もう 1 回合宿をしたい」とファシリテーターに申し出たことで，2 回目の合宿が実現した。2 回目の合宿開催にあたって，学生と教職員とで数回の打合せを行い，学生の出す合宿アイデアを全員で検討し，具体的なプログラムに落とし込む作業が行われた。合宿の企画・運営を学生に丸投げするのではなく，教職員を含む全員で真摯に検討し実施したことが特徴的である。当時，教職員は学生からそのような表明が自発的にあったことに驚くと同時に，非常にうれしいことであると感じていたため，このような協働スタイルでの 2 回目合宿に至ったのである。それはこの授業がもつ意義と可能性を示すものでもあった。かくして，2006 年度より正課科目「キャリア・Re-デザイン I」として，授業が本格的にスタートする。

　2006 年度春学期から卒業要件単位に含まれる科目となったこの授業は，計 4 クラスで開講された。この期間には，第 1 期の受講生のうち 2 回目の合宿を企画した学生 3 名が，ファシリテーターの立場で授業に参加した。それは，彼らが「もっとこの授業に関わりたい」と申し出たことによる。こうして，学生ファシリテーターという役割が誕生したわけである。

　2006 年度秋学期の第 3 期以降は，計 5 クラスでの運営となり，毎学期 100 名前後の学生が受講した。ファシリテーターは，教員，社会人，学生に加え，職員も担当するようになる。また，社会人ファシリテーターとして，独立行政法人雇用・能力開発機構（当時）からの派遣というかたちで毎学期複数人の社会人が参加していた（2007 年度まで）。この時期は，各クラス 3 〜 4 名のファシリテーターを配置し授業を行っていた。授業プログラムは第 1 期から大きく変えることなく実施しており，合宿は京都市野外活動施設「花背山の家」で行っていた。

　この期間を「ファシリテーション開拓の時代」と名づけたのは，この授業におけるファシリテーションのあり方を模索していた時期だからである。授業運営の肝

となる授業後の振り返り会では，受講生の様子や各プログラムの手応えが共有され，そこで出てきた課題は学期末の「ファシリテーション研究会」で取り上げられ解決策が検討された。そしてその内容に応じて，次学期のプログラムを微修正するというやり方で授業改善が図られた。

　この期間の特徴は，プログラムの検討以上に，受講生の特徴とファシリテーターの関わり方が注目されていたことである。受講生はどのような人たちなのか，授業にどのように参加しているのか，授業を通して何を体験しどのような変化をしているのか，などに焦点が当てられ，振り返り会の場で活発に議論された。また，そのような受講生にファシリテーターはどのように関わればよいのか，受講生の様子をどのように観察し，それをどう解釈すればよいのか，そしてどのようにすれば彼らの主体的な参加を促せるのか，介入の際に留意する点は何か，なども検討されていた。この授業では開講当初より「観察とフィードバックのファシリテーション」を謳っていたが，その具体的な内容がファシリテーター間で十分に共有されていたとはいいがたかった。この理念を体現するための具体的な行動や態度，考え方は，振り返り会の場での議論を通して徐々に言語化され，共有されていくことになる。こうして，ファシリテーションという手法やスタンスがこの授業に有効であるという手応えを少しずつつかんでいったのである。

　また，この時期の学生ファシリテーターの活動も非常に活発であった。彼らは，合宿の夜の空き時間に受講生同士が交流するためのワークを開発する。これは，第1期の2回目の合宿の夜に実施された「キャリア・スゴロク」というワークがもとになっている。スゴロクゲームを通して参加者の自己開示を促す工夫がなされているこのワークを彼らはさらに発展させていく。学内の奨励金制度にも採択され，活動の幅を広げながら，さまざまな自己開示促進ワークやアイスブレイクを開発していく。開発されたものは，この授業のアイスブレイクとして実施されたほか，学内の他の授業や他大学でも実施された。

　2008年，この授業におけるファシリテーションの手応えと，学生ファシリテーターの精力的な活動とが影響し合うかたちで，「F工房」プロジェクトが起草される。これは，この授業におけるファシリテーションのノウハウを広く学内に普及するためのファシリテーションセンター（F工房）を立ち上げ，支援型教育の推進を図る構想である。これが文部科学省の「平成20年度「新たな社会的ニーズに対応した学生支援プログラム（学生支援GP）」」の採択を受け，2009年度よりF工房が学内に立ち上がることになる。

3 グループダイナミクスを促すファシリテーションの時代 (2009-2014 年度)

　2009 年 4 月，学内に F 工房が開設される。これを機に，この授業と学内の他の授業やさまざまな取組みとが接点をもつことになる。この授業で実施してきたワークショップが他の授業で実施されたり，他の授業で開発されたアイスブレイクがこの授業にもたらされたりするなど，F 工房を媒介としてファシリテーションのノウハウが学内で共有されていったのである。また，ファシリテーション研究会が学内イベントとして位置づけられ，この授業の関係者のみならず広く学内の関係者とファシリテーションのあり方について議論する機会が生まれた。同時に，学外での学会や研究会，研修会に参加する機会も増え，学外のファシリテーションの専門家とつながる機会にも恵まれた。結果的に，同じ問題意識をもつ他大学の関係者とのつながりが生まれたり，多くの学問的知見や実践ノウハウを獲得したりした。さらに，これまで学生サークル的活動だった学生ファシリテーター活動が，学内のボランティア活動として組織され，活動の幅をさらに広げていくことになる。このように学内にファシリテーションの拠点ができたことで，これまで一つの授業内でひっそりと行われていたファシリテーションの実践が，じわじわと広がりをみせていくようになる。

　そのような展開が起こるなか，この授業もまたさまざまな変化をみせる。まず，職員ファシリテーターの参加が活発になる。この授業への参加が人事制度のなかに位置づけられたことにより，毎学期 5，6 名の事務職員がファシリテーターとして参加することになる。この制度は 2011 年度秋学期に始まり 2013 年度まで実施された。また，京都府と京都市の協調事業「京都未来を担う人づくり推進事業」の「人財養成講座」の受講者と「一般財団法人地域公共人材開発機構」の実践研修生をファシリテーターとして受け入れるなど，社会人ファシリテーターが地域から参加する機会もあった（2010-2011 年度，ともに秋学期）。さらに，2013 年度にはこの授業の発展形として「キャリア・Re-デザイン II」が新設された。これは，この授業の単位修得者に創作的な対話の場を提供することで，さらなる自立を支援する授業であった。この授業で実施された「ラジオドラマ創作」のワークショップは，その後，この授業に活かされることになる。

　授業プログラムは，引き続き微修正を続けていたが，2010 年度秋学期からは合宿に飯盒炊さんプログラムが新設された。これはグループで合宿の夕食となるカレー

ライスを作るプログラムである。野外炊飯場を使って自分たちで火を起こすところ
から始め，メンバーで協力しながらカレーライスを完成させる。このプログラムは，
チームビルディングを目的としたものであり，グループでカレーライスを作る過程
でメンバー同士が交流し関係性を深めることを意図していた。なお，2013 年度から
合宿場所が京都府立ゼミナールハウス「あうる京北」に変更されたため，以降飯盒
炊さんプログラムは実施していない。

　そして，2012 年度からは，それまでさまざまな交流イベントを実施していた合宿
の夜の時間を，ナイトプログラム「夜店ダイアログ（☞第 4 章 3 節：70 頁）」に統
一する。さらに，同年度から定期試験（☞第 8 章 1 節：157 頁）を導入し，受講生
がこの授業での体験を冷静に振り返りながら言語化する機会を設ける。定期試験の
答案は受講生の変容を知る貴重なデータでもあるため，このデータを用いて質的な
研究を行い，この授業の成果を学会や論文で発表するようにもなる。

　この時期は「グループダイナミクスを促すファシリテーションの時代」と総括し
ている。すでに，第 1 章 3 節（☞ 13 頁）で述べたように，学生が自らをしばって
いる大学規範や社会認識を相対化する視点を獲得するために，この時期の私たちは
グループダイナミクスに注目していた。グループメンバー間で行われる自己 - 他者
対話が活性化することによって，学生は多様な価値観にふれ，今の自分を一歩引い
て捉えることができるようになると考えていたためである。そのために，私たちは
「どのようにすればグループワークが活発に行われ，自己 - 他者対話を促進するこ
とができるのか」に関心を向け，それを実現するためのプログラムデザインや介入
方法を議論していた。具体的には，グループワークに消極的なフリーライダーの存
在やグループ内のジェンダーバランスがワークに与える影響（たとえば，男子学生
ばかりのグループは女子学生が数名いる他のグループと比べてモチベーションが低
くなる傾向があることなど），そして少数の斜に構えた受講生が他のメンバーのや
る気を阻害する「負のマイノリティー・インフルエンス」などが注目され，それを
解決するためのファシリテーションのあり方を検討していた。また，授業内での相
互尊重の関係を維持するため，人権についてのレクチャーを始めたのもこの時期で
ある。グループワークを行っていると，どうしてもその場のノリや同調圧力が重視
され，それがときにマイノリティを差別する言動として表現される場合がある。た
とえば，外国籍の人たちに対するヘイトスピーチや，性的少数者を揶揄・攻撃する
発言，女性蔑視的な陰口などである。これらの表現は，相互尊重というこの授業の
要諦を根底からゆるがすものであるため，そのような言動は慎むよう初回授業時お

よびクラス授業時にレクチャーしている。

　また，この時期はクラスの自由裁量が認められ，新しいプログラムを試験的に実施するクラスも現れた。たとえば，クラスメンバーが互いにニックネームで呼び合う取組み（☞第3章3節：50頁）や，この授業での体験を振り返るための朗読ワークショップ（☞第6章5節：115頁）などが新たに実施された。ただし，授業の質を担保するために，クラス内のファシリテーター間で十分な打合せを行うことが求められた。クラス内のファシリテーター間で事前打合せを行ったうえでプログラムを実施し，それを授業後に丁寧に振り返ることをもってプログラムの検証を行い，それを全体振り返り会で他クラスと共有していた。各クラスで実施するワークが異なることも多くなったが，常にその内容を全体で共有することで，大きく足並みが乱れることのないようにしていたのである。

4　個人の自立を促すファシリテーションの時代（2015 年度 – 現在）

　この時期は，現在のこの授業が位置する時期であり，本書の第1部で述べられていることはすべてこの時期のことについてである。したがって，ここでは最低限のトピックの紹介に留める。

　すでに第1章3節（☞14頁）で述べたように，2015 年を境にして，この授業に長年携わってきた教員や社会人のファシリテーターがさまざまな事情で授業を離れていく。そして新たに臨床心理やキャリア教育，教育工学を専門とする教員が参加することになる。新たなファシリテーターが参加することによって，これまで暗黙知として共有されてきたこの授業の目的や勘所が，振り返り会などの議論を通して盛んに言語化されることになる。この議論が，各ファシリテーターの専門知を刺激し，振り返り会での議論はこれまで以上に活況を呈することになる。

　授業プログラムの面では，2015 年度より合宿のプログラムが大きく変更された。それまで合宿でのメインワークは行動特性認識ゲームと題したグループでの課題解決型ワークであったが，それを「物語創作ワーク」（☞第4章2節：64頁）に変更した。それは，この授業の続編的位置づけにあった「キャリア・Re-デザインⅡ」科目が発展的に閉講されるのに伴い，その授業で実施していた「ラジオドラマ創作」のエッセンスをこの授業に取り入れることになったためである。結果的に，この「物語創作ワーク」は，自己内対話を促進することにつながっている。

　一方で，ファシリテーターの体制自体は縮小傾向にある。これまで1クラスに

3～4名配置されていたファシリテーターは，最近では2～3名に縮小されている。これは，それまで業務委託契約にあったG社との契約が縮小されたこと，この授業を所管する部署が変わったこと，学生ファシリテーターの確保が思うようにできていないことなど，複数の要因が重なってのことである。

　この時期の最大の特徴は，ファシリテーションの目的をグループダイナミクスの促進から，個人の自立の促進へと発展させたことである。それまでの私たちは，グループダイナミクスが活性化するためのファシリテーションを考えてきた。それは自己−他者対話が活性化することで，学生が自分を縛っているさまざまな価値観を相対化できると考えていたためである。しかし，授業での受講生の様子やファシリテーターの関わり方を精査していくと，私たちがファシリテーションを用いて真に目指してきたのは受講生個人の自立であって，グループダイナミクスはそれを達成するための手段の一つに過ぎないと自覚するようになる。したがって，現在ではグループダイナミクスによってもたらされる自己−他者対話だけでなく，自己内対話の機会も増やし，その精度を上げていくことも意識しながら授業運営を行っている。その実際については，すでに第I部でご覧いただいた通りである。

　このように，私たちの15年あまりにおよぶ活動の歴史を振り返ると，じつに多くの変化を経てきたことがわかる。多くのファシリテーターが入れ替わり参加し，授業プログラムも修正を続け，ファシリテーションのあり方も変容し続けてきた。しかし，その変化を支え続けてきたのは，関係者による絶え間のない議論であることだけは変わっていない。

第I部

第II部

12 ある受講生の物語

中西勝彦

　第 11 章では，この授業の立ち上げまでの経緯をまとめつつ，これまでの授業実践を三つの期間に分けて振り返った。

　本章では，この授業に 14 年 28 期にわたって関わってきた筆者（以下，「私」と表記）が，自身の体験を振り返りながら，自らにもたらされた変化や自らの学びを紹介する。私はこの授業を受講し，その後学生ファシリテーター，職員ファシリテーター，社会人ファシリテーターとして授業に参加してきた。本章では，この授業をめぐるこれまでの私の体験を，学生時代と職員ファシリテーター時代に絞って記述する。

　過去の体験を振り返るにあたって，本章では当時私が記していた手記を参照する。私は小学生の頃から日記をつけており，大学生になってからは不定期ではあるが自身の心境をエッセイとして書き残してきた。手記は，自身が抱える混沌とした心情を整理するために書くことが多く，読者は未来の自分しか想定していない。したがって，本章では当時の手記をそのまま引用するのではなく，現在の私が手記をたよりに過去の自分を回想しながら記述していく。現在の私が過去を回顧するとき，現在の視点を完全に排除することはできないが，できるだけ当時の心境や状況に寄り添いながら物語を綴っていきたい。

　本章はこの授業に関わる人物の一事例である。読者のみなさんには他の章の内容と対比させながら読み進めていただきたい。

1　受講に至るまで

　私はこの授業の元受講生である。2005 年の秋学期，この授業が随意科目（卒業要件にカウントされない科目）として開講した第 1 期にこの授業を受講した。どのようなプロセスを経て私はこの授業を受けることになったのか。まずは，受講に至るまでの私の様子について記していく。

1-1 大学入学前

　もともと京都産業大学は入りたい大学ではなかった。いわゆる「不本意入学」である。高校生活を送りながら片手間に受験勉強をするのは性に合わないと考えていた私は，高校3年生の夏休みの時点で浪人することを決め，残りの高校生活を謳歌した。卒業後，予備校に通いながら過ごした浪人生活は，最初はすごく楽しかった。それまで苦手だった科目の偏差値がどんどん上昇し，関西の国公立大学を目指せる勢いを感じていた。しかし，浪人生活が折り返しに差し掛かったところで，突然受験勉強に対するモチベーションが低下した。それは成績が伸び悩んだことに加えて，私のなかに漠然とした問いが渦巻くようになったからだ。その問いとは「人は何のために生きているのか」，そして「自分は何のために生きるのか」という難問だった。これらは，小学校低学年のときに大好きだった曾祖母が亡くなって以来，私のなかに存在しつづけていた問いだった。浪人以前もたびたび自分のなかを駆けめぐってはいたものの，学校生活というルーティンのなかにあって，その問いと真正面から向き合うことはなかった。しかし，浪人生という何者でもない不安な時期に，受験勉強という虚しい苦行を行う私に対し，これらの問いは毎日のように私に迫ってくるのだった。浪人時代の手記には「夕日に向かって長い影を引きずりながら，ゆらゆらと力なく自転車をこぐ独りの私」の描写がある。それは考えても答えが出ないとわかっている問いに独り対峙する，孤独で鬱々とした自分の様子を表現したものだ。浪人時代の後半はとても苦しい時期を過ごしていた。

　結局，受験勉強に集中できなかった私はセンター試験で大きくつまずき，滑り止めだった京都産業大学の法学部に進学することになった。他にもいくつかの私立大学と地方の国立大学に合格していたが，最終的には実家から通えるもっとも偏差値の高い大学という理由で，この大学を選んだ。法学部を選んだのは他の文系学部に比べて偏差値が高かったからだ。特段，法律や政治に興味があったわけではなく，文系であればどこでもよいと思っていた。

　当時の私は，偏差値の高い大学に入ることがその後の人生をより幸せにすると素直に信じ，受験に臨んでいた。そのような偏差値至上主義者だった私にとって，この受験結果は大きなショックだった。また，そんな私に対して，現役で大学に入った高校時代の友人は「浪人したのに」と笑いながら言い放った。その言葉は私の生傷をさらにえぐったが，その場では彼に合わすように「そうやねん」と笑うことしかできなかった。入学前の3月に書かれた手記にはそのやりとりが記された後，読み返すのもはばかられるほどに自己嫌悪の言葉が並んでいた。

1-2　入学後の葛藤

「何となく」そして「仕方なく」流れ着いた大学生活だったが，入学当初は「ここでやっていくしかない」と割り切ろうとしていた。たとえ偏差値が低かろうと，興味がない学部であろうと，この大学で「理想の大学生活」を送ればよいと自分に言い聞かせていたのだ。

当時の私が「理想の大学生活」だと思い込んでいたものは，自分が面白いと思えるテーマの勉強をし，課外活動や人間関係も充実していて，創造的で刺激的な毎日を過ごすという漠然としたイメージであった。そしてそのような大学生活は，どのような大学であっても，どのような学部であっても実現できるはずだと，密かに期待していた。

しかし，入学して1ヶ月も経たないうちに大学生活になじめない感覚を抱く。それは理想と現実とのギャップと言えるだろう。大学生活が始まってすぐに，私は大学の授業は面白くないと思うようになった。数百名の有象無象が教室に押し込められ，教員の無機質で理解不能な言葉を浴びせられるだけの講義科目や，その講義科目となんら変わらない語学や演習科目を受けるなかでやる気を削がれていった。また，まわりの学生はケータイを触ったり私語をしたり寝たりしていて，授業を聞いている者はごくわずかしかいないように思われた。英語の授業では，中学レベルの英単語がわからないクラスメイトの存在に唖然とした。私はすぐに「これはひどい」と思うようになった。それは，予備校とのギャップという面もあった。予備校の授業はまがりなりにも面白かった。講師は熱意をもって授業をしていたし，受講生は熱心に授業を受けていた。それがたとえ「受験のため」という空虚な目標に向けた営みであったとしても，その場にいること自体は刺激的だった。しかし，大学の授業はそれとはほど遠い，何も得るものがなく，ただ時間をやり過ごすだけの時間であるように思えてしまったのだ。そのように感じた私が，大学の授業に見切りをつけるのはたやすいことだった。見切りをつけた私は，授業は仲良くなった友達と会うための機会だと認識するようになる。同時に，授業は単位を取るための手段であると理解し，単位修得だけに目標を絞って授業を受けるようになる。結局，私も「ひどい」と思っていた学生の仲間入りを果たすことになったのだ。

一方で，課外活動が充実することもなかった。私はクラブやサークルには入らなかった。「入れなかった」とする方が正しいかもしれない。それは浪人したことによって生じた年齢差を気にしていたからだ。先輩なのに同い年，同学年なのに年下という些細な違いを当時の私はどうしても受け入れることができなかった。志望

していた大学とは違ったということも影響していただろう。だから課外活動団体に「入れなかった」のだ。

　高校時代の友人から浴びせられた言葉は，やがて自分の内側からも発せられるようになっていた。同時にそれは自己否定から，自己擁護へと意味が変わっていた。自分がこの大学になじめないのは，偏差値の低い大学やレベルの低いまわりの学生のせいであって，自分が悪いわけではない。そう言い聞かすための免罪符に成り代わっていた。

　結局，入学直後にできた友達のほとんどは同性の浪人経験者だった。「理想の大学生活」としてイメージしていた友達とは少し違ったが，彼らとは自然と気が合った。互いの傷を舐め合うような関係だったのかもしれない。かくして，授業には最低限だけ出席し，あとは友達の家に入り浸るような生活を送るようになる。難しそうな授業はすぐに諦め，単位が確実に取れそうな授業にだけ薄く関与する。それ以外は，友達と一緒にテレビゲームをしたり，ボールを蹴ったり，バイクを乗り回したりして，目の前に広がる漠然とした暇を潰しながら時間をただやり過ごす。そのような生活は，結局1年半続いた。

　当時の私は，それはそれで楽しいと感じていたのだが，一方で，とてつもない虚しさに襲われることがしばしばあった。「自分はいったい何をしているのだろうか」，「大学生活，こんなはずじゃなかったのに」という想いがこみ上げてきた。本当は「理想の大学生活」を実現したいと考えているのに，それが体現できていない自分に対する嫌悪感とでも言えるだろうか。そのような感覚に襲われるたび，私は浪人時代に直面した「人は何のために生きているのか」，「自分は何のために生きるのか」という問いに行き着いた。大学生になってもなお，この難題にはしばしば惑わされていた。

　しかし，私は友達とそういう話をいっさいしなかった。そこには大きく二つの理由があったように思う。一つは，そのような話をした瞬間に，彼らとの関係が崩れてしまうと思い込んでいたためだ。彼らとの関係は，「理想の大学生活」を過ごしてい・な・い・という事実によって支えられ，かつ「理想の大学生活」を過ごしているように見える意欲の高い学生に対する蔑視によって強化されていた。「理想の大学生活」から距離を取り，彼らに対するシニカルな態度を貫くことが自分たちのコミュニケーションであり，大学生活の中心にいる学生に対するルサンチマンこそが，自分たちのアイデンティティそのものであった。当時の私にその自覚はなかったが，私たちはある種の「キャラ」を演じていたのだろう。大学生のアウトローとして，大

学に深くコミットせず「ダルい」と言いながらサボタージュを繰り返すというキャラを。そのこと自体に違和感があっても，それを吐露することは許されない。当時の私は，友達との関係に救われてもいたため，それを維持する意味でも，キャラに合わないことを言うのは慎まなければならなかった。それは，もし自分の悩みを打ち明けたとき，それをあっさりと流されたり非難されたりすることで，自身が深く傷つくことを恐れていたことも含んでいただろう。自分たちの現状について彼らと率直に語り合うことを私はタブー視していたのである。

　もう一つの理由は，彼らに自分の悩みをさらけだすことで，自分自身が保てなくなる懸念を抱えていたからである。自分が感じている孤独や虚しさを吐き出すことで，現在の生活に対する疑念や自分自身に対する嫌悪がさらに高まって，自分自身が崩壊してしまうのではないか，という不安を当時の私は抱えていた。自身の悩みを誰かに話すことがとにかく怖かったのだ。当時の手記にはそのことが多く綴られている。私は手記にのみそのことを表現し，自分のなかに押し留めることに努めた。そのこと自体が虚しいことだと自覚しつつも，他の方法が当時の私にはわからなかったのだ。

　そんなわけで当時の私は，友達と遊び呆ける生活を満喫することで，波のように襲ってくる孤独や虚しさを紛らわしていた。その一方で，孤独や虚しさと正面から向き合い，大学生活を何とか理想に近づけたいと独り悩み続けていた。友達と遊ぶ時間は楽しく，そして独り悩み続けている時間は苦しかった。このような心理状態は，青年期の特徴として珍しくないことだと，現在の私は理解している。しかし，当時の私は，この状態は自分固有のものであって，こんなことで悩んでいるのは自分しかいないと考えていた。そのことが，孤独や生きづらさをより際立たせていた。

1-3　この授業との出会い

　そんな状況のなか，私はこの授業のことを知る。それは2年生の秋学期が始まる前のガイダンスだった。ガイダンスのとき，職員の人が「この秋から新しい科目が始まります。それは，大学生活にモチベーションをもてない人，将来のことに不安を抱えている人に向けた授業です」とアナウンスした。それを聞いた私は「あ，自分のことを言われている」と直感的に思った。グループワークが中心で，合宿もあるというその授業に，私はすぐにひかれ，そしてすぐに冷めた。「面白そう」という思いが湧いてきた直後に，すぐさま「面倒くさそう」という思いが込み上げそれを否定したのだ。当時の私は，自分の直感を素直に認めることができなかった。それ

は，大学や教職員，まわりの学生に対する不信感，未知なる場に飛び込むことに対する不安感や恐怖心，そして自分に自信がなかったことが原因だったと思われる。

　しかし，この授業のことを忘れられなかった私は，帰宅して学内電子掲示板で調べてみた。シラバスを何度も何度も読んでみた。友達を誘ってみたが，「大学生活の負け組が集まりそうな授業」，「（卒業）単位にならない授業なんて受ける意味ない」と断られた。散々迷った末に，私は初回授業が行われる教室に一人で足を運んだ。それは，行かないときっと後悔すると思ったからだ。最後は，自らが抱える虚しさを解決する糸口がこの授業にあるかもしれないという直感を信じて，私はこの授業に参加する。

2　受講生としての経験

2-1　初回授業

　緊張しながら受けた初回授業は，単純にすごく楽しかった。それは初対面の人と新しく関係が生まれることに対する喜びからくるものだった。学部も学年も違う初対面の人たちと交流する機会を私は大学に入って初めて体験した。最初のワークで描いた絵（☞アートコミュニケーション：22-26頁）は，その後しばらく私の部屋に飾ってあった。初回授業が終わった直後は，次の授業が楽しみでしかたなかった。そのことは手記のなかにも明確に記されている。「この授業は楽しい。同じ授業の仲間，先生，職員の方。すべての人の意見が自分にとってすごく新鮮だし，これからどんな話が聞けるのかと思うとワクワクする。この感じはほんとうに久しぶりで，いつまでも感じ続けていたいし，いつまでたっても覚えていたいと思う」と。

　とはいうものの，初対面の人と接することに慣れておらず，同じ大学の学生を見下す傾向にあった私は，この授業にすぐになじめたわけではない。当時の私を知る教員は，のちに「あのときの中西くんは，すぐに人を睨みつけていたね」と振り返ってくれたし，当時のクラスメンバーは「最初の頃の中西くんは，楽しくなさそうだった」と受講後に教えてくれた。確かに私にもその自覚はあった。授業を楽しみたい，クラスの人と仲良くなりたいと欲求する自分と，それを素直に表現することはダサいと思う自分とが併存していたのだ。そのような葛藤を抱えた状態の私の振る舞いが，「人を睨みつける」という行為や「楽しくなさそう」という雰囲気につながっていたのだろう。傍から見ると，一つの授業を受講するという，たったそれだけのことかもしれないが，当時の私にとってこの授業に参加することは新たな挑

戦であり大きな賭けだったのだ。だからこそ，必要以上に緊張していたし，自己防
衛的な表現をしていた。現在の私はそのように解釈している。

　ただ，ずっとそのような振る舞いをしていたわけではない。合宿やその後の授業
を通して，私は徐々に授業になじんでいく感覚を得る。それは，楽しみたいと思う
気持ちと授業での自身の行動とが矛盾なく一致し，素直に参加できる感覚と言える
かもしれない。とくに印象深いのが次に述べる社会人インタビューでの体験である。

2-2　社会人インタビューでの体験

　私が授業になじんでいく過程で，強く印象に残っている出来事がある。それは，
社会人ゲストにインタビューする授業（☞社会人との対話：94–96頁）でのことだ。
私の所属していたグループでは，メンバー五人のなかでもっとも年長者であるとい
う理由で私がリーダーになった。リーダーという役割を与えられ，私は少しばかり
張り切っていた。大学に入ってそのような役割を任されたのは初めてだったからだ。
私は緊張しつつも，みんなの意見を聞くこととその場を盛り上げることを意識しな
がら話し合いを進めていった。そして，自分たちで考えた質問を社会人にぶつけた。
学内のコンビニの店長にはお店の裏事情を聞いたし，警察官の人には「取り調べで
カツ丼は出るんですか」と聞いた。本来なら社会人のキャリア観に迫るような質問
をすべきところで，私たちのグループは「緊張感があっては本音を聞き出せないだ
ろう」との思いから，興味本位の質問を多めに投げかけた。今振り返ると恥ずかし
い質問ばかりだが，なぜかそのような質問をしたことをよく覚えている。結果的に，
和やかな雰囲気でインタビューを行うことができたし，コンビニの店長とはインタ
ビュー後もずっと親しくさせてもらった。

　当時の私はインタビューの目的である社会人の仕事観やキャリア観を知ること自
体に興味はなかった。それより，グループメンバーと協力して一つのプロジェクト
を遂行することの方がずっと重要だった。それまでの大学生活ではそんな体験をし
たことがなかったからだ。事前にゲストのことをあれこれ想像しながら質問を考え，
座席配置や質問順，役割分担を行い，リハーサルも行った。そして臨んだ本番では上
記のようなやりとりを行って無事にインタビューを終えた。この一連のプロジェク
トにリーダーとしてしっかり関われたこと，そのことが何より楽しかったのだろう。

　ただ，インタビューの授業が印象に残っているのは，それだけが理由ではない。
インタビューを終えた後の振り返りワークでの出来事も非常に印象に残っている。
振り返りワークでは，自分たちのインタビューを振り返り，どのような話が聞けた

のかを整理し他のグループに発表した。振り返りはインタビューの雰囲気を残したまま，和やかに，そしてポジティブに行われた。ほとんどが自画自賛の振り返りだったが，そのワークの最後にメンバーの一人から「リーダー（当時の私のニックネーム）が仕切ってくれたことで，楽しくインタビューができたのかも」というコメントをもらった。私のグループの様子を観察していたファシリテーターがその言葉を引き取って，「確かに，リーダーは頑張っていたね。じゃあ，彼をねぎらって拍手しよう」と続けた。そしてメンバーが拍手をしてくれた。まわりのグループの人たちは「何があったんだ？」というような様子でこちらを見ていた。私はすごく恥ずかしかったので，自分も拍手をして誤魔化した。でも，内心はすごくうれしかったので，しばらくの間ずっとニヤけていた。今振り返っても，この時の様子は鮮明に思い出せる。それは，大学に入って以来初めて大学で他者から自分の行動や存在を認めてもらえたからだろう。モブの一人ではなく，今ここに存在する一人の人間として光を当ててもらえた瞬間だったと言えるかもしれない。当時の私にとって，メンバーからの拍手は大きな救いだった。

2-3　個人面談での体験

　この授業での個人面談（☞コラム４：84-87頁）もまた，私にとって印象的な出来事だった。担当教員であった鬼塚さんと学内の食堂で行った面談では，当時の私が抱えていた悩みをありったけ話すことができた。「理想の大学生活」を送りたいけれど送れない自身の状況とそのなかでの葛藤，浪人時代から対峙してきた問いに対する迷いなど，これまで誰にも話せずにいた自分のなかのわだかまりを吐き出した。

　そのときに印象的だったのは，鬼塚さんはただ私の話を笑顔で「うんうん」と聞くだけで，それに対して特段のアドバイスをしなかったことである。当時の私は「オトナというものは，若者の話を聞くとき，一だけ聞いて十のアドバイスをしたがる生き物だ」と思っていた。それは，それまで出会ってきた教師とか親とか社会人は，ほぼその傾向にあったからだ。しかし，鬼塚さんはそうではなかった。私の話をずっと聞いてくれたし，しかも興味をもって聞いてくれていることが伝わってきたので，私もついつい饒舌になって色んなことを話してしまった。そして話し終えてみると，これまで悩んでいたことはじつはたいしたことではなかったのかもしれないと思えてきた。同時に，自分の悩みを人に話すことは存外難しいことではなく，話を聞いてもらえることはうれしいことだと自覚できた。私はそれまで大学の教職員とまともに話したことがなかったため，大学教員はすごく遠くて，冷たい存

在だと思っていた。しかし，目の前にいたその人は親しくて温かい存在であり，人生の先達を気取って上から目線で偉そうな物言いをする厄介な存在ではなかった。「あぁ，こんな人もいるんだ」と思えた新鮮な体験だった。

2-4　2回目の合宿の実行委員に

　授業の最終回では，私の人生を変える大きな出来事が起こる。授業の最後に別のグループにいた受講生が前に出て，「あのー，もう1回合宿をしたいと思うのですが，いかがでしょうか？」と言う。そのことにクラス全体が賛同した後で「じゃあ，合宿の企画を一緒に考えてくれる実行委員を募りたいのですが，どなたか一緒にやってもらえませんか？」と続ける。他のグループの何人かが手を挙げる。手を挙げた人たちは，この授業でずっと仲良さそうにしていた人たちだったので，自然な流れのように感じた。そのときの私は反射的に「自分もやってみたい」と思った。しかし，すぐには手を挙げられなかった。その場で手を挙げるということは，これまで自分がずっと蔑視してきた「意欲の高い学生」に自分がなることを意味すると感じたからだ。この授業を受けようか迷ったときと同様に，アウトロー大学生としての歪んだ矜持が自分を斜に構えさせていた。それに，すでに手を挙げたメンバーとはそこまで仲良くなったとは言いがたかったので，余計にハードルが高かった。だから，私は素直に手を挙げることができなかった。そんなモジモジした状態の私に，同じグループのメンバーの一人が「リーダー，やったら良いやん」と声を掛けてくれた。それに続いて他のメンバーも「やったら良いじゃないですか」「やりいや」と加勢した。それは社会人インタビューを一緒に行ったメンバーたちからの後押しだった。教室中の視線が私に集まる。そして私は「あ，じゃあ，やります」と言って実行委員に立候補したのだった。

　この数分のやりとりを今でもはっきりと記憶しているのは，自分の殻を他者の力添えによって破ることができたと実感しているからだ。しかも，その他者は友人や教員，家族といった，物語としてよく語られる他者ではなく，授業でたまたま同じグループになっただけの，かりそめの他者だった。結局，彼らとは授業後に会うこともなく，この授業だけの関係で終わった。しかし，だからこそ私は鮮明に記憶しているのだろう。授業での関わりだけだったかもしれないが，そこには確かに信頼関係があり，私たちは授業を通して互いの特徴を理解し合える関係になっていた。だからこそ，メンバーは私を実行委員に推薦してくれたのだろうし，私もその後押しに素直に応じることができた。もしかすると，私がモジモジしていたことまで見

透かされていたのかもしれない。いずれにしても，この授業を受けようか迷っていたときにはいなかった他者が，このときの私にはいたのだ。これだけでも，私にとっては大きな変化だった。

2-5　2回目の合宿から学生ファシリテーターへ

実行委員としての活動は，私が理想としていた大学生活に近いものだった。学生同士で何回か打合せを重ね，2回目の合宿でやりたいことをリストアップしていく。そうして出たアイデアを教職員との打合せ時に発表し，議論しながら実際のプログラムに落とし込んでいく。それまで，ワークショップや授業プログラムなどを考えたことがなかった私にとって，この体験は新鮮で刺激に満ちたものだった。同じ実行委員との仲も深まり，楽しく合宿のことを考えることができた。

この2回目の合宿で，私は他の実行委員と一緒に「キャリア・スゴロク」というゲームを創った。これはサイコロを転がし止まったマスに書いてある質問に答えながらゴールを目指すというシンプルなものだ。質問には「小学校の時の将来の夢は？」や「高校の部活動は？」，「大学で楽しかったことは？」など，これまでの経験やその人の考えを聞くものが書かれており，ゲームを通して楽しみながら互いの人生について語り合うことを目指したものだった。これを2回目の合宿の夜の時間に全員でプレイした。すると，予想以上に盛り上がり，みんなの知らない一面を知ることができた。その様子を見ながら私は「こういうゲームを考えるのは面白いかも」と思っていた。この手応えがその後の私の活動を方向づけることになるのだが，このときはそんなことなど考えもしなかった。ただ，みんなで過ごす楽しい時間を満喫していた。

無事に2回目の合宿を終え，3年生の春を迎えるにあたり，私は実行委員のメンバー二人とともに，この授業でファシリテーターをやることになる。それは教員の鬼塚さんに対して「この授業は楽しいので，引き続き関わりたい」と申し出たことによる。鬼塚さんは私たちの申し出を歓迎し，「じゃあ，ファシリテーターとして参加してみては？」と提案してくれた。かくして，私は学生ファシリテーターとしてこの授業に参加することになったのである。

3　受講後の大学生活

3-1　学生ファシリテーター活動

3年生の春から私は学生ファシリテーターとしてこの授業に関わることになる。

学生ファシリテーターと言っても，何か明確な役割が決まっていたわけではなく，受講生に混じりながら一緒にワークをしたりいろいろな話をしたりすることが多かった。授業の草創期にあたるこの時期は，さまざまな属性のファシリテーターが授業に関わってはいたものの，みんな手探りの状態で試行錯誤を重ねていた。私もその一員として，他のファシリテーターと一緒に授業を創っている感覚をもっていた。このとき心がけていたのは「授業っぽくない授業にしたい」だった。

　そのように考えたのは，私の受講経験が次のようなものだったからである。私がこの授業を受けていたとき，授業という感覚はほとんどなかった。授業中に教員から評価されているという意識はなかったし，単位のために頑張るという構えもなかった。人を睨みつけるような態度を取っても，ふざけたことを言っても注意されることも怒られることもなかったので，教員やファシリテーターの顔色をうかがうことなくのびのびと授業に参加できた。何より，私という存在が常に大切にされている感覚があった。「受講生」のうちの一人ではなく，「中西くん」や「リーダー（ニックネーム）」としてここにいることが認められている感覚，そして互いに認め合っている感覚は，他の授業では感じたことのないものだった。「授業っぽくない」と感じたのも，このことが影響していたのだろう。そんな雰囲気のなかで過ごす授業時間はとにかく楽しかった。未知なる他者と出会うことも，自分のことを語ることも，他者の語りを聴くことも，世代や立場を超えて場を共有することも，他者から影響されることも，素直でいられることも，そして葛藤することも，すべては楽しいという感覚が伴う体験だった。そしてそれらの体験は，授業という時間の捉え方が変わる経験であり，大学という場所の見え方が変わる経験だった。「こんな授業もあるんや」，「大学も捨てたもんじゃない」というのが受講後の感想だった。

　学生ファシリテーターを始めた頃は，自分のこの経験を他の学生にも味わって欲しいという思いがあった。自分が楽しいと感じたのと同様に，他の学生にも楽しいと感じて欲しいという思いである。善意の押しつけにも似たこの思いを実現するため，私はできるだけ受講生との距離を詰めようとした。しかし，それはうまくいかなかった。この学期からこの授業は卒業要件単位に含まれる科目になった。すると，受講生は単位のために「授業っぽく」振る舞っているように感じられた。あからさまに面倒くさそうな態度を取ったり，先生の前でだけ真面目に振る舞ったり，休めるだけ授業を休んだりと，私が受講していたときの受講生とは明らかに様子が異なっていた。そんな様子を目の当たりにして，私は受講生とどのように接したらよいのか迷っていた。

　しかし，同じく学生ファシリテーターをやっていたアンドーと福ちゃん（共に当時のニックネーム）は，いともたやすく受講生と仲良くなっているように見えた。私はそんな二人のことがうらやましかった。アンドーは学年が一つ上の同い年で，常に人懐っこく学部，学年，性別を問わず人と仲良くできる人だった。一方の福ちゃんは一つ下の学年だったが，しっかりしていて学内の色んな活動に積極的に参加している人だった。私からすると二人は「理想の大学生活」を送っているように見え，それまでの私が蔑視していた「意欲の高い学生」のように感じられた。しかし，彼らと一緒に活動するなかで，二人のことをうらやましいと思うようになっていた。それは彼らとの関わりを通じて，私の抱く「意欲の高い学生」というイメージが虚像だったことを実感したからだ。目の前にいるその人は，私にはないものをもっている人であり，彼らの私に対する態度は嫌味も悪意もなくじつにすがすがしいものだった。私は二人の人柄にひかれ，そして尊敬するようになっていた。

　学生ファシリテーターの活動を始めた当初，私は受講生との関わり方に迷っており，印象的なやりとりもほぼないのだが，一方で同じく活動をしていた二人とのやりとりはとても印象に残っている。私は彼らと一緒に活動できることがうれしかった。

3-2　大学生活の変化（ゼミ活動，インターンシップ）

　3年生になって，私の大学生活が劇的に変化したかというと，そんなことはなかった。あいかわらず大学の授業にはほとんど出ず，単位修得を目的とした授業への薄い関与は継続した。一方で，それまでの大学生活から変化したこともあった。たとえば，3年生から始まるゼミに加入したり，インターンシップ授業に参加したりした。いずれもこの授業で知り合った先輩や職員の人から教えてもらった情報を参考に履修した。

　ゼミでの体験は，入学当初の私が「理想の大学生活」だと思っていたものに極めて近いものだった。26名のゼミ生がいた国際法のゼミで，私はたまたまゼミ長になった。そして，通常授業に加えゼミ合宿やゼミの一環である自衛隊の体験入隊，文化祭での模擬店や飲み会など，さまざまな活動に精力的に参加しゼミ活動を盛り上げつつ楽しんだ。ゼミを通して多くの友達ができたし，大学に入って初めて恋人もできた。3年生の私はゼミを中心に大学生活を過ごしていたと言っても過言ではなかった。

　また，インターンシップの授業も私にとっては大きな経験だった。インターンシップ先は幼稚園だったが，そこでは同世代の幼稚園教諭に多くの刺激をもらうと同時に，園児と接するなかで人と接する際の根源的な態度を学ぶことができた。と

くに後者の学びは，今でも時々思い出す。園児との交流では，大げさなほどの感情
表現と全身を使った関わりが求められた。そのことに最初は恥ずかしさやとまどい
を覚えていたが，園児に誘われるように私は少しずつ無邪気に素直に園児と関わっ
ていくようになる。そうすると，園児はますます懐いてくれるようになった。園児
とは7日間ほどしか関われなかったが，その後ボランティアで園のイベントに参加
したときも，私のことを覚えていてくれた。卒園式に参加したときは，卒園する園
児から手紙をもらった。その園児のお母さんからは，「うちの子は中西先生と遊ぶ
のがすごく楽しかったみたいで，その話ばっかりしていました」と教えてもらった。
年齢や立場を超えて，そして言葉も超えて共有できるものがあると，私は園児から
教えてもらった。この経験から，年齢や立場や言葉を超えて無邪気に素直に関わる
という，この授業における「授業っぽくない」他者性のつくり方を学んだ。

　こうして私は，この授業に限らず，大学での色んな体験を重ねながら，ようやく
大学生活になじんでいくことになる。

3-3　就職活動からの離脱と休学

　3年生の後半からは就職活動も始めた。しかし，型にはまることを求められる就
職活動に違和感を覚え，結局は途中でやめることになる。そして4年生の秋学期か
ら大学を休学することを決める。その背景にはこの授業での体験があった。

　4年生の春学期，私が担当したクラスで印象深い出来事があった。社会人インタ
ビューの回（☞94-96頁），受講生5名と社会人ゲストとのやりとりは，受講生の
自己開示の場となっていた。グループにいた6年生（留年生）が，自身が6年目に
至った理由を語り始めたことをきっかけに，グループメンバーそれぞれが自身の抱
える大学生活上の悩みを語り始めたのだ。社会人ゲストも聞き役に回り，メンバー
それぞれが自分のことを語った。場の温かさを感じるグループだった。当時，ファ
シリテーターは特定のグループを担当し，活動の様子をじっくり観察することに重
きを置いていたため，私は観察者としてその様子を遠目に見ているだけだった。し
かし，その場の様子を観察すればするほど，一人のメンバーとしてその場に参加し
たいと強く感じるようになっていた。私はそのことを教員に相談し，次の授業では
一人の参加者としてそのグループに加わることになった。

　社会人とのやりとりを振り返るその日の授業は，前回の内容をさらに掘り下げる
ことになった。私も参加者の一人として，自身の抱える就職活動の悩みを語った。
2年生から6年生までのグループメンバーは，私の話にやさしく耳を傾けてくれた。

そのことで，私はファシリテーターとしてではなく一人の学生として，一人の人間としてその場にいることができた。また，グループメンバーの一員として聞く彼らの語りは，何とも言えない新鮮さがあった。それは，自分がこれまでいかに狭い範囲の人としか関わりをもってこなかったか，そしていかにまわりの学生を表面だけで判断してきたかを突きつけられるような感覚だった。家族との関係に悩みながら自分で学費を稼いでいる3年生や，多くの友達がいて色んな活動を積極的に行っている4年生，大学を辞めようかと考えている3年生，やらなければいけないことができない自分を情けなく思っている6年生，そして，そんなみんなの話を共感とともに温かく聞く2年生。学年や年齢など関係なく自分のことを率直に語り，それを丁寧に聴く場に参加できたことによって，私は集団のなかに埋もれがちな個人の存在に気づくことができた。それは就職活動を通して集団のなかに埋もれようとしていた自己の発見であり，人を外見や属性だけで判断し多様な個のあり方に無関心だった自身の他者への眼差しの発見でもあった。

　この体験を機に，私は就職活動から離脱する。そして学生のうちにもっと多くの経験を積み，多くの人と関わることを目指して休学する。

3-4　学生ファシリテーター活動の組織化

　休学した私は，この授業でお世話になっていたキャリア支援事業を行うG社の社長（K氏）にお願いして，同社でインターンシップ的にアルバイトをすることになる。電話番や事務作業などの他に，公的なキャリア支援セミナーの受付業務も担当し，大学外のキャリア支援の現場を間近で目にすることができた。

　一方で，この授業での学生ファシリテーター活動は休学中も継続していた。そのなかで，私がとくに力を入れたのが対話を促すためのワークショップの開発であった。前述の「キャリア・スゴロク」に味を占めた私は，普段のコミュニケーションでは話しにくい想いを語ることを目指したワークを開発する。そのときの合言葉は「真面目な話を「マジめ」にする」というものであった。それは，この授業の受講経験を通して，そして学生ファシリテーターの活動を通して，このことが大学生にとって，そして私にとってもっとも重要であると考えていたためである。真面目な話を「マジ」でするのではなく，少しゆるめのニュアンスを込め，度合いや加減を表す接尾語「め」を付して「マジめ」とした点がポイントだった。この授業で出会った学生の多くは，これまでの経験や普段考えていること，将来に対する想いなどの「真面目な話」を身近な人や親しい人にできていないようだった。授業の最後に「こ

んなに真面目な話をしたのは大学に入って初めてだった」とすがすがしく語る受講生に私は多く出会っていた。その言葉を聞くと私はとてもうれしくなり、「やっぱりこういう機会は大切だ」という思いを強くしていった。

　そこで、そのような場を創出することを目的としたワークの開発を行うようになった。「キャリア・スゴロク」を洗練させたものの開発に始まり、カードゲームやパズル、身体を使ったものなど、さまざまな形のゲームを開発した。こうしたものは、この授業の合宿の夜の時間にひっそりと行っていたが、やがてナイトプログラム（☞70-74頁）へと発展した後、各クラスでのアイスブレイクとして活用されていく。それを大きく後押ししたのは、学内の補助金プログラムであった。休学した私は学内の学生活動向け補助金プログラムを活用して、対話を促進するためのワークを開発するプロジェクトを立ち上げた。それまでこの授業のためだけに活動していた学生ファシリテーターをプロジェクトチームとして組織し、活動の幅をこの授業以外にも広げていくことを目指した。開発したワークは他の授業や他の大学でも実施し、経験と知見を積み重ねた。

　同時に、このプロジェクトは私にとってかけがえのない経験となった。当初、四人でスタートしたこのプロジェクトは、最終的に10人のメンバーで活動を展開することになる。学年もバラバラで互いによく知らない者同士が集まったメンバーは、決して仲良しグループというわけではなく、頻繁に集まっていたわけでもない。にもかかわらず、このプロジェクトの最終報告書に私は「現在では「仲良しグループ以上のプロジェクトチーム」となっている」と自信たっぷりに表現していた。この活動は私にどのような影響をもたらしたのか。以下で15年の時を経た現在から解釈を試みたい。

3-5　大学生活のハイライト

　私はこの活動を立ち上げた実質的なリーダーであった。休学中だった私にとって、この活動は新たな挑戦でもあった。それは、自分が次のステップに進めそうな予感を伴ったものであり、希望に満ちていた。活動当初は、授業の受講生に声をかけたり、興味がありそうな人を紹介してもらったりして、少しずつメンバーを増やしていった。そして、新たなメンバーとの親睦を深めるために食事に行ったり、活動理念を共有するために夏休みには合宿を行ったりした。ほとんど初対面だった人との関係が少しずつ深まり、同じ活動理念のもとでフラットな関係のチームが形作られていく様子に私は手応えを感じていた。そして、私は自分たちが開発したワークを

行う場を開拓していった。学内の教職員に宣伝したり，他大学や高校の先生を訪問したりして，活動機会を増やそうと精力的に動いた。結果的に，学会で展示発表をしたり，学内外のさまざまな授業でワークを実施したりする機会を得た。私は自分たちの行っている活動の価値を認められていると感じてうれしかった。

しかし，それは私の独りよがりであった。私がそのことに気づいたのは，秋も深まるある夜の出来事だった。それはメンバーのIさんの一言から始まった。授業の打上げ会を終えてみんなが解散しようとしていたとき，IさんがMさんに「あのことを中西さんに話さなくていいんですか？」と問いかけたのだった。「えー，でも長くなりそうやし……」と迷うMさんに対して，Oさんが「話し合うなら私の家でやろう」と提案する。「この機会を逃したらもう話せないかもしれませんよ」というIさん，「行っといで」という鬼塚さんの後押しもあって，その場にいたプロジェクトメンバーみんなでOさんの家になだれ込む。そしてMさんが私に対して思っていたことをぶつけてきた。「最近ずっと思ってたんやけど，うちは中西さんに言いたいことが言えません。ってか，中西さんはずっと一人で進めすぎやと思う」という表明から始まった話し合いは，Mさんによる具体的な不満の吐露と私による言い訳にも似た反論を繰り返しながら，夜通し続いた。その場にいたIさん，Oさん，Kさん，Zさんは，ときにMさんに加勢したり，ときに私の肩をもったりしながら，それぞれの想いを表現した。私は話し合いの序盤で「こんなに頑張ってきた自分が，なんで責められないといけないのか」と思っていた。しかし，途中から「確かに，言われてみればそうだったかもしれない」と思うようになっていた。それは，指摘の内容に説得力があったからというより，Mさんや他のメンバーからの指摘がどれも私に対する率直な意見だと感じられたからだ。その率直さに引っ張られるかたちで，私も自己擁護のための弁解ではなく自分の素直な想いを飾らずに語ることができた。話し合いはいつしか活動内容に関するものから，メンバーそれぞれの過去の経験や現在の状況，そして未来に対する想いを自由に語り合う場へと変わっていた。私は「人は何のために生きているのか」，「自分は何のために生きるのか」という難題を前に苦しんできたこと，そしてこの授業をきっかけにさまざまな変化があり，今では難題を乗り越えるための手応えを得ていること，その手応えの延長線上にこの活動があることを語った。このとき私は，「やっと言えた」と安堵した，と同時に「ここまで語れるようになったんだ」と自分でも驚いた。そしてメンバーそれぞれが，それまでとは違って見えた。

結局，この話し合いで何か具体的な結論が出たわけではなかった。私とMさん

の対立が解消されたかどうかもわからなかった。ただ，そんなことはどうでもよいと思えるくらい，心が澄み渡る感覚をもって私は帰宅した。この出来事をのちの私は私小説として手記に残している。その最後の部分は以下のような内容だった。

　「もう明るくなってきましたね」とIさんが言った頃には，みんなぐったりしていた。OさんやKさんは寝ていた。Oさんの家に泊まることを決めたMさんに笑顔で見送られながら，私はIさんとともに家を出た。別れ際にIさんは「私が余計なことをきり出したから，こんな感じになってしまいましたね。よかったですか？」と言った。私は「すごくよかった。ありがとう」と言って手を振り，いつもより勢いよく原付を発進させた。曙色の空を右手に見ながら秋の朝の清らかな風を切る私は，メンバーの放つあたたかな光に照らされながら，まばゆく輝く心地だった。それは人生のなかでもっともドラマティックな瞬間であった。

3-6　「理想の大学生活」再考

　私はあの夜の経験を通して，メンバー一人ひとりと真に出会えた感覚を得た。同時に，新たな自分に出会えた感触ももつことができた。それはあの夜に「言いたいことが言い合えた」からだろう。

　「人は何のために生きているのか」，「自分は何のために生きるのか」という難問と対峙し苦しんでいたとき，私はそのことを誰にも言えないでいた。自分の抱える素直な気持ちを，そのままのかたちで誰かと共有することは私にとって難しいことだった。しかし，私はこの授業に出会い，受講生として，ファシリテーターとして授業プログラムを何度も経験するなかで，この難題と対峙するのは私だけではないこと，そして独りでこの難題と向き合わなくてもよいことを手応えとして得ることができた。そして，その手応えをたよりに，私は新たなプロジェクトを立ち上げた。ただ，私は一緒に活動するメンバーにそのプロセスを話すことができないまま，単独で突っ走っていた。私はなぜこのような活動を始めたのか，この活動に対する想いやその想いの背景には何があるのか，について誰にも語ることができないままだったのだ。私にとって幸運だったのは，そのような私の態度に不満を募らせるというかたちで抗議してくれたMさんがいたこと，そのMさんの不満を不満のままにしてはいけないと働きかけてくれたIさんがいたこと，そして話し合いになったとき，和解を急ぐことなく互いの気持ちを深く知ろうとしてくれたメンバーがいたことだ。私はあの夜に初めて自分の素直な気持ちを，もっとも語りたかった人たち

に対して語れたのである。

一方で、「言いたいことが言い合えた」からと言って、互いに「わかり合えた」わけではない。自分と他者はどこまでいってもわかり合えないのだろうということも、あの夜に実感した。しかし、「言いたいことが言い合えた」経験は「わかり合えないことをわかり合えた」という感触として自分のなかに刻まれ、メンバーとの関係を新たな段階へと押し上げたように思う。それは「わかり合えない」からこそ関わり続けようとする前提を共有できた感覚と言えるだろう。そして、この感覚こそメンバー一人ひとりと真に出会えたという感覚そのものだった。

また、あの夜の経験は、新たな自分と出会えた感触を得る機会にもなった。私にとってこの活動は、それまでイメージしていた「理想の大学生活」を超越するものになった。それは、あの夜のやりとりがそれまで経験したことがない出来事だったからであり、このメンバーとの関係が私の想像もしていなかった展開を迎えたからである。このことは、たまたまメンバーとタイミングとが一致したという点では偶然のようにも思える。他方、この授業に引き寄せられフラットな人間関係や対話の面白さと重要性とを学んだ人たちがこの授業の理念をそれぞれのかたちで体現したという点では必然のようにも思える。いずれにせよ、この活動を終え卒業を迎えるタイミングで、私は「理想の大学生活」との対比で自身の大学生活を振り返ることをしなくなっていた。それは、「理想の大学生活」などしょせんは自身の認知的枠組みのなかで勝手につくり出した虚像にすぎないと思うようになっていたからだ。そもそも自身の大学生活は、「理想の大学生活」を実現するためにあるのではない。自身の「理想」を追求している限り、新たな発見や思いもよらない展開に出会えることもない。私はあの夜の肝胆相照らす経験からそれらのことに気づいたのだ。

3-7 学生生活から職員生活へ

これまで、私の大学生活の経験を振り返ってきた。「人は何のために生きているのか」、そして「自分は何のために生きるのか」という難問と対峙し、当初は身動きが取れなかった私だが、この授業の受講をきっかけに少しずつ目の前が明るくなっていく経験をする。それを後押ししたのはこの授業で出会った「他者」であり、他者との相互作用を促した「場」であった。

私は大学を卒業し、そのまま大学に留まることになる。それは、大学の専門職員としてファシリテーションを普及するF工房（ファシリテーションセンター）で仕事をすることになったからだ。それまで「他者」と「場」の力を借りながら自分について

考えてきた私が，少しずつ「他者」と「場」そのものについて考えるようになる。

　次節からは，職員となった私がこの授業でどのような体験をし，どのように「他者」や「場」について考えてきたのかを記したい。

4　職員ファシリテーターとしての経験

　私は大学を卒業してすぐに，京都産業大学に新たに設立されたＦ工房に就職する。それは，就職活動を熱心にするつもりがなかった私に，鬼塚さんが声をかけてくれたことがきっかけだった。これまで自分が学生ファシリテーターとして行ってきた活動をそのまま継続できるイメージだったため，すごく楽しみな気持ちで働き始めた。しかし，実際はそう簡単にいかなかった。職員１年目は，葛藤の連続だった。それは，これまでやってきたことや自分のしたいことと，職員として求められることとの間で折り合いをつけるのに苦労したこと。そして，職員として立ち振る舞うことが求められる状況で，自分がどう学生と関わればよいのかを模索していたことが要因だった。そんな私の葛藤が解消され，徐々に統合されていくきっかけとなる出来事が２年目に起こる。

4-1　職員としてではなく，人として

　2010年度春学期は私にとって試練の時期だった。2010年6月4日金曜日。その日の午前中，学生時代からともにファシリテーター活動をしてきた友人との関係が破綻した。精神的ショックを受けた私は，その日の夜に鬼塚さんに相談した。二人で夕食を取りながら，彼とのことを話していたとき，突然実家から電話がかかってきた。地方の大学に通っていた弟が事故に遭い意識不明の重体になったという連絡だった。これまで静かな波に揺られながらのんびりと航海していた私は，突然嵐のなかに放り込まれたような状況に直面する。

　それからいろいろあった後，私は春学期のこの授業の最終日に，現在の自分の心境を5分間スピーチ（☞ 133-138頁）のなかで語った。まだ何もまとまっておらず，ただ混沌としている胸の内を，言葉を詰まらせながら話した。それは到底，授業のファシリテーター，大学の職員が話すような内容ではなかった。話したい内容も定まらず，時間内に綺麗に収まるわけでもない。ましてや受講生に人生の教訓を伝えるような立派なものとは程遠い，ただの個人的述懐をまとまりもなく垂れ流すだけのスピーチだった。話し終わってすぐに「あぁ，話さなければよかった」という後悔の念が

襲ってきた。それは空気を読まずに「重い話」をしてしまったこと，そして自分でも咀嚼できていない経験を受講生にぶつけてしまったかもしれないことに対する後悔だった。

　スピーチ後，互いのコメントカードを交換し合う場面において，受講生の反応は不自然なあたたかさを感じるものだった。それは「重い」，「ガチ」の話を聞いてしまったという気まずさと，過度な気遣いによって生じる反応だったのかもしれない。しかし，受講生のなかの一人とコメントカードを交換するときに，その印象が少し変化した。その彼は「話，よかったです。じつは僕には姉がいたんですが，数年前に不慮の事故で亡くなったんです。その姉のことを思い出しながらＦさん（当時の私のニックネーム）の話を聞いていました」と語ってくれた。私はそれまで彼に対して「体育会系で単位さえ取れればいいや！くらいのノリで受講している人」という印象しか抱いていなかったのだが，その印象は授業の最後に大きく塗り替えられた。そして「話してよかった，のかも」と思えた。

　半年後，私は別のキャリア系授業の合宿で彼と再会した。そして，夕食前に喫煙所で彼と二人きりになったとき，彼は「弟さんはその後どうですか？」とゆっくり聞いてきた。私は「覚えてくれてたんや」と返した後で，3週間前に弟が亡くなったことを伝えた。彼は静かにその話を聞いてくれた。そして彼は私に「そう言えば，あの授業の後，僕，友達に姉のことを話したんです」ときり出した。続けて彼は「それまで僕，姉のことは仲のよい友達にも言えなかったんです。言ったら気まずくなるかなと思って。でも，話してみて思ったのは，すごくスッキリするってことでした。そしてそれと同時に，僕は姉の死をまだ受け入れられてなかったんだと気づきました」と語った。私は秋の夕闇に響く虫の声と彼の話を聞きながら，静かに頷いていた。そして彼は「こんなこと言ったら偉そうですけど，Ｆさんも弟さんの話をいろんな人に語って欲しいなぁ」と言って黙った。互いに少し笑った後，「飯でも食いますか」と言って食堂へ向かった。

　彼とはこの合宿以降会っていない。彼が今どこで何をしているのか，私は知らない。ただ，彼との出会いの記憶はその後の私を支え続けてくれた。人と人とはほんの一瞬であっても確かに出会うことができるし，たとえその一点でしか交わらなかったとしても，その交点はその後の人生に大きな影響を与えてくれる。彼の言葉は，私が弟の死という現実と向き合うとき，常に私をはげましてくれた。また，学生から職員へと立場が変わり，受講生との接し方に迷っていた当時の私にとって，このような立場を超えた出会いの経験は，自然体の私でいるための道標となった。

職員として，学生とどう関わればよいのかを考えるとき，そもそも「職員として」という前提が不要なのだと，そのときに気づいたのかもしれない。もちろん，職員という立場を完全に取り去ることはできないけれど，私がこの授業で経験したかけがえのない出会いは，そういった立場を超えて存在することを，彼との出会いの記憶は繰り返し教えてくれる。

4-2　人と真摯に向き合うとは

　私はファシリテーターとして，そして一人の人間として，この授業で多くの人たちと出会ってきた。とりわけ，「他者」としての受講生との出会いと彼らと過ごす「場」の彩度は，時間が経つにしたがってより鮮明になっているように感じる。
　そのなかで，私は人と向き合うことについてずっと考えてきたように思う。ファシリテーションの「ファ」の字も知らなかった私は，この授業を受講しファシリテーター活動を行うなかでファシリテーションとは何か，ファシリテーターとはどうあるべきなのか，について模索してきた。まわりの教職員や社会人も決してファシリテーションとは何かを直接教えてくれない。それは彼らが出し惜しみしていたのではなく，教えるべき明確なファシリテーションなど存在しないことを示していたのだろう。私はまわりのファシリテーターとの議論を重ねながら，ときに書籍を読んだり研修会に参加したりしながら，ファシリテーションというものを体得しようとしていた。
　そのなかで私は，人と向き合うことが重要だという思いを強くしていく。目の前にいる人とどれだけ真摯に向き合えるか，ということこそがファシリテーションの肝であり，ファシリテーターの重要な態度であると気づき始めたのである。しかし，この授業で目の前にいる人と向き合うことは，ことのほか難しいことであった。とくに，単位目的という意識を強く内面化した受講生と向き合うことは非常にしんどいことだった。そのような受講生は当然，単位を楽に，そして確実に修得するための態度を選択する。彼らは強固に受講生という役割を背負っているように見え，それに引きずられるかたちで私は必要以上にファシリテーターの役割を背負う傾向があった。どうしたらそういう役割を脱して受講生と向き合えるのか。そのことが私のなかの最大の関心事になっていく。
　そんなことを胸に，他のファシリテーターと議論をしていると，さまざまな経験をもつ人たちがさまざまなアドバイスをくれる。たとえば，ある人は傾聴が重要だと説くし，またある人は問いかけこそが大切になると言う。目の前にいる人の話をじっくり聞き，それに応答しながら，話を一緒につむいでいく。そういう言葉の往

還こそがファシリテーターとして重要なのだと私は理解していくようになる。そんなことを意識していた当時の私だが，ある出来事を経験することで人と向き合うのは言葉の往還だけではないのかもしれないという思いをもつことになる。

4-3　紙飛行機の誘い

　それは，当時の私が担当していたクラスにいた K さんとのやりとりがきっかけだった。K さんは体育会系クラブに所属しており，体型はガッチリして，見た目はいかつく，授業中はいっさい笑わない。常にまわりの人をにらみつけるような態度であり，とくにファシリテーターたちに対してはぶあつい壁を築いているように見受けられた。静かな殺気を身にまとっているような彼とのコミュニケーションは非常に難しいものだと私は感じていた。私だけでなく，同じクラスを担当する教員ファシリテーターや他のファシリテーターもまた同じ気持ちであったという。彼に発言を求めても，体育会系らしくない覇気のない声で一言二言ボソッと返答するのみで，彼が何を考えているのか，どのような気持ちなのかをおしはかるのは難しかった。ただ一つ，授業は楽しくないのだろうということは誰の目にも明らかだった。

　そんな彼が，社会人との対話の回（☞ 94-96 頁）で奇妙な行動をする。インターバルグループ（他のグループが社会人と対話する様子を観察するグループ）にいた彼は，とくに何もやることがなく手持ちぶさたのように見えた。すると彼は手元にあったワークシートを折り，紙飛行機を作ってそれを飛ばし始めた。同じ教室内では社会人を招いてインタビューをしているグループがあるというのに，彼はそのことを意に介さず，まるで異空間にいるかのごとく，紙飛行機遊びを始めたのだ。そして彼は教室の端にいた私の方に向かって紙飛行機を飛ばしてきた。私は彼が作った紙飛行機を拾い上げると，彼の座っている机に移動して，「いや，これやとちゃんと飛ばへんで」と言って，私もまた紙飛行機を作り始めた。私が小学生のときに編み出した長く遠く飛ぶ紙飛行機の折り方を実演すると，それを教室の誰もいない方向に向けて飛ばした。紙飛行機は私の思っていた以上にゆっくりと，そして遠くまで飛んだ。それに対して彼は子どものような表情を見せて「それどうやって作るの？」と聞いてきた。私は彼に折り方を教えながら，彼と一緒に紙飛行機を折った。そうしてできあがった紙飛行機を彼が飛ばすと，それは先ほどとは違って曲がってすぐに落ちた。私は「まだまだやな」と笑いながら，飛ばし方と折り方のコツをアドバイスした。そして彼が再び作った紙飛行機は，私のよりも安定して飛行した。「どうだ！」と言わんばかりの彼の表情を前に，私もまた折り方に少し改良を加えて

飛ばした。こうして，社会人にインタビューをしているグループをよそに，彼と私はより美しく飛行する紙飛行機の製作に夢中になっていた。

　このことをきっかけに，授業での彼の態度が激変した……わけではない。彼はその後も同じような態度で授業に参加し，そして授業を終えていった。しかし，彼の笑顔を間近で見ることができた私は，その後の授業で彼とのやりとりに困惑することはなかった。教員ファシリテーターからは「Kさんは，中西さんの言うことには耳を傾けている感じがする」と言われた。

　結局，彼との印象深い言葉の往還はなかった。しかし，不思議と私は彼と向き合えたような気がしていた。紙飛行機を作って飛ばし合うという，大学の授業とは到底思えない一コマのなかで，しかし確かに私は彼と出会い，彼と向き合えた感覚をもてたのだ。この，一見遊びにしか見えないやりとりのなかで，私は彼自身に出会い対話していたのだろう。彼と私の幼さと原体験が呼応し合うなかで生まれた特別な時空間だったように思う。そして，その場を共有した彼との間には，自然と信頼関係が築かれていた。そこに受講生とファシリテーターという役割は存在していないと感じた。

　彼がその場で紙飛行機を作ったのにも意味があるだろうし，彼がそれを私の方に飛ばしてきたのにも意味があったのだろう。私には「いや，今はそんなことをする時間じゃないから」とか「子どもみたいなことをするなよ」のような，いかにも授業的（教員的）な態度を取るという選択肢もあった。しかし，そのときの私は直感的に，彼の「遊ぼう」という誘いに「遊ぼう」と応じたのだ。それが正しかったのかは今もわからない。しかし，彼からの，彼なりのメッセージを私は素直に受け止めることができたと思っている。

　この体験を思い出すとき，私は人と真摯に向き合うとはどういうことかを考える。人と真摯に向き合うとは，私たちが「いま，ここにいる」ことの贅沢さを互いに噛みしめることであるように思う。何かの目的のためにここにいるのではなく，ただ「いま，ここにいる」。その事実を全身で実感できたとき，そして目の前の人と分かち合えている感覚がもてたとき，私は多幸感に包まれる。お互いにさまざまな背景があり，事情があり，物語がある。そのことを理解しつつ，互いに「いま，ここにいる」ことをぞんぶんに味わう。すると，自分たちがいる場所の感触と自分たちに流れる時間に身を置くことができる。「いま，ここにいる私たち」だけが浮かび上がる。何も語らなくても，何も聞かなくても，目の前の人とともに私はいまここに生きていると確信できる。私にとって人と真摯に向き合うとはそういうことなのだと，私は彼との経験を振り返りながら実感する。

第Ⅰ部
第Ⅱ部

4-4　人間関係の固有性にこだわる私

　私は職員という立場になって，学生との距離を感じていた。それは当然のことであると自分に言い聞かせつつも，それで本当に良いのかと自問自答することも多かった。上で述べた経験もあいまって，過度に職員をきどることは学生との対話を阻害すると感じていた。

　しかし，この授業ではそのような立場や属性に対する意識を和らげ，フラットな関係を築くための方法がいくつかある。その代表的な取り組みが「ニックネームづけ」のワーク（☞ 50-52 頁）である。私はこれまでさまざまなニックネームを受講生につけてもらってきたし，受講生につけてきた。この授業で出会った学生のことを思い出すときは常にニックネームで思い出す。学生のことをニックネームで呼ぶだけでなく，学生との関係や思い出をニックネームとともに保存してきたのだろう。本書では示していないが，上で述べた2名の学生との思い出も，私のなかでは彼らのニックネームとともに記憶している。つまり，私は二人称としてニックネームを使うだけでなく，三人称としてもニックネームを使っていたことになる。たとえば，「レーコー（仮）」とニックネームで呼ぶことは，二人称としてはその人に直接呼びかけていることになるが，三人称としては私と「レーコー」との関係そのものを表現していると考えているのだ。

　そのような私の態度の背景にあるのは，人間関係を一般名詞で表現することに対する違和感である。たとえば，ゼミの「友達」や学生ファシリテーターの「仲間」，大学時代の「恩師」など，関係性に名前をつける際，一般名詞でそれを表現するケースがよくある。しかし，私はこのことに抵抗を感じていた。もちろん，複数を表す場合は一般名詞で表現するが，特定の個人を表現する場合は固有名詞で呼びたいと思ってしまう。「私の友達が……していて」ではなく「私の友達であるレーコーが……していて」と表現しないと気がすまない。それは私が学生ファシリテーターをしていたときから強く感じていたことでもある。私は学生ファシリテーターのメンバーとの関係をどのように呼べばよいのか，当時からずっと迷っていた。わかりやすく「友達」や「仲間」などと呼ぶこともできるが，そのように表現することに私は疑問を感じていた。それはそのような呼び方をすることで，私とその人との関係を過度に単純化してしまうような感覚があったからだ。メンバーそれぞれとの関係は私とその人との固有のものであって，私にとってMさんはどこまでいってもMさんでしかない。それ以外の言葉で形容したくなかったのだ。

　そのように私が考えるのは，人間関係に関する原体験があるからだ。それは，マ

ンションの隣室に住んでいたジュンヤくんとの関係だ。私は幼い頃，一つ年上の彼の家によく遊びに行っていた。それは彼がとなりに住んでいたこと，年齢が近かったこと，そして彼の家にテレビゲームがあったことが理由だった。彼は自分の気持ちを言葉で表現するのがうまくなかった。表情，声色，身体を使って自分の気持ちを全身で表現するのが彼のスタイルだった。そんな彼とはよくケンカをした。彼は気に入らないことがあるとすぐに怒り出す。全身を使って怒りの感情を表現する彼に触発され，私も感情を爆発させて対抗する。見かねた彼の母親が仲裁に入ることもしばしばであった。反対に，彼は楽しいときにとても無邪気に笑う。全身を使って笑顔を表現する彼に誘われるように，私もまた無邪気に笑う。彼と笑い合えているとき，そこに言葉は不要だった。彼とのコミュニケーションは確かにぎこちなかったかもしれない。しかし，それでも彼とともにいる時間は私にとって当たり前の日常だった。私が小学校で数年を過ごしたとき，彼は同じ学校の特別なクラスにいることを知る。それは明らかに自分とは隔てられたクラスだった。そして私は，学年が上がるにつれ，彼に対して「やさしく」接していくようになる。彼と感情的にケンカをすることもなくなった。彼と接するとき，私は常に彼に気を遣い，彼が笑顔になることを目的に彼と接していた。彼に対する眼差しはいつしか変わり，私は彼にしだいにやさしく接して・あ・げ・るようになっていた。このような私の変化は，一般的には「成長」と呼ばれるのかもしれない。しかし，私にとってはただの忘却だった。彼とピュアに接することを私は忘れてしまったのだ。私は中学生になって引っ越した。そしてそれ以後，彼と会うことはなくなった。

　現在の私は，彼が重度の障害を抱えていたことを理解している。しかし，あれから数十年が経った今でも，彼が抱えていた障害の名前を私は知らないし，知りたいとも思わない。それは，知ることで彼との関係を「○○という障害を抱える人と仲良くしていた私」というストーリーとして上書きしてしまうことを恐れているからだ。当時の私は，隣に住むジュンヤくんと接していただけなのだ。私にとって，ジュンヤくんはどこまでいってもいつまでたってもジュンヤくんであり，それ以外の言葉でこの関係性を形容することはできない。人間関係における固有性に対する私のこだわりは，幼少期のこのような体験が影響していると思われる。

　人間関係の名称を，友達や仲間，恋人，恩師といった普通名詞で表現するのではなく，固有名詞で表現したいという思いは，大学を卒業してからますます強くなった。それは職員になったことで，学生から職員だと見られることが多くなり，受講生からファシリテーターだと強く意識されることが増えたことが関係している。私

が職員になった2009年度からニックネームづけのワークが本格導入されたのは，こういう背景が影響している。

4-5　学びの場としての振り返り会

　この授業での経験を振り返るとき，ファシリテーター同士のやりとりに言及しないわけにはいかない。私はファシリテーター同士の熱く濃密な話し合いによって，成長してきたと断言できる。ファシリテーターとしての仕事が，授業で学生と関わるだけだったら，私はこれだけ長くこの授業に関わってこなかっただろう。私にとって振り返り会は，ファシリテーターとして成長するための修行の場であったと同時に，授業に対するモチベーションを維持するためのいやしの場でもあった。具体的なエピソードを挙げるときりがないため，ここではファシリテーター同士のやりとりがどのようなものであったかを私なりに書き記したい。

　授業後の振り返り会はオフィシャルな場である。オフィシャルな場というと，予定調和や馴れ合いが持ち込まれ，形式張った話し合いがなされるという印象をもたれるかもしれない。しかし，すでに他の章でも強調してきたように，振り返り会はこの授業のキモであり生命線である。ライブとして生成されるこの場は，何度やっても飽きることはなく，私にとっては毎回が刺激と学びに満ちた場であった。授業がうまくいったと感じたときは，そのことを他のクラスのファシリテーターに早く報告したいと前のめりになって振り返り会が始まるのを今か今かと待ちこがれていた。反対に，授業がうまくいかなかったときや受講生とのやりとりにしこりを残したと感じたときは，そのもやもやした感情を吐き出して早くスッキリしたいと思いながら，静かに振り返り会の席に着いていた。

　そうして始まる振り返り会は，本書の第I部の各章で紹介したようなかたちで展開される。第I部に記されている通り，振り返り会では一つの場面，一人の受講生のことであっても，じつに多様な解釈が出てくる。私はその多様な解釈に首を縦に振ることもあれば，首をひねることもあった。スッキリした感覚をもって終わることもあれば，もやもやがさらに増幅して終わることもあった。振り返り会だけでは納得できないときは，その後の食事会で続きを話し合うこともしばしばであった。

　振り返り会を通して，私は授業の場や受講生個人が立体的になっていく感覚を得ることができた。それは，場や人は単純な方程式で表現することなどできないことを身をもって学んだとも言えるし，場や他者に対する想像力が養われたとも言える。

　そのような学びを得ることができたのは，この振り返り会が同調や共感だけを求

めない議論の場であったことが大きかった。振り返り会には，互いの意見や体験に耳を傾けつつも，その内容に関してときに保留し，ときにじっくりと取り扱い，安易にわかった気にならないというねばり強さがあった。このようなねばり強い議論を通して，私は多面的に場や人（自己および他者）を見ることができるようになったと感じている。

4-6　職員生活を振り返って

　職員としての6年間は私の人生において重要な時期だった。学生時代に向き合い続けた難問，すなわち「人は何のために生きているのか」，「自分は何のために生きるのか」という問いに対し，唯一絶対の解を求めたがる態度を手放した時期でもあった。しかし，それは思考停止を意味しない。むしろ，自分のあらゆる経験を材料に，折々の解を導き出そうとする姿勢へと変化したのだ。同時に，それまで個人的なものとして自分の内に留めていたこれらの問いを，外に向けて開いていく期間でもあった。「人は何のために生きていると思う？」「あなたは何のために生きているの？」という問いに変換したうえで，「とにかく話そう」「一緒に考えよう」という態度をとるようになっていったのだ。

　そのときに私が重視したのがフラットな関係だった。本書で幾度となく取り上げてきたフラットな関係は，私とあなたがともに難問と対峙する際に必要な前提条件である。普遍的なテーマを前に上下も前後も優劣もない。「同じ人間として，ともに考えませんか？」「考えることって意外と楽しいですよ」というのが，職員ファシリテーター時代の私のスタンスだった。もちろん，それがうまくいったと感じるときもあれば，そう感じないときもあった。常に試行錯誤だったし，それは現在も続いている。

5　執筆を終えて

　これまでこの授業にまつわる私の経験を記してきた。まずは，このような長文におつき合いいただいた読者のみなさんに感謝申し上げたい。じつはこの章を書き上げるまでに，私は三年以上の歳月を費やした。なぜそんなに時間がかかったのか。それは過去の自分をナメていたからだ。私はこの章を書き始めた当初，手記を振り返りながら思い出をなつかしむような気分で書けるだろうと高をくくっていた。しかし，実際に過去の記述を読み返してみると「そんなことで悩んでいたのか。あの

頃は若かったなぁ」となつかしめるようなものではなかった。文章の向こう側にいる過去の自分は，歴とした他者だったのだ。手記にはその「彼」が記した切実な言葉が並んでいた。それは，生存に直結する人生を賭した言葉のように感じられた。現在の私が忘れてしまった感情が，むき出しのまま並べられていたのだ。私は「彼」が記した文章を読む度に，さまざまな感情が湧き上がり，そして深く考え込んでしまった。「なぜ「彼」はそんなことを考えていたのか」「このときの「彼」はどんな気持ちだったのか」など，過去の記述の一つひとつに私は心を揺さぶられてしまった。そしてキーボードを叩く指が進まなくなった。

　それでも，なんとかこの章を書き上げることができたのは，本書の共著者の存在があったからだ。本書を作成するにあたり，私たち著者は何度も集まってそれぞれの原稿を読み，内容について熱く議論してきた。ときに合宿をし，夜遅くまで議論することもあった。ある合宿でこの章の下書きを扱ったとき，不思議な温かさに包まれる場面があった。笑いあり，涙ありの異様な場となったその読み合わせ合宿で，私はこの授業で一緒にファシリテーターをしてきた共著者からさまざまなコメントをもらった。私が授業を通してどのように変わったのか，私は授業でどのように振る舞っていたのか，私の憎らしいところや憎めないところなど，率直なコメントを多くもらうことができた。それはともにこの授業をつくり，育ててきた人たちからの温かなプレゼントだった。恥ずかしくもうれしいその場でのやりとりを通じて，私は似たような経験をしたことがあると思い出した。それは本章の「大学生活のハイライト」に記したエピソードでの経験である。私は，あの夜のドラマティックな経験を青春の一コマとして自分のなかに刻んでいた。実際の下書きには「あのような美しい場はまさに青春だった」と記していた。しかし，あのようなドラマティックな場が実現できたのは青春だけが理由ではないことを，私は共著者との合宿で実感することができた。それでは，なぜドラマティックな場面が訪れたのだろうか。もっと言うと，この授業ではなぜこんなにもドラマティックな瞬間に出会うことができるのだろうか。その要因を言語化したいと思い，私はこの章の執筆を続けた。

　本書の各章や各コラムで，各著者が「フラットな関係性」や「相互尊重」「人と人との水平な関係」「一人の人として接する」「ワタシとアナタ」と表現してきたが，本章では（これらの言葉を使いつつも）できるだけ当時の自分の心境に寄り添うかたちでその要因を記述してきた。うまく表現できたと言い切る自信はないが，ある程度のリアリティとともにその要因を説明できたのではないかと振り返っている。やむなく削除したエピソードもたくさんあるし，紹介しきれなかった私の葛藤もたく

さんある。じつはもっとも時間を要したのは，どのエピソードを採用するかを決めるまでの時間だった。それほど，この授業での経験は私にとってかけがえのないものであり，他者との関わりは尊いものだった。

　最後に，私にとってこの授業がどのようなものだったかを記したい。私にとってこの授業は「わがまま」でいられる場所だった。これは身勝手も許されるというのではなく，「自分のまま」でいることができる，つまり素直な自分，ありのままの自分でいられる，という意味で使っている。それは日常生活で背負っているたくさんの荷物を肩から下ろし身軽になる様子にたとえることができる。受講生のときの私は，まわりの人たちの手助けを得ながらゆっくり荷物を下ろすことができた。学生ファシリテーターの頃は，自分が普段どんな荷物を背負っているのかを他者とともにじっくり確認する機会になった。職員ファシリテーターになってからは，荷物がどんどん増えていきそのことに苦しみつつも，たまにそれを下ろせたときに喜びを感じるようになった。この大学を離れ，社会人ファシリテーターとして参加するようになってからは，荷物を下ろせるこの場所を自分にとっての憩いの場と認識するようになっていた。この社会を生きていくにあたって，荷物を背負わずにいることはしんどいことである。しかし，荷物を背負い続けることもまたしんどいことである。たまには荷物を下ろして息抜きするとともに，身軽な私と荷物の重さとを確かめる機会が必要ではないか。そして私にとってその機会がこの授業だったのではないかと考えている。

　私が「荷物を下ろす」というメタファーを用いて表現したいのは，川出さんのコラム（☞128-130頁）に記されている「武装解除」と似たニュアンスである。そのイメージをより具体的に表現するため，この授業のプログラムである「物語創作ワーク」（☞64-70頁）に参加したと仮定して，以下の物語を創作してみた。

　　私は青々とした芝生がひろがる広場にやってきた。まわりは鬱蒼とした木々が生い茂っているのに，なぜかここは木が生えておらず，代わりに芝生に覆われた小高い丘と小さな池がある。そこにはすでに見ず知らずの人々がいた。みんな重そうな荷物を背負っている。開放感にあふれた風景に驚いているのだろうか。みんなそわそわしているように感じる。

　　私は少し大げさに「どっこいしょ」と言って芝の上に荷物を下ろし，地べたに腰を下ろす。そしてまわりの人に聞こえるように「ふーっ」とひと息つく。すると，まわりの人たちもぎこちなく動きながら自分の座る場所を見つけ，荷物を下ろして座りだ

す。私は近くにいた人と「どーも」と言って会釈する。相手は「どこからいらしたのですか？」と聞いてくる。他愛のない会話が続いた後，その人は「ここは何のための場所なんでしょうかね？」と尋ねる。私は少し考える素振りをした後「休憩するための場所なんじゃないですかね」と答えた。すると「ここに来るのは初めてですか？」と再び尋ねてくる。私は「何度か来たことがある気もするし，初めてのような気もします」と曖昧に答える。ふとまわりを見渡すと，人々はいろんなことをしている。芝生に寝転がって青空を眺める人もいれば，森から聞こえる鳥のさえずりに耳を傾ける人もいる。虫の後を追いながらウロウロする人もいれば，池の魚と会話する人もいる。私はその場に寝転がると，その人は「あなたのその荷物には何が入っているのですか？」と問うてきた。私は「見ますか？」と言って起き上がり，荷物を開けて中身を紹介する。私の荷物を紹介し終える頃，雨が降ってきた。広場にいた人の多くは急いで荷物をもって森の中に避難した。私も避難しようとしたとき，隣の人が傘を取り出し私たちの頭上に差してくれた。「ありがとうございます」と言う私に「いえいえ」と返すその人の，傘を支える手は小刻みに震えていた。雨はすぐにやんだ。西側に傾いた太陽の光が再び広場を照らし始める。隣の人は傘をたたみながら「これが役に立つときがあってよかったです」と言う。すると丘の上にいた人が「見て！」と大声で叫ぶ。その人が指さす東の空に目をやると，そこには完璧な虹がかかっていた。みんなが丘の上に集まる。私たちも丘の上に駆け上がり虹を眺めた。隣の人は虹を見ながら「なつかしい」と呟いた。私は「この場所はみんなで虹を見るためにあるのかもしれませんね」と言って，互いに笑った。虹が消えゆくなか，その場にいた人たちは互いに目を合わせニコッと微笑みあう。そして私は「どっこいしょ」と言って荷物を背負い，隣の人に御礼を言って，自分が来た方向に向かって一人歩き出した。そのときの荷物は不思議と軽く感じられた。

これまでとはテイストの違う文章を最後に差し込んだことをお許しいただきたい。しかし，この物語には私が考えるこの授業らしさが凝縮されているように思う。本来の「物語創作ワーク」では，物語発表の後の振り返りを通して，作品に込めた作者の意図や作品から浮かび上がる作者の価値観について対話を深めることになるが，それは別の機会に譲りたい。「もしその機会が訪れたら，荷物を下ろし，芝生に座り，互いの荷物について話し合ったり，ともに虹を眺めたりできたらよいですね」とお伝えし，本章を締めくくりたい。

おわりに

　低単位学生向けキャリア教育科目である「キャリア・Re-デザイン」の授業実践について長々と書いてきた。辛抱強くここまで読んでいただいた読者のみなさまに感謝申し上げたい。この最後の章では，すべての執筆者に通底する授業観・教育観らしきものをあぶりだす作業に取り組み，私たちが大学教育の現状のどういうところに不満や危機感を抱き，またどのような方向に改革していきたいと思っているのかを明らかにしたい。またその作業からみえてくる大学教育，もしくは教養教育の未来像についても述べてみたい。

なれあい文化への危機感
　執筆の作業が終わりに近づき，原稿が出揃って，執筆者たちが書いたものに二度，三度と目を通すうち，私を含めた執筆者たちが一様に抱えている危機感，大学教育とりわけ教養教育の現状に対して「このままではいけない，何とかしなければ……」という危機感が原稿の行間から立ち上ってくるのが感じられた。それをあえて言語化すれば，「学生と大学人の双方を包みこんでいるある種の大学文化に対する危機感」と言い換えられるだろう。
　この「学生と大学人の双方を包みこんでいる大学文化」とは何か。それは，一言でいえば「グローバル化の流れにのって能力主義と成果主義を基盤とする制度設計を推進する大学と，そうした流れに単位至上主義・単位消費主義で応えようとする学生との，そのあいだに存在する「齟齬」ないし「行き違い」があたかも存在しないがごとくに振る舞う，ある種のなれあい的共犯関係」のことである。
　大学は，グローバル化，産業界からの要請に応えて能力主義・成果主義を基盤とするカリキュラム編成を行い，学生に提供する。大学が願っているのは，個々の学生が「自分はせっかくこの大学に入学したのだから，○○と▽▽はしっかり学んで卒業しよう」と考えてくれることである。そう願うこと自体が間違っているとは思わない。そこに欠けているのは，入学してくる若者たちがどのような人たちであるかということへの洞察である。この洞察には終わりがない。
　学生はこうした大学からの働きかけに対し，単位至上主義・単位消費主義という態度で応える。それは彼らが「大学は自分の個的な事情——大学教育へのモチベー

ション，専門へのモチベーション，経済状況等々——を考慮してくれるわけではない」と感じているからだ。「もし大学が個的な事情を考慮してくれないのなら，自分は自分のモチベーションと家の経済事情が許す範囲で，できる限り効率よく単位を取って卒業することにしよう」——学生の多くはこう考える。つまり，大学の思惑と学生の反応とのあいだには大きな齟齬が生じているわけだ。

　問題は，（自戒をこめて言おう）多くの大学人がこうした齟齬に気づいてはいても見て見ぬ振りをしていることだ。なぜか。それはそのほうがラクだから。教員の多くは，「自分の受講生たちの何分の一かは自分の教えることを学習してくれない」と感じている。しかし同時に「その責任は学生の側の勉学意欲の減退か，自分の教員としての力量不足かのどちらかだろう」と考え，その責任が先に述べた構造的なものにあるとは考えない。構造的なものを改革していくのはとても困難な作業になることを知っているからだ。

　学生の側も抗議の声をあげない。そのほうがラクだから。学生の多くは，授業料を払って大学卒業証書を手に入れるため，大学が用意した制度の枠内でできるだけ効率よく単位をスタンプラリーのように集めることを選択する。私が「学生と大学人の双方を包みこんでいる大学文化」「ある種のなれあい的共犯関係」と呼んだものは，こうした共犯関係のことだ。

　では責任は双方にあるのか。否，責任は大学の側にある。こうした状況を変えられるのは大学の側だからだ。これについて山田創平さんはコラム（☞ 146–151 頁）のなかでカントを引用しながら，人は人を手段に使ってはいけないという意味のことを述べている。これはこう読み替えられる——「大学は自分たちの存続のために学生を手段にしてはいけない」。大学教員と学生とのあいだには「大学の権威」という大きな溝が存在するから，学生がたとえば「大学教員のもつ専門知識を利用してやろう」と考えられるような立場に立つことは難しい。「ある種のなれあい的共犯関係」の文化は，大学の側から変えるしかない。私が執筆者の書いたもののなかに見出したのは，なれあいの文化をなんとかして払拭し，学生たちと新たな関係を結びたいと考える者たちの声であった。

受講生にとっての授業の価値

　では，私たちは私たち自身と学生を包み込むなれあいの文化を抜け出して，何をしようというのだろうか。これについては，第 2 章から第 7 章にかけて述べてきたこと，一言でいえば「受講生が思ったこと，表現したいことを，まわりの受講生を

気にしたり教員の思惑を忖度したりせずに表現できる環境を整えること，そしてそのことを通じて他者との対話の深まりが自分にとって，他者にとって，ひいては社会にとって建設的な価値をもちうることを学ぶこと」となるだろう。ただ，学ぶ主体は受講生であるから，私たちの仕事は受講生の学びを支援すること，となる。私たちが自分たちをファシリテーターと位置づけるのは，学びの主体が受講生であることを忘れないためでもある。

　では，「他者との対話の深まりが受講生にとって，他者にとって，ひいては社会にとって建設的な価値をもちうることを学ぶ」というときの「建設的な価値」とは何か。私たちにとっての「建設的な価値」とは，以下の３点に集約されるだろう。①個人が自分の考えを表現することそのものの価値，および表現行為が他者にもたらす，表現する人を尊重しようとする感情；②目の前にある課題について探究する態度・志向性；③未知のことを知ろうとする態度・志向性。②を，専門を学ぶ人に共通する知的態度，③を教養人としての知的態度，といってもいいだろう。②は与えられた課題や困難を克服していこうとする志向性を，③は知に対する日常的な志向性をもつ。

　この授業における①表現することの価値については，入野美香さんがコラムでくわしく論じている（☞ 84-87 頁）ように，表現の内容というより表現する行為そのものに価値が置かれる。自己決定的な表現は，たとえそれが沈黙に支配されていたとしても，深い対話を発動する。第４章２節の川出健一さんの報告（☞ 64-70 頁）には，物語創作のような，深い自己内対話の結果生み出されたものには，他者（この場合は物語を創作した人）を人間として尊重するよう向かわせる力があるとの指摘がある。これが①他者を尊重する態度のことである。南太貴さんはコラムで，受講生としてこの授業に参加したとき「大学での成果主義に疲れた私にとって，一人の人間として興味を向けられる経験は新鮮に感じた」と述べている（☞ 40 頁）が，この発言は，それまで受けてきた授業において彼が何かを発言したり表現したりする主体としては見られていなかったことを物語っていよう。「居場所がない」ということは耳を傾ける人がいない，興味を向ける人がいないことであるという事実が，私たち大学人に突きつけられている。

　②と③については，2020 年から 2022 年にかけて地球規模で猛威をふるい，京都産業大学も多大な影響を受けることになった新型コロナウイルス感染症への対応という文脈で考えてみたい。たとえば学内にあるコンビニエンス・ストアの店長さんや学生アルバイトの人たちにとっての課題は「どのようにして店内で感染が起こらないようにするか」であろうし，具体的にはウイルスの感染経路を知り，それを店

内での人の動きに読み替えたうえで感染経路を遮断する，もしくは最小限に止める
ことが課題となろう。一方，コンビニの経営者にとっては，サプライチェーンをい
かに維持するか，労働力をいかに確保するかが課題となるし，政府や自治体のリー
ダーにとっては，コンビニを休業要請の対象とするか否か，またその根拠は何かが
課題となるし，コンビニに商品を提供する企業にとってはいかに生産体制を維持す
るかが課題となる。

　一方，コンビニと違って大学教育は真っ先に休業要請の対象となったし，大学も
これを受け入れたが，この事象を理解するためには，「新型コロナウイルスはどの
ような環境で感染するか」といったウイルス学・疫学的基礎知識はもちろんのこと，
「私たちの社会がもっとも尊重すべき価値と位置づけているものは何なのか」とい
う哲学的，倫理学的アプローチも欠かせない。要するに，新型コロナウイルスの感
染拡大とそれに対する社会の対応を理解し，実践していくためには，専門的知識を
ふまえて行動することと幅広い教養人であること，この二つが求められるわけだ。

　問題は新型コロナウイルスの感染拡大に限らない。環境破壊と生態系の危機，大
量破壊兵器の脅威，格差社会……ほんの数例をあげただけでも，大学が「与えられ
た課題について探究する人」と「幅広い教養人」を養成する責務を社会に対して
負っていることは明らかであろう。多くの分野の専門家たちがひとところで活動し
ている機関は大学をおいてほかにない。大学だけが，相互尊重の風土のなかで幅広
い視点から特定の事象にどうアプローチし，探究心をもって課題解決にどう取り組
むかを学ぶ場，これを提供することができる。そして私たちの考えるところ，この
場への入り口が「深い対話」なのだ。

ファシリテーターにとっての授業の価値

　第9章5節において松尾智晶さんは，ニックネームで呼び合うことなどを通じて，
教室での教員－学生の上下関係を半ば取り払うことで，教員も学ぶ主体になりうる
ことを指摘している（☞185頁）。この指摘は，教員－学生の固定化された上下関係
によって「教員が学生から学ぶ」「大人が若者から学ぶ」「教員が学ぶ主体になりう
る」という可能性を教員はみすみす逃していることになるという意味できわめて重
要である。

　学ぶ主体としての教員ファシリテーター，社会人ファシリテーター，学生ファシ
リテーターのあり方は，第10章の中沢正江さんの論考からもうかがえる。中沢さ
んによれば，この授業に参画する私たちファシリテーターはファシリテーターとし

ての信念形成の途上にあると位置づけられる。私たちは授業終了後に振り返り会を
もち，各クラスの授業運営における成果と課題とを主観を交えて報告し，議論する。
第2章から第7章にかけての末尾につけた「振り返り会場面集」を読み返してみる
と，同じ事象を見ていてもファシリテーターによってその捉え方が大きく違ってい
ることがしばしば起きる。このことは何を物語っているのだろうか。

　授業が終わった時点で，ファシリテーターたちは「授業で何が起こったか」をい
まだ言語化しておらず，授業の経験は記憶の中で混沌状態にある。振り返り会の場
で，授業中に起きたことをファシリテーターたちが「AクラスではBが起きた」
「AクラスでBが起きたのはおそらくCが原因だ」というようなかたちで言語化し
ていく。言語化はしばしば滞る。Aクラスの別のファシリテーターから「Aクラス
でBが起きたのはCが原因ではなく，Dが原因だと思う」とか「そもそも私はA
クラスでBが起きたとは思わない」といった発言が出ることさえある。別のクラス
のファシリテーターからは「EクラスでもBは起きたが，その原因はCでもDで
もなく，Fだろう」……。議論がある着地点に収れんすることもあれば果てしない
堂々巡りに終わることもある。

　このようなかたちで運営される振り返り会の意義とは何だろう，と自問してみる。
意義は，おそらく，三つある。一つは，授業終了時にファシリテーターが抱えてい
る混沌，さまざまな記憶，学び，うれしさ，後悔の念などの入り混じった混沌がいっ
たん言葉に表され，相対化されること。振り返り会がなかったとしたら，ファシリ
テーターたちは混沌を抱えたまま寝床につくことになるだろう。二つめは，同じ事
象であるはずのものが，人によってさまざまに解釈されうるのだという事実を認識
すること。そして三つめは，教員，社会人，学生などの属性こそ違え，同じファシ
リテーターとして，授業で対話する受講生と同じスタンスで（同調圧力や忖度の文
化から自由になって）対話しているという意識をもちうることだろう。中沢さんの
いう「ファシリテーターがファシリテーターとしての信念を形成する場」を提供し
ているわけだ。

　振り返り会が「ファシリテーターとしての信念を形成する場」となっているとい
う指摘は，これまで社会人ファシリテーターや学生ファシリテーターを経験してき
た白瀧礼奈さん，南太貴さん，中西勝彦さんの文章にもうかがえる。白瀧さんは振
り返り会そのものというより，そこで出会った人たちが自分や他者を丁寧に扱って
いることに深く影響され，「自分は生まれ直し」たような気がすると述懐している
（☞18頁）。ここで重要なのは，「集団の規律」が優先する高校の環境から「自由な」

大学環境に身を移したときに「居場所」を失い，「存在」そのものをも「失った」と表現せざるを得ないような危機的状態に陥った点だろう。「規律の世界」から「自由・放任の世界」へ移行したことで「居場所を失う」ことがこれほどまでに甚大な影響をもたらしうることを私たちは肝に銘じておかなければならない。高校教育と大学教育とのあいだの齟齬という，構造的な問題を明らかにしているという面も含めて。

　白瀧さんのコラムから読み取れるもう一つの重要な点は，キャリア・Re-デザインで複数の教員と出会うまで，白瀧さんが自分の大学不適応に気づき，そこから抜け出す過程を支援する資源（人やプログラム）を学内では見出し得なかったということだろう。

　南太貴さんはこの授業での5年間にわたるファシリテーターの経験について「私の現職における基盤となった」と述懐している（☞41頁）。ユースワーカーという現職の信念を形成していく過程が述べられているが，その過程が「ファシリテーターとしての信念を形成していく」過程と一直線につながっていることがうかがえて，貴重な自己省察となっている。

　第9章1節で中西勝彦さんは，ファシリテーターの属性が多様であることの意義を述べている。基本的に三つの属性——学生，社会人，教員——のファシリテーターがおり，これに職員ファシリテーターが加わる場合もある。三者に共通する意義は「教員－受講生という二項対立的関係をやわらげ，（松尾さんがふれているような）よりフラットな関係を構築するため」である。多様な属性は多様な視点，多様な価値観の表明につながり，より深い現状認識や人間理解をもたらす。

　続く2節で中西さんは学生ファシリテーターを取り上げ，学生ファシリテーターは原則として当授業の元受講生であり，かつ賃金や単位という見返りのないボランティアでもあるから，受講生の半歩先を行きつつ受講生に安心感と期待感とを与える存在であるとする。受講生から見れば，学生ファシリテーターは，この授業での自分たちの先輩にあたる人であり，授業終了後もボランティアで授業に参画している，「ちょっと変わった授業の，ちょっと変わった先輩」と映る。このとき，それまで「低単位の状態にあるダメな学生」というレッテルを自分に貼りつけ，「教室に自分の居場所はない」と感じていた学生たちが「この授業はひょっとすると自分の居場所になるかもしれない」と思いはじめるのだ。

　同じ第9章の3節で川出健一さんは社会人ファシリテーターが参画することの意義について述べている。それによると，社会人ファシリテーターの役割は二つある。一つめは評価者ではない（つまり教員ではない）大人として授業の場にのぞむこと，

二つめは大学ではない，ビジネスの世界に軸足を置いた者としてそこにいることである。大学とは異なる視点と価値観が彼らによって授業に持ち込まれるわけだ。このことは，社会人ファシリテーターとして参加した小森弥生さん，三次亜紀子さんのコラムに明らかだ。彼女たちのとまどいと葛藤は，社会教育と大学教育の違いを浮き彫りにすると当時に，両者の協働の可能性を示唆している。

対話は信念体系の形成につながっている

　以上を総合すると，多様な属性のファシリテーターが参画することの意義は，多様な視点と価値観が授業に持ち込まれることで「属性」自体が相対化され，フラットな関係のもとで対話や議論が促進されるところにある。そしてまさにこの点において，多様なファシリテーターがどのようにして信念を形成していくのかが明らかになる。この授業と振り返り会に参画することで，私たちは「属性が相対化された，フラットな関係性のなかで起きる対話とはどういうものか，そしてそれは何をもたらすのか」を実地に学ぶのである。同じ属性をもつ人たちが集まる場において，その場がフラットであるか否かが意識されることはおそらくない。属性はさまざまであるが意識的にフラットな手ざわりを感じさせる環境のもとで，人は自分の主観的な語りが同じく主観的な他者の語りと交じり合い，相対化され，より深い事実認識なり人間理解なりに変容していくことを体験する。属性が相対化される場とは，学生が教員の前で学生を演じなくてもよい場であり，教員が学生の前で教員らしく振舞う必要のない場であり，社会人が仕事場のルールを持ち込まなくてもよい場であり，学生ファシリテーターが頼りになる先輩像を演じなくともよい場である。属性から解放されることで，人はようやく「人間」もしくは「市民」として語りはじめる。このような場においてファシリテーターはファシリテーターとしての，そして人は人としての自分なりの信念体系を形成していく，といってもいい。このような場をもつことの意義は，いくら強調してもしすぎることはない。

教養教育の未来像

　こうした授業実践のはるか向こう側に私たちは教養教育の未来像を見ている。私たちが長年をかけてたどり着いた授業設計は，キャリア教育だけでなく教養教育全般の未来を示唆するものと考えている。教養教育の未来とは，現代社会を揺るがす喫緊の課題──環境破壊，グローバリズムとナショナリズム，社会階級格差，ジェンダー格差，感染症の脅威など──を取り上げ，専門の異なる複数の教員が複眼的

にアプローチする授業を恒常的に企画し運営していくところにあると私たちは考えている。新型コロナウイルス感染症を例にとれば，パンデミックが終息しつつあると考えられる今，ワタシ，アナタ，専門家，社会，世界がこのパンデミックをどう生きたのか，次世代に伝えるメッセージは何か，を問う試みはやはり大学の課題となろう。そこで，新型コロナウイルス感染症をテーマとする科目を想定し，教養教育でこの問題を取り上げる際の一つの試案を提示したい。

多くの学生にとってとっつきやすいテーマを科目のタイトルに据え，思いつくままに架空の簡略なシラバスを書いてみる。

科目のタイトル		私たちは新型コロナウイルス感染症の世界的流行から何を学んだか
科目の目的		学内で調達可能な専門家による複眼的アプローチをコーディネーターがつないでいくことで，一つの事象を複眼的に捉えることとはどういうことかを学ぶ
科目の到達目標		授業に参加するすべての人が，新型コロナウイルス感染症という事象を理解するには複眼的，学際的アプローチが必要であることを体験的に学習している
授業の概要	第1週	オリエンテーション：この問題においてはすべての人が当事者であることを確認する
	第2週	受講生の経験を共有し，この問題に意識を向ける：その1
	第3週〜第4週	ウイルス学と疫学からのアプローチ
	第5週〜第6週	経済学的視点からのアプローチ
	第7週	受講生の経験を共有し，この問題に意識を向ける：その2
	第8週〜第9週	法制度と国際政治の視点からのアプローチ
	第10週〜第11週	感染症の歴史と文学からのアプローチ
	第12週	受講生の経験を共有し，この問題に意識を向ける：その3
	第13週〜第14週	総括のパネルディスカッション
	第15週	受講生による振り返り
特記事項		①1コマの前半は講義，後半はパネルディスカッションとする。ディスカッションには受講生の参加を促すが，発言に加点はしない（評価とは無関係）；②コーディネーターは受講生，教員を問わず「この問題について学びを深めようとする人」と位置づける。教員はなるべく授業に出席し，ディスカッションに参加する；③各アプローチは複数の教員が担当してもよいが，コーディネーターは事前に内容を調整しておく。コーディネーターはすべての授業に出席し，モデレーター役を担う；④教員は学内で調達できる人に限る（無理をすると長続きしない）

　キャリア・Re-デザインから私たちが学んだことは特記事項に色濃く反映されているが，最大のポイントは大学教員も学ぶ人と位置づけて授業を設計するところにある。教員が学びを深めることができ，教員としての信念体系を形づくるような授業であれば，学生にアピールしないはずはない。テーマや担当者は毎年，もしくは数年ごとに変える。コーディネーターの力量が問われる授業ではあるが，何度も繰り返すように，これは大学にしかなしえないプログラムであり，教養教育の存在意義をアピールする機会ともなる。

私の信念らしきもの

　さいごに，17 年にわたってこの「キャリア・Re-デザイン」を統括してきた私の原体験をお話しすることにしたい。30 年ほど前の話である。1992 年の夏の終わりの或る日，京都に拠点を置く現代アートのパフォーマンスグループ〈ダムタイプ〉のメンバーであった古橋悌二さんから手紙を受け取った。古橋さんは私にとって大切な友人でもあった。その手紙には自分がエイズ患者であること，同性愛者であること，そして医療機関の多くがエイズ患者に門戸を閉ざす時代にエイズ患者を自認する自分は，エイズを排除しようとする医療機関そして社会のあり方を変えていきたいという決意が述べられていた。手紙の最後は，「これまで黙っていてごめんなさい。みんなの信頼をつなぎ止めるためにはこれ以上黙っていることはできませんでした」という意味の言葉で締めくくられていた。こんな手紙をもらって，いったい誰がじっとしていられるだろう。手紙は〈ダムタイプ〉のメンバー全員と友人たちに送られたから，すぐさま話し合いがもたれ，次のパフォーマンスのテーマは「エイズとセクシュアリティ」に決まった。そこから半年のあいだ，週 1 〜 2 回のペースでミーティングがもたれ，私も参加することになった。私は 1980 年代の後半から〈大阪ゲイコミュニティ〉という市民団体で活動しており，社会のマイノリティの側で紡ぎ出される言葉に明るい点が買われたわけだ。

　〈ダムタイプ〉は 1980 年代の半ば，主に京都市立芸術大学の学生らによって構成されたグループであり，身体表現，音楽，舞台装置，照明，ビデオやスライドの投影が渾然一体となったパフォーマンスの創作と上演をなりわいとしている。「手紙」事件直前の作品は〈pH〉と題され，一見華やかな，しかし極度に管理された消費社会を生きる人々の姿を辛辣かつユーモラスに描き出した，完成度の高い作品であった。〈pH〉の海外ツアーと国内での上演が一段落したところに件の「手紙」が届いたわけである。

　ここで私がふれたいのは，次の作品の製作に向けたミーティングの運営のあり方である。夜の８時くらいに始まり，明け方まで延々と続くミーティングに参加しつつ，わたしはそれまで経験したことのない雰囲気に圧倒されていた。参加した全員の関心は「エイズをめぐる今の日本と世界の状況をなんとかしなければ……」という思いをどう舞台上のパフォーマンスに移し替えていくのか，という課題に集中していた。しかしそういった悲壮な決意とは裏腹に，ミーティングへの参加は自由，出入りも自由，抜ける際には「そろそろ帰るワ。じゃあ，次は金曜日に……」という具合に，すべては個人の自由と裁量にまかされるといった具合の，ユルーイ雰囲気が支配していたのである。ところがその金曜日になると，誰からともなく，前回のミーティングの成果が提示される。古橋さんからは詩的なテキストが，Ｔさんからは哲学的なテキストが，Ｋさんからは舞台のラフなデザインが，といった具合である。こうした作業が幾度となく繰り返されたのち，次回パフォーマンスの雛形ともいうべき〈S/Nの為のセミナーショー〉が上演され，さらにその１年後，記念碑的な作品〈S/N〉がオーストラリアのアデレード・フェスティバルで世界初演されることになる……。

　〈S/N〉はまさに電撃的な作品となった。エイズを，そして同性愛者を排除しようとする語りとこれに対抗するマイノリティ側からの語りが舞台上で交錯し，性をめぐる既成概念が打ち砕かれる。作品の冒頭で「エイズ患者」「同性愛者」というレッテルをスーツに貼りつけて登場した古橋は，その後舞台上で化粧をしながらドラッグクイーンに変貌し，シャーリー・バッシーの『ピープル』を口パクで歌いながら舞台上の壁の向こう側に倒れこむ。そのとき古橋の背中には「エイズ患者」でも「同性愛者」でもなく「ピープル」というレッテルが貼られていた。なお古橋悌二さんは初演から約１年半後，ドイツ公演からブラジル公演に赴く途中に京都で倒れ，帰らぬ人となった。

　ここまで書いてきて，思い出したことがある。〈S/N〉の舞台となる巨大な壁には，作品のテーマらしきキーワードがしばしば投影されては消えていくのだが，それは“CONSPIRACY OF SILENCE”というものであった。「沈黙の申し合わせ」と訳されていたが，意訳すれば「見て見ぬふりをすることで排除すること」ともいえるだろう。〈S/N〉はこの“CONSPIRACY OF SILENCE”をブチこわすために構想され，世界の20あまりの都市で上演され，深い共感を呼び起こした。私がこの科目を構想したのは，〈S/N〉の上演からすでに10年近い月日が経っていた2004年のことだったが，この「沈黙の申し合わせ」という概念をいわゆる「低単位学生」と無意識のうちに結びつけて考えていたのかもしれない。「低単位学生は自己責任でそうなった人たちであり，大学側に責任はない」という言葉の裏に“CONSPIRACY

OF SILENCE"らしきものを感じ取っていたのかもしれない。

〈S/N〉の制作に参加したことと「キャリア・Re-デザイン」という科目を立ち上げ，今に至るまで運営してきたことは，私の人生のなかでもっとも重要なできごとのうちに入る。この二つのできごとのあいだに，先に述べた会議のあり方をめぐる価値の転換以上のつながりがあったことにはこれまで気づいていなかった。この原稿を何度も書き直し，読み合わせをしているうちに気がついたのだった。今まで気づいていなかった自分に出会えることは，なんと感動的なことだろう。そしていまの私であればこう言える——「多くの人たちが一つの目標に向かって自立的に，創造的に参画する場というものは，予想をはるかに超えた，なにかしら途方もなく魅力的なものを生み出す力があるということ。そしてそれはアートの世界に限ったことではなく，さまざまな背景をもつ人が集まってくる授業でも起こりうるということを，私たちはこの授業を通して学んだ。自立した個人が集まり，化学変化を起こして予想もつかないものが生まれるのが授業の場であると思うのです」と。

　さいごに，2005年にこの科目が開講されて以来，科目の立ち上げと運営に携わってこられたすべての方々に感謝申し上げます。私たちのクライアントである，自分の単位修得状況に危機感を抱いている学生たちの多くは授業の場から足が遠のいている人たちであり，その人たちが授業に参集する仕組みと環境を整えるには，多くの人たちの協力が不可欠でありました。一つの授業は一つの事業でもあることをあらためて実感する次第です。

　事業でもある授業の担い手となり，授業コンテンツを生み出していったのは，受講生のみなさんでした。自らの手で学びの場をつくりあげていったすべての受講生のみなさんに感謝申し上げます。

　本書で「G社のKさん」として登場する株式会社學匠の梶谷康則さん（当時社長）に感謝申し上げます。授業計画を提案していただいた際の「この授業はファシリテーションをベースにやりましょうよ」の一言が，この授業の性格を決定づけたといっても過言ではありません。

　そして，編集を担当していただいた米谷龍幸さんを忘れるわけにはいきません。書籍化の構想が立ち上がってから脱稿するまでの6年間，議論は百出するが筆は一向に進まない私たちを粘り強く支えていただきました。本をつくることもまた，一つの事業であることを学ばせていただいたことに感謝申し上げます。

鬼塚哲郎

事項索引

人名索引

執筆者紹介（執筆順 *は編著者）

鬼塚哲郎 *（オニツカ　テツロウ）
京都産業大学名誉教授
スペイン語文学，キャリア教育，エイズ予防
担当：01・02・03・04・05・06・07・08・09・
　　　おわりに

山田創平（ヤマダ ソウヘイ）
京都精華大学教授
社会学（言説分析・言説理論，マイノリティ論）
担当：01・コラム 7

白瀧礼奈（シラタキ レナ）
看護師
急性期看護，障害者支援，女性支援，ダイバーシ
ティ推進
担当：コラム 1

入野美香（イリノ ミカ）
入野分析プラクシス，元京都産業大学教授
分析心理学，実験脳神経病理学
担当：02・09・コラム 4

川出健一 *（カワデ ケンイチ）
大学非常勤講師など
教育学修士（美術），ファシリテーション（エン
パワーしあう場づくり）
担当：02・04・06・09・コラム 6

南太貴（ミナミ ダイキ）
公益財団法人よこはまユース
ユースワーカー，若者支援，社会教育
担当：コラム 2

中西勝彦 *（ナカニシ カツヒコ）
京都文教大学助教
高等教育学，キャリア教育，ファシリテーション
担当：03・04・05・06・07・09・11・12

小森弥生（コモリ ヤヨイ）
(株)學匠講師，ラジオパーソナリティ，キャリ
アコンサルタント
言葉・情報伝達・表現力向上，若年者・学生支援
担当：コラム 3

松尾智晶（マツオ チアキ）
京都産業大学准教授
キャリア教育，キャリアカウンセリング，産学連
携教育
担当：05・09・コラム 8

三次亜紀子（ミツギ アキコ）
(株)學匠講師，大学非常勤講師
印象力向上，表現力開発
担当：コラム 5

中沢正江（ナカザワ マサエ）
京都産業大学准教授
知識科学，教育工学，初年次教育
担当：08・09・10

大学授業で対話はどこまで可能か

「21 世紀の教養教育」を求めて

2024 年 2 月 20 日　　初版第 1 刷発行

編著者　鬼塚哲郎・川出健一・中西勝彦
著　者　山田創平・白瀧礼奈・入野美香・
　　　　南太貴・小森弥生・松尾智晶・
　　　　三次亜紀子・中沢正江
発行者　中西　良
発行所　株式会社ナカニシヤ出版
☎606-8161　京都市左京区一乗寺木ノ本町 15 番地
　　　　　　　Telephone　075-723-0111
　　　　　　　Facsimile　　075-723-0095
　　Website　http://www.nakanishiya.co.jp/
　　Email　　iihon-ippai@nakanishiya.co.jp
　　　　　　　郵便振替　01030-0-13128

印刷・製本＝ファインワークス／装幀＝白沢正／装画＝村上真一
Copyright © 2024 by T. Onitsuka, K. Kawade, & K. Nakanishi

Printed in Japan.
ISBN978-4-7795-1772-3

〈京大発〉専門分野の越え方 対話から生まれる学際の探求

萩原広道・佐野泰之・杉谷和哉・須田智晴・谷川嘉浩・真鍋公希・三升寛人編著　異分野の人と話すだけで，学際的といえるのか。大学院生が教育活動に取り組む意義とは。若手研究者たちが，直面した問いに迫る！　　　　　　　　　　　　　　　　　　　　　　　　　　　　2700 円＋税

文系大学教育は仕事の役に立つのか　職業的レリバンスの検討

本田由紀編　人文・社会科学系の大学教育は仕事に「役立っている」のではないか。調査結果に基づいて，さまざまな角度から検討を行う。　　　　　　　　　　　　　　　　　　　　　　1500 円＋税

現場の大学論　大学改革を超えて未来を拓くために

崎山直樹・二宮祐・渡邉浩一編　井上義和・笠木雅史・北村紗衣・標葉靖子・標葉隆馬・嶋内佐絵・成瀬尚志・羽田貴史・光永悠彦・吉田文著　何が起こっているのか，そして，それにどう関わるべきなのか問うために。状況に即した思考を積み上げ，開かれた議論の契機を拓く。2600 円＋税

反「大学改革」論　若手からの問題提起

藤本夕衣・古川雄嗣・渡邉浩一編　井上義和・児島功和・坂本尚志・佐藤真一郎・杉本舞・高野秀晴・二宮祐・藤田尚志・堀川宏・宮野公樹著　これから大学はどうなっていくのだろうか。今後の大学を担う若手たちが，現状の批判的検討を通じて，より望ましい方向性を模索する。2400 円＋税

テストは何のためにあるのか　項目反応理論から入試制度を考える

光永悠彦編著／西田亜希子著　大学受験における共通テストを年複数回行うような制度はどうすれば実現可能なのか。これからの大学入試制度を考えるための必携書。　　　　　　　　　3300 円＋税

テストは何を測るのか　項目反応理論の考え方

光永悠彦著　そのテスト，大丈夫？　PISA などに用いられている公平なテストのための理論（＝項目反応理論）とその実施法をわかりやすく解説。　　　　　　　　　　　　　　　　　3500 円＋税

ファシリテーションとは何か　コミュニケーション幻想を超えて

井上義和・牧野智和編著　中野民夫・中原淳・中村和彦・田村哲樹・小針誠・元濱奈穂子著　ファシリテーションが要請される時代を私たちはどう読み解けばよいのか。ファシリテーションが様々な現場で求められる社会に迫る。　　　　　　　　　　　　　　　　　　　　　　　　　2400 円＋税

人類学者たちのフィールド教育　自己変容に向けた学びのデザイン

箕曲在弘・二文字屋脩・小西公大編　この不確実な世界を生き抜くには何が必要か。「フィールドワーク教育」を気鋭の人類学者たちが徹底的に実践することを通して思考する。　　　　2400 円＋税

大学教職員のための大学組織論入門

中島英博著　大学組織を複数視点から理解しマネジメントするために。章末にケーススタディを取り入れ理論と現場の課題を往復しながら学ぶテキスト。　　　　　　　　　　　　　　2700 円＋税

大学におけるキャリア教育とは何か　7 人の若手教員による挑戦

永作稔・三保紀裕編　キャリア教育やキャリア発達に関連する研究領域を専門とする若手教員たちが苦闘の中で練り上げた先進授業の事例を一挙紹介！　　　　　　　　　　　　　　2700 円＋税

アクティブラーニング型授業としての反転授業［理論編］［実践編］

岡本健・松井広志［編］　日本の大学で行われている反転授業の取組を調査し，アクティブラーニング型授業の発展型の一つとして位置づけるための理論と実践をまとめる。　　　各 2600 円＋税

自己発見と大学生活　初年次教養教育のためのワークブック
松尾智晶監修・著／中沢正江 著　アカデミックスキルの修得を意識しながら，「自分の方針」を表現し合い，問いかけ，楽しみつつ学ぶ機会を提供する初年次テキスト。　　1500 円＋税

自立へのキャリアデザイン　地域で働く人になりたいみなさんへ
旦まゆみ著　なぜ働くのか、ワーク・ライフ・バランス、労働法、ダイバーシティ等、グローバルに考えながら地域で働きたい人のための最新テキスト。　　1800 円＋税

3訂　大学　学びのことはじめ　初年次セミナーワークブック
佐藤智明・矢島彰・山本明志 編　高大接続の初年次教育に最適なベストセラーワークブックをリフレッシュ。全ページミシン目入りで書込み、切り取り、提出が簡単！　　1900 円＋税

大学生のための日本語リテラシーとレポートライティング 初年次ゼミ対応テキストブック
宮武里衣 著著　自己紹介、メールの書き方、ノートの取り方など学びの基本を身につけ、問いを立て、本を読み、作法を身につけ論文を書いてみよう。　　2000 円＋税

大学 1 年生のための日本語技法
長尾佳代子・村上昌孝編　引用を使いこなし、論理的に書く。徹底した反復練習を通し、学生として身につけるべき日本語作文の基礎をみがく初年次科目テキスト。　　1700 円＋税

大学生のための日本語問題集
山下由美子・中崎温子・仲道雅輝・湯川治敏・小松川浩編　初年次教育をはじめ、リメディアル教育、入学前教育など幅広いレベルに対応したオンラインでも学べる日本語問題集。　　1800 円＋税

実践 日本語表現
松浦照子編　聴く・書く・調べる・読む・発表するなどアカデミックスキルの基礎と就職活動への備えを一冊に。教育実践現場で磨かれた実践テキスト。　　2000 円＋税

キャリア・プランニング　大学初年次からのキャリアワークブック
石上浩美・中島由佳編著　学びの心構え、アカデミック・スキルズはもちろんキャリア教育も重視したアクティブな学びのための初年次から使えるワークブック。　　1900 円＋税

法学ダイアリー
森本直子・織原保尚編　日常のよくある身近な事例を日記形式で取り上げ、それを糸口に基本的な法律知識を学ぶ、わかりやすく、よく身につく法学入門テキスト。　　2000 円＋税

大学生のためのディベート入門　論理的思考を鍛えよう
内藤真理子・西村由美編著　1 冊で準備から試合までの一連の流れを経験。振り返りを共有し、ディベートの構造を理解し、自らの論理を客観的にみるための入門書。　　2300 円＋税

レポート指導のトリセツ　学生がつまずくポイントを徹底解説
藤浦五月著　レポート執筆指導に悩める教員のため、学生がつまずきやすいポイントに焦点を合わせて、授業デザインや指導上の工夫を丁寧に解説。　　2500 円＋税